Pletica
Deutsche Geschichte

Deutsche Geschichte

Band 5

Das ausgehende Mittelalter
1378–1517

Herausgegeben von
Heinrich Pleticha

BERTELSMANN
LEXIKON VERLAG

Die Autoren dieses Bandes:
Werner Dettelbacher, Manfred Firnkes, Johannes Glanz,
Hermann Hofmann, Dr. Horst Hübel, Dr. Günter Merwald,
Prof. Dr. Heinrich Pleticha, Christian Roedig, Gerhard Schatt,
Margarete Schwind, Dr. Roland Vocke

Zeichnungen und Karten:
Hermann Schäfer

Redaktion: Erhard Bethke
Schlußredaktion: Birgit Willmann
Graphische Gestaltung: Hans Roßdeutscher

Druck und Verarbeitung: Elsnerdruck – Ein Mohndruck-Betrieb
Printed in Germany. ISBN 3-570-03759-2

Inhalt

WERNER DETTELBACHER

Handwerker und Zünfte – Meister, Lehrlinge und Gesellen · 133

HEINRICH PLETICHA

Verfemte Berufe – »Unehrliche Leute« · 147

ROLAND VOCKE

DIE REGIERUNGSZEIT FRIEDRICHS III. UND MAXIMILIANS I. · 157

MANFRED FIRNKES

Vom germanischen zum römischen Recht · 242

GERHARD SCHATT

Die spätmittelalterliche Gesellschaft und Wirtschaft im Deutschen Reich · 259

GÜNTER MERWALD

Deutsche Literatur im späten Mittelalter · 274

HORST HÜBEL

Die Entwicklung der Naturwissenschaften · 287

HEINRICH PLETICHA

Das Werk Gutenbergs und die Inkunabelzeit · 301

Sigel:

W. D. = Werner Dettelbacher
J. G. = Johannes Glanz
H. P. = Prof. Dr. Heinrich Pleticha
C. R. = Christian Roedig
R. V. = Dr. Roland Vocke

K: verweist auf Informationskästchen mit Erläuterungen wichtiger und für die Zeit symptomatischer Begriffe und Vorgänge.

Hinter den Herrschernamen werden in der Regel die Regierungsdaten angegeben, hinter sonstigen Namen die Lebensdaten. Im Einzelfall erfolgt auch Angabe des Geburts- oder Todesjahres; Klammerangaben in Übersichten geben zusätzlich zu den Regierungsdaten, wo es interessant erscheint, auch die Lebensdaten.

Ein Wort zu diesem Band

Rund hundertvierzig Jahre umfaßt dieser fünfte Band der »Deutschen Geschichte«. Er beginnt 1378 mit dem Regierungsantritt König Wenzels von Böhmen, der seinem Vater Karl IV. nicht nur auf dem böhmischen, sondern auch auf dem deutschen Königsthron folgte, und er endet 1519 mit dem Tod Kaiser Maximilians I. Es sind vierzehn turbulente Jahrzehnte, eine Zeit der Wirren und des Übergangs, eine Zeit auch, die in den meisten Geschichtsdarstellungen nur sehr summarisch, sozusagen als Anhängsel an die ›große‹, ›deutsche‹ Geschichte des Mittelalters behandelt wird. Vielleicht liegt es daran, daß ihr in den ersten Jahrzehnten die richtungweisenden Herrscherpersönlichkeiten fehlen. Wenzel von Böhmen, Ruprecht von der Pfalz, Jobst von Mähren, Sigismund von Ungarn und Albrecht II. aus dem Hause Habsburg sind Könige des Übergangs. Oft fehlte ihnen auch einfach Zeit und Geld, um sich zu profilieren. Friedrich III. von Habsburg ist dann zwar jener deutsche König, der dreiundfünfzig Jahre lang und damit am längsten regierte, aber er war doch ein weitgehend farb- und glückloser Herrscher, glücklich eigentlich nur in seiner Heiratspolitik. Erst mit seinem Sohn Maximilian I. erhielt das Reich wieder einen bedeutenden König. Unter seiner Regierung vollzogen sich dann jene politischen und militärischen Veränderungen und Neuorientierungen, die für seinen Enkel und Nachfolger Karl V. von so entscheidender Bedeutung waren.

Damit ist schon eine gewisse Gliederung der Hauptkapitel gegeben, von denen das erste die Zeit vom Tode Karls IV. bis zum Regierungsantritt Friedrichs III. behandelt. Es ist die Epoche der Konzilien von Pisa und Konstanz und des beginnenden Konzils von Basel, die auch die Reichspolitik beeinflussen, es sind die Jahre der Hussitenzüge, die weite Teile des Reichsgebiets bedrohen und gefährden. Im Mittelpunkt des zweiten Hauptkapitels stehen dann die fast sieben Jahrzehnte der Regierung Friedrichs III. und seines Sohnes Maximilians I., in denen sich deutsche und westeuropäische Politik immer enger verzahnen. In die letzten Lebensjahre Maximilians fällt 1517 der Thesenanschlag Martin Luthers und damit der Beginn der Reformation, der endgültige Durchbruch der Neuzeit. Doch erscheint es sinnvoll, diese Entwicklung umfassend erst im sechsten Band darzustellen.

Gerade weil das 15. Jahrhundert eine Zeit des Übergangs ist, bieten sich bei der Behandlung auch gewisse Übersichten über längerfristige Entwicklungen an. Deshalb wurden in diesem Band die Kapitel über die deutschen Territorien, die Reichsverfassung, die Gesellschaft und Wirtschaft sowie über das Rechtswesen aufgenommen. Sie greifen auf die vorausgegangenen Epochen zurück und gewähren Ausblick in die Zukunft; wie schon in den früheren Bänden kommt ihnen damit eine Klammerfunktion zu.

Im ausgehenden 14. und im 15. Jahrhundert erleben die deutschen Städte und ihre Bürger eine Blütezeit. Nachdem ihre Anfänge schon im zweiten Band behandelt wurden, ist ihnen hier nun ein breiterer Raum gewidmet. In vier Kapiteln lernen wir nicht nur die rechtlich-politische Stellung der Stadt und ihre wirtschaftlich-soziologische Struktur kennen, sondern vor allem auch das Alltagsleben der Bürger und die verschiedenen Bevölkerungsschichten.

Die letzten vier Kapitel bringen einen Überblick über die Wissenschaft und Literatur dieser Zeit. 1348 hatte König Karl IV. in Prag die erste Universität nördlich der Alpen gegründet, andere Fürsten folgten bald seinem Beispiel, und so erlebten im 15. Jahrhundert die Wissenschaften einen bedeutenden Aufschwung, der mit dem Schwerpunkt Naturwissenschaft neben der Literaturproduktion der Zeit entsprechend gewürdigt wird. Die Universitäten selbst und die Schulen werden in Band sechs behandelt. Im letzten, kulturgeschichtlichen Kapitel erfahren wir dann noch Einzelheiten über die Entfaltung der Buchdruckerkunst im ausgehenden 15. Jahrhundert.

Die Illustration des Bandes bemüht sich, wie die der ganzen Reihe, möglichst authentisches Material aus der angesprochenen Zeit oder aus eng benachbarten Jahrzehnten zu bringen, um so einen echten Eindruck der Epoche zu vermitteln.

Allen Kapiteln wurden wieder Quellentexte und Biographien sowie Informationskästchen beigegeben, die für die jeweilige Zeit wichtige Begriffe und Vorgänge hervorheben und erläutern. Ebenso findet der Leser am Ende eines jeden Kapitels spezielle Literaturhinweise und am Ende des Buches eine Übersicht über allgemeine und weiterführende Literatur.

Herausgeber und Verlag

Vom Ritter zum Krieger. *Rüstung der Zeit in einer Kreuztragungsgruppe aus Lorch, um 1425. Berlin, Stift. Preuß. Kulturbesitz, Skulpturenabteilung.*

JOHANNES GLANZ

DAS REICH IN DER ERSTEN HÄLFTE DES 15. JAHRHUNDERTS

Wenzel »der Faule«, König von Böhmen und Deutschland – Unruhiges Deutschland: Fürstliche Landesherrschaften und selbstbewußte Städte – Patrizier und Zünfte, Städtebünde und Ritterbünde – Der Städtekrieg – Die Eidgenossen besiegen die Habsburger – Zerstrittenes Böhmen – Veränderungen der Machtverhältnisse im Westen und Süden – Zwei Päpste – Absetzung des Kaisers – Ruprecht von der Pfalz – Papst- und Fürstenopposition – Wege aus dem Schisma? – Kaiser Sigismund – Luxemburger Hausmachtpolitik – Ungarn – Kampf gegen die Osmanen – Stabilisierung der Macht – Das Konstanzer Konzil – Die Reformprediger – Hus und die Hussitenkriege – Nationalismus – Versuche einer Reichsreform – Das Basler Konzil – Albrecht II. – Die Habsburger auf dem Thron – Territorien und Landesherrschaften im Mittelalter – Die Sozialstruktur der mittelalterlichen Stadt – Krämer und Kaufherren: die Rolle des Handels – Frühe Formen des Kapitalismus – Handwerker und Zünfte – Verfemte Berufe – Die »unehrlichen Leute«.

Smil Flaschka, ein gelehrter böhmischer Ritter, prangerte in einer Fabel die Ursache für den Verfall seiner Zeit an: Im »Neuen Rat der Tiere« wird den Lesern ein junger Löwe vorgestellt, der, selbst völlig ratlos, auf den Rat seiner Untertanen angewiesen bleibt. Die Anspielung war deutlich, die Kritik traf ins Schwarze.

Von den Kurfürsten gewählt – Wenzel, Sohn Karls IV.

König Wenzel von Böhmen (1378–1400), auch »der Faule« genannt, Kaiser Karls IV. ältester Sohn, zeigte sich im Laufe seiner Regierung den vielfältigen Aufgaben immer weniger gewachsen. Dabei hatte der kaiserliche Vater (siehe Band 4) mit Klugheit und List die Weichen gestellt, um ideale Voraussetzungen für eine kontinuierliche Weiterentwicklung der insgesamt einigermaßen geordneten Verhältnisse zu schaffen. Ihm war gelungen, was kein deutscher König seit den Staufern mehr zuwege gebracht hatte, nämlich zu Lebzeiten einen Nachfolger aus eigenem Haus von den Kurfürsten wählen zu lassen, obwohl dies eigentlich ihren Absichten ganz und gar zuwiderlief. Der große Taktiker versäumte auch nicht, das Einverständnis der anderen bedeutenderen Fürstenhäuser einzuholen, vor allem das der Habsburger und Württemberger, aber auch das der aufstrebenden Wettiner und Hohenzollern. Seine Einflußnahme ließ er sich viel kosten, bezahlte mit Gut und Geld, verschenkte königliche Vorrechte. Und das Ziel wurde erreicht: Am 10. Juni 1376 wählten die sieben Kurfürsten in Frankfurt Wenzel einstimmig zum König.

Krönung ohne den Papst

Wie es die Form verlangte, wurde der Papst von der Wahl verständigt und um ihre Anerkennung und gleichzeitig schon um die Kaiserkrönung Wenzels gebeten, doch wartete man die Antwort erst gar nicht ab, sondern ließ nach vier Wochen gleich die Krönung in Aachen folgen. Mit diesem Vorgehen wurden die neuen, in der Goldenen Bulle festgeschriebenen Machtverhältnisse sehr deutlich, ja provokativ praktiziert, auf die die Kurfürsten als allein tragende Kräfte der Königswahl pochten. Papst Gregor XI. reagierte gereizt und hielt mit der Anerkennung zurück, bis der Tod ihm schließlich eine endgültige Stellungnahme ersparte. Auch sein Nachfolger in Rom, Urban VI., zeigte sich zunächst abweisend; als er jedoch fürchten mußte, daß sein Rivale, der französische Gegenpapst Clemens VII., dem an der Gunst

Vater und Sohn auf dem Thron.
Kaiser Karl IV. und Wenzel aus der Dynastie der Luxemburger.
Wien, Österreichische Nationalbibliothek.

des Kaisers lag, ihn überspielen könnte, ließ er sich herbei, Wenzel als König anzuerkennen, und tauschte damit seinerseits von seiten des Kaisers und Königs die Anerkennung als allein rechtmäßiger Papst der Christenheit ein.

Geistig aufgeschlossen – Politisch ohne Geschick

Als Siebzehnjähriger trat Wenzel nach dem plötzlichen Tod seines Vaters 1378 die Regierung an. Man sagt ihm nach, er sei »nicht ohne Begabung und geistige Interessen« gewesen. Den neuen Strömungen seiner Zeit gegenüber zeigte er sich aufgeschlossen. Um so mehr bedauerte man, daß ihm nicht – wie ursprünglich vorgesehen – Petrarca, der große Humanist und hohe Gast in Prag, als Erzieher zur Seite gestanden hatte. Gleichviel, in der Literatur bleibt sein Name mit der von ihm in Auftrag gegebenen »Wenzelbibel« erhalten, einer mit prächtigen Bildern ausgestatteten Prosaübersetzung des Alten Testaments.

›Intimleben‹ des Herrschers, dargestellt in einem Initial.
König Wenzel wird von zwei Bademägden massiert.
Wien, Österreichische Nationalbibliothek.

Doch in der Politik hatte er keine Meriten. Ihm fehlten Überblick und Standfestigkeit. Statt dessen suchte er Konfliktsituationen durch Augenblickslösungen zu bereinigen. Seiner schiedsrichterlichen Autorität begab er sich von Anfang an, als er sich auf Drängen der Kurfürsten und im Bunde mit ihnen auf Papst Urban VI. in Rom festlegte und sich damit zunächst die Möglichkeit eines vermittelnden Gesprächs mit dem Gegenpapst Clemens VII. in Avignon nahm, so daß die Kirchenspaltung, das Schisma, sich unnötig vertiefte. Die antifranzösische Tendenz seiner Politik wurde noch verschärft durch die Heirat seiner Schwester Anna mit dem englischen König Richard II.
Wenzel hatte keine Kehrtwendung in der bisherigen Außenpolitik der Luxemburger beabsichtigt, doch Frankreich legte sein Vorgehen so aus. Mit großer Sicherheit darf man annehmen, daß Wenzel ursprünglich plante, zur Kaiserkrönung möglichst bald nach Rom zu ziehen, wobei er Papst Urban VI. zum Vollzug der Krönung und den englischen König zur Finanzierung benötigte. Es blieb jedoch bei Überlegungen, denn die Verhältnisse in Deutschland hielten den König fest.

Die beiden großen europäischen Ordnungsmächte, das Kaisertum und das Papsttum, ließen durch den Verlust an Autorität und Einfluß ein politisches Vakuum entstehen, das langfristig neuen Kräftegruppierungen Raum gab und neue Entwicklungen begünstigte. Zunächst jedoch dokumentierte sich das in Orientierungslosigkeit.

Unruhiges Deutschland – Fürstliche Territorien – Städtische Wirtschaftsmacht – Städtebünde

Die innerdeutsche Politik war überschattet vom Gegensatz zwischen Fürsten und Städten. Beiden ging es in dieser Zeit um Ausdehnung bzw. Abrundung ihrer Territorien. Während die Fürsten ihren Besitz zu autonomen Hoheitsgebieten ausgebaut hatten, in denen sie königliche Rechte handhabten (siehe Seite 75), war die wirtschaftliche Macht der Städte, insbesondere der unabhängigen Reichsstädte, gewaltig gewachsen. Verständlich, daß die Landesherren die in ihrem Territorium verstreuten Städte aus machtpolitischer Sicht als Pfahl im Fleische empfanden, ganz abgesehen davon, daß sie den »Pfeffersäcken« ihren Reichtum neideten und davon gern mit leichter Hand durch hoheitliche Verfügung einen beträchtlichen Anteil abgezweigt hätten. Die Städte wiederum wollten ihre Sonderstellung behaupten und darüber hinaus im weiten Umfeld über die Mauern und Wälle hinweg eigene Territorien begründen, schon allein um ihre Versorgung sichern zu können. In dieser »Bannmeile« erhielten folgerichtig nur Stadtbürger das Gewerbe- und Handelsmonopol. Ärgerlich für die Landesherren war auch die Verlockung, die von den Städten auf die bäuerlichen Untertanen ausging und diese verführte, sich innerhalb der Stadtmauern niederzulassen um als »Pfahlbürger« die freiere Stadtluft zu atmen (siehe Seite 92). Was lag näher, als daß sich die Städte aus Furcht vor Eingliederung in fürstliche Territorien zu Bünden zusammenschlossen, zumal sie sich nicht zuverlässig von König und Reich geschützt wußten. Denn immer bestand Gefahr, daß der König sie an ihre fürstlichen Gegner verpfändete und deren Willkür auslieferte, wenn seine Geldmittel erschöpft waren.

Patrizier – Zünfte – Ritterbünde

Das Bild wird noch verworrener, wenn man die Situation in den Städten selbst betrachtet. Kämpfe zwischen altem und neuem Stadtpatriziat bzw. zwischen Stadtherrschaft und Zünften führten oft dazu, daß

Deutsche und europäische Geschichte in Daten

<table>
<tr><th></th><th>Deutsches Reich</th><th>Ausland</th></tr>
<tr><td>1339–1453</td><td></td><td>Hundertjähriger Krieg England–Frankreich</td></tr>
<tr><td>1348</td><td>Gründung Universität Prag</td><td></td></tr>
<tr><td>1365</td><td>Gründung Universität Wien</td><td></td></tr>
<tr><td>1378–1417</td><td colspan="2">Großes Schisma</td></tr>
<tr><td>1378–1400</td><td>König Wenzel von Böhmen (»der Faule«), deutscher König</td><td></td></tr>
<tr><td>1380</td><td></td><td>Sieg Moskaus über Tataren bei Kulikowo
Erste englische Bibelübersetzung (Wyclif)</td></tr>
<tr><td>1381</td><td></td><td>Bauernaufstände in England</td></tr>
<tr><td></td><td colspan="2">Venedig gewinnt Hundertjährigen Krieg gegen Genua und Seeherrschaft (Orienthandel)</td></tr>
<tr><td>1382</td><td colspan="2">Flandern zu Burgund</td></tr>
<tr><td>1386</td><td></td><td>Union Litauen–Polen</td></tr>
<tr><td></td><td colspan="2">Schweizer Sieg über Leopold III.von Österreich bei Sempach</td></tr>
<tr><td></td><td>Gründung Universität Heidelberg</td><td></td></tr>
<tr><td>1386–1434</td><td></td><td>Polnisches Reich unter Wladislaw II. Jagiello, Gegner des Dtsch. Ordens</td></tr>
<tr><td>1387–1437</td><td></td><td>Sigismund, Bruder Wenzels, König von Ungarn</td></tr>
<tr><td>1388</td><td>Fürstenheer besiegt die Städtebünde bei Döffingen und Worms
Gründung Universität Köln</td><td></td></tr>
<tr><td></td><td colspan="2">Schweizer Sieg über österr.-süddeutsches Heer bei Näfels</td></tr>
<tr><td>1389</td><td>Reichslandfrieden von Eger. Verbot der Städtebünde</td><td>Schlacht auf dem Amselfeld. Vernichtung des serbischen Adels durch Türken</td></tr>
</table>

1391			Timur Lenk in Rußland
1392	Gründung Universität Erfurt		
1393		Johannes von Nepomuk ermordet	
1394	Gefangennahme Wenzels		
1395		Grauer Bund (Graubünden) gegen Habsburg	
1396			Niederlage Sigismunds gegen die Türken bei Nikopolis Bulgarien türkische Provinz Serbien türkisch
1397			Union von Kalmar: Vereinigung der Reichsräte von Dänemark, Norwegen, Schweden
1398	Fertigstellung der Marienburg		Timur Lenk in Delhi
1400	Absetzung Wenzels wegen Unfähigkeit		
		Feuerwaffen beginnen Ritterheere zu verdrängen	
1400–1410	Ruprecht von der Pfalz, deutscher König		
1401	Hinrichtung der Vitalienbrüder (Seeräuber) des Klaus Störtebeker		
1401–1464		Nikolaus von Kues, bedeutender Spätscholastiker	
1402	Neumark an den Deutschen Orden verkauft		Timur Lenk besiegt die Türken bei Ankara
1403–1516		Tessin von Schweizer Eidgenossen besetzt	
1407			Gründung der ersten Bank Europas (Casa di San Giorgio/Venedig)
1409	Gründung der Universität Leipzig Konzil zu Pisa (Dritter Papst) Vertreibung der nichtböhmischen Studenten aus Prag		
1410	Tod König Ruprechts		
		Niederlage des Dtsch. Ordens bei Tannenberg	

Selbstdarstellung eines selbstbewußten Ritter- und Landesherrentums.
Bildnisplatte des Georg I. Truchseß von Waldburg (1467).*
Die Waldburgs, aus einem staufischen Ministerialengeschlecht hervorgegangen, wurden früh reichsunmittelbare Territorialherren in Schwaben.
Als Truchsesse führten sie die Oberaufsicht über die königliche Tafel.
Bad Waldsee, Württemberg.

Territorialmacht und Rittertum.
Oben: Schloß Hartenfels, Torgau, seit 1456 kurfürstlich-sächsische Residenz, im 15. und 16. Jahrhundert großzügig ausgebaut.
Unten: Abzeichen des ritterlichen Drachenordens, gestiftet von König Sigismund. München, Bayerisches Nationalmuseum.

sich die schwächere Partei an den benachbarten Landesherrn um Hilfe wandte. Dieser wiederum nutzte die Gelegenheit, um Rechte an sich zu reißen.
Auch der Ritteradel fürchtete, seine privilegierte Stellung gegenüber der Übermacht fürstlicher Landesherrschaft zu verlieren, und formierte sich, um politisch weiterhin mitreden zu können, zu Ritterbünden. Vor allem in Süddeutschland, im Hessischen und am Rhein gewannen diese Rittergesellschaften, z. B. »Vom Horne«, »Von St. Georg«, »Vom Löwen« an Bedeutung, entfernten sich aber bald von der ursprünglichen Zielsetzung und nutzten ihre Schlagkraft vor allem gegenüber den Städten, deren wachsender Wohlstand den Neid des in seinem Lebensniveau ständig absinkenden Adels erregte. So lag das Land in Kampf und Streit: Die Fronten der sich bekämpfenden Parteien freilich blieben verschwommen; je nach Notwendigkeit und Bedarf schloß man sich derjenigen Partei an, die im Augenblick den größten Vorteil versprach.

Im Krieg mit den süddeutschen Städtebünden

Krisenherd war vor allem der schwäbische Raum, in dem die Interessen der habsburgisch-österreichischen, württembergischen und baierischen Landesherren sich gegenseitig überschnitten und alle miteinander mit dem Selbstbewußtsein der wohlhabenden Städte kollidierten. Den Habsburgern schwebte sogar die Errichtung eines schwäbischen Herzogtums vor, ein politisches Konzept, das ihnen alle Parteien zu Feinden machen mußte. Vor allem hätte der »Schwäbische Städtebund« unter Führung der kampfeslustigen Stadt Ulm, die 1377 mit dem Bau ihres Wahrzeichens, des stolzen Münsters, begann, solchen Plänen die Stirn geboten. Zunächst aber kam es zur bewaffneten Auseinandersetzung zwischen Städten und Rittern. Eine Kriegserklärung des »Löwenbundes« beantwortete die Stadt Frankfurt mit dem Beitritt zum »Rheinischen Städtebund«, dessen Anziehungskraft bis ins Elsaß ausstrahlte. 1381 schlossen die beiden großen süddeutschen Städtebünde in Speyer einen Militärpakt, der sich in den folgenden Kämpfen mit den verbündeten Rittergesellschaften als erfolgreich erwies und deren Zerfall verursachte. Die Städte gewannen an politischem Gewicht, und selbst die mächtigen, bisher zurückhaltend taktierenden Städte Regensburg und Nürnberg verschlossen sich nun nicht länger einem Beitritt zum »Schwäbischen Städtebund«.
1382 etablierte sich auch ein »Sächsischer Städtebund« als Vertreter städtischer Interessen in Westfalen.

Versuch der Vermittlung zwischen Städten und Landesfürsten durch König Wenzel

König Wenzel suchte in der Nachfolge der väterlichen Politik durch Landfriedensbeschlüsse in den einzelnen Territorien die feindlichen Parteien miteinander zu versöhnen, doch er besaß nicht das Format, um zu dauerhaften Vermittlungserfolgen zu kommen. Die Verhandlungspartner trauten ihm nicht: Die Städte fürchteten zu Unrecht, den kürzeren zu ziehen, wenn sie, wie gefordert, vor einem Friedensschluß ihre Bünde auflösen sollten; die Landesfürsten wiederum mißgönnten dem König einen Erfolg, weil er zu einer unerwünschten Stärkung des königlichen Ansehens führen konnte. Einen Teilerfolg durfte sich der König immerhin zuschreiben: In der sogenannten »Heidelberger Stallung« kam es 1384 zu einem auf vier Jahre bindenden Kompromiß zwischen Fürsten und Städten. Doch selbst bei diesem Vertragsschluß verhielt sich König Wenzel halbherzig: Er bestätigte zwar den Abschluß, doch trat er selbst der Vereinbarung nicht bei. Auch stellte er sich bloß, als er sich mit den Städten über judenfeindliche Maßnahmen einigte, um die für eine erfolgreiche Hausmachtpolitik nötigen Mittel aufzubessern, im übrigen aber eine mehr fürstenfreundliche Politik weiterführte.

Der Freiheitskampf der Schweizer begrenzt die Macht Habsburgs

1385 drängte die Spannung im schwäbischen Land zur Entladung. Da die Habsburger in Schwaben nicht zum gewünschten Ziel kamen, verstärkten sie ihre Aktivitäten im südlichen alemannischen Raum der Schweizer Eidgenossenschaft. Obwohl sich die rheinischen, schwäbischen und ein Teil der schweizerischen Städte militärisch verbündet hatten, sahen sich die Schweizer allein gelassen, als es zum Kampf kam. Dennoch fügten sie aufgrund ihrer leichten Bewaffnung, ihrer beweglicheren Taktik und ihres tapferen Einsatzes dem österreichischen Ritterheer am 9. Juli 1386 eine bittere Niederlage zu. In dieser Schlacht bei Sempach fiel auch Herzog Leopold III. Zwei Jahre später verloren die Habsburger eine weitere Schlacht – bei Näfels –, die zugleich ihrer Machtpolitik in diesem Raum ein Ende setzte.

Die Erfolge der Eidgenossen förderten das Ansehen der Städte so sehr, daß König Wenzel es für angebracht fand, 1387 in Nürnberg ein Bündnis mit den schwäbischen Städten abzuschließen, und es ihm sogar gelang, die »Heidelberger Stallung« zu verlängern.

Schweizer Kampf um Freiheit und Unabhängigkeit.
Schlacht bei Näfels (Ausschnitt). Spiezer Chronik des Diebold Schilling d. Ä. (1485). Bern, Schweizerische Landesbibliothek.

Die Niederlage der Städte

Die baierischen Herzöge focht das alles nicht an; sie provozierten ihrerseits die Städte zum Krieg, in dessen Verlauf die verbündeten Landesherren von Baiern, Schwaben und der Pfalz ihre Übermacht bewiesen. Graf Eberhard der Rauschebart besiegte die schwäbischen Städte 1388 bei Döffingen, südwestlich von Stuttgart, kurz darauf Pfalzgraf Ruprecht II. die rheinischen bei Worms. Doch damit war der Krieg mit seinem Leid und Elend für den kleinen Mann noch nicht zu Ende. Erst 1389 im Mai fanden sich die Parteien zusammen. König Wenzel erreichte auf einem Reichstag zu Eger einen allgemeinen königlichen Landfrieden, der sechs Jahre gelten sollte. Die Städte mußten sich nun doch bereit erklären, ihre Bündnisse aufzugeben und den Landesherren Zugeständnisse in der leidigen Angelegenheit der »Pfahlbürger« zu machen, und zwar im Sinn der »Goldenen Bulle«. Diese verlangte, daß Bürger, die »das Joch der ursprünglichen Untertänigkeit abzuwerfen suchen [. . .] in Zukunft die Rechte und Freiheiten der Gemein-

den, als deren Bürger sie sich unter [. . .] Betrug aufnehmen lassen, in keiner Weise erlangen sollen [. . .]«.
Seit Döffingen, Worms und Eger verloren die Städte im Reich, ausgenommen die eidgenössischen Schweizer Städte, die ihre eigenen Wege gingen, entscheidend an politischem Gewicht. Wohl blieb die Hanse im Norden bis ins 16. Jahrhundert ein beachteter Machtfaktor im europäischen Kräftespiel, doch sie war keine politische Organisation, sondern ein Zweckverband zur Wahrung gemeinsamer Handelsinteressen. Diese völlig andere Zielsetzung schloß von vornherein eine Zusammenarbeit mit den Städten im Süden weitgehend aus, die, allein auf sich gestellt, als politische Kraft ausfielen. Mit der Abwehr von Übergriffen beschäftigt, auf Wahrung ihres Besitzstandes und ihrer Rechte bedacht, blieben sie, voller Mißtrauen gegenüber allen anderen Reichsständen, in einer Art ›Kirchturmpolitik‹ befangen. Zum großen Teil unfähig, ihre wirtschaftliche Macht und ihr kulturelles Niveau politisch umzumünzen, verloren sie als Stabilisierungsfaktor in dieser Krisenzeit immer mehr an Bedeutung. Gewinner waren die Landesherren, die ihre Macht ausbauen und ihre Sonderinteressen nun erfolgreicher vertreten konnten.

Habgier und Jähzorn: Zerstrittenes Böhmen – Ohnmächtiger König

König Wenzel brachte es nicht fertig, die bescheidenen Ansätze des »Egerer Reichslandfriedens« als Basis für eine umfassendere Friedensordnung zu nutzen. Statt dessen stieß er die ohnehin geschlagenen Städte durch Rückforderung früher verliehener königlicher Rechte (z. B. Besteuerung der Juden und der Gerichtsbarkeit) noch weiter zurück ins Abseits. Sein Interesse widmete sich immer mehr nur der Festigung seiner Hausmacht; jahrelang kam er nicht aus seinem Stammland Böhmen heraus, die Probleme der Reichspolitik kümmerten ihn anscheinend wenig, der Posten des Steuermanns blieb unbesetzt. Hatte er das Ruder bisher wenigstens in Böhmen einigermaßen fest in der Hand, so drohte es ihm nun auch hier zu entgleiten, zumal Mißwirtschaft und Streit in der königlichen Familie sein Ansehen untergruben.
Kaiser Karl IV. war bei der Aufteilung des gewaltigen Blocks der in Ostmitteleuropa neu aufgebauten luxemburgischen Hausmacht so verfahren, daß Wenzel mit Böhmen, Schlesien, einem Teil der Lausitz, mit der Oberpfalz und – nach dem Tode seines Onkels – mit dem Stammland Luxemburg der größte Anteil zufiel. Sigismund, der zweite Sohn, erhielt die Mark Brandenburg mit der Kurwürde, Johann, der

jüngste, den Rest der Lausitz als Herzogtum Görlitz und die Neumark im Nordosten Brandenburgs. Seinen beiden Neffen Jobst und Prokop beließ Karl die Markgrafschaft Mähren.
Jobst von Mähren war der ehrgeizigste und zugleich geschäftstüchtigste der ganzen Familie. War die Verwandtschaft in Not oder brauchte sie Geld oder Waffenhilfe, so sprang er nur ein, wenn es ihm gehörig Nutzen und Gewinn brachte. So nahm er vom königlichen Vetter Luxemburg, von Vetter Sigismund Brandenburg als Pfand für geleistete Dienste und hoffte – nicht zu Unrecht – mit der Kurwürde einst auch die Königskrone zu gewinnen.
Der böhmische Adel, der dieses Treiben voller Ingrimm beobachtete, verstärkte seinen Widerstand gegen die schon immer ungeliebte Königsherrschaft, als Wenzel auch noch seine Räte aus böhmischem Adel entließ und sich mit Beratern aus niederem Stand umgab, die ihm nach dem Munde redeten. Weiter angeheizt wurde die Mißstimmung im Lande durch einen Zusammenstoß des Königs mit seinem früheren Kanzler, dem Prager Erzbischof Johann von Jenzenstein, der sich weigerte, ein neues Bistum zu gründen, das mit einem Günstling Wenzels besetzt werden sollte. Während der Erzbischof sich dem königlichen Zugriff entziehen konnte, wurde sein Gefolge auf Befehl des Königs verhaftet. In seinem Jähzorn ließ Wenzel die Gefangenen foltern, wobei er selbst mit Hand angelegt haben soll. Dabei erlitt der Generalvikar des Erzbischofs, Johann von Pomuk, so schwere Verletzungen, daß man für sein Leben fürchten mußte. Den Halbtoten ließ der König knebeln und in der Moldau ertränken. Ob er sich zu solcher Brutalität hinreißen ließ, weil der Generalvikar sich weigerte, das Beichtgeheimnis zu verletzen und über die Beichte der Königin auszusagen, ist nicht sicher nachgewiesen. Jedenfalls wurde Johann wegen seiner Standhaftigkeit als Märtyrer heiliggesprochen. Als heiliger Johannes von Nepomuk wird er bis heute als Brückenheiliger verehrt.
Mit dieser Untat hatte sich der König auch beim Volk alle Sympathien verscherzt. Die Unruhe im Land war für Jobst von Mähren eine willkommene Gelegenheit, sich an die Spitze des zum Aufruhr entschlossenen, im »Herrenbund« vereinigten böhmischen Adels zu setzen, nach Rücksprache mit seinem Vetter Sigismund den König gefangenzunehmen und sich zum »Hauptmann im Königreich Böhmen« ernennen zu lassen. Da trat auch Johann von Görlitz auf den Plan und erhob Anspruch, Stellvertreter und Erbe des Königs zu sein, und Herzog Albrecht III. von Österreich meldete sich in diesem Tohuwabohu als Anwärter auf die deutsche Krone. Zwar kam König Wenzel auf drohende Forderung der Reichsstände wieder frei, doch mußte er, um die schlimmsten Wirren zu beenden, seinem »lieben« Vetter das durch

den Tod Johanns freigewordene Herzogtum Görlitz übertragen, das Jobst seinen ansehnlich angewachsenen Ländereien Mähren, Brandenburg, Luxemburg und Elsaß zuschlug, womit seine Hausmacht weiter an Bedeutung gewann und seine Anwartschaft auf die deutsche Krone nachdrücklich gestärkt wurde.

Schwerwiegende politische Veränderungen im Westen und Süden des Reichs

Im Reich wuchs die Unzufriedenheit zusehends. König Wenzel sah tatenlos zu, wie der französische Lehnsfürst, Herzog Philipp von Burgund, Zug um Zug einen neuen Staat an der Westgrenze des Reiches aufbaute und durch eine geschickte Heiratspolitik auch so bedeutende Reichslehen wie die Freigrafschaft Burgund und die Herzogtümer Limburg und Brabant einstrich. Die Verhältnisse kamen aber nicht nur hier in Bewegung, Frankreich begann seine Interessen auch in Oberitalien anzumelden und berührte damit die Reichspolitik an einem empfindlichen Nerv, da trotz der veränderten Lage seit der Stauferzeit an der alten Idee der »Reichsherrschaft über Italien« festgehalten wurde.

Als sich der Stadtstaat Florenz durch Mailand bedroht fühlte und bei Frankreich Schutz suchte, glaubte Wenzel, die Dinge aus der Ferne regeln zu können, indem er den Stadtherrn von Mailand, Giangaleazzo Visconti, der ohnehin als Reichsvikar in Italien zur Verteidigung der Reichsrechte eingesetzt war, durch die Erhebung zum Herzog und damit zum freien Reichsfürsten sich verpflichtete. Da der König sich dies gut bezahlen ließ und ohne Befragung der Kurfürsten vorgegangen war, sammelte sich neuer Zündstoff. Auf einen Einspruch des Papstes, der ebenfalls um seinen Besitzstand fürchtete, reagierte Wenzel wieder nicht.

Frankreich aber antwortete prompt: Der Abschluß eines Bündnisses mit Florenz und die Besetzung Genuas leiteten eine neue Entwicklung ein – Frankreich faßte Fuß in Italien.

Auch in dieser Situation: Zwei Päpste und ein untätiger König

Am meisten aber klagten die Zeitgenossen darüber, daß König Wenzel seine Aufgabe als Vogt der Kirche völlig vernachlässigte und keinen Versuch unternahm, die Kirchenspaltung zu mildern, geschweige

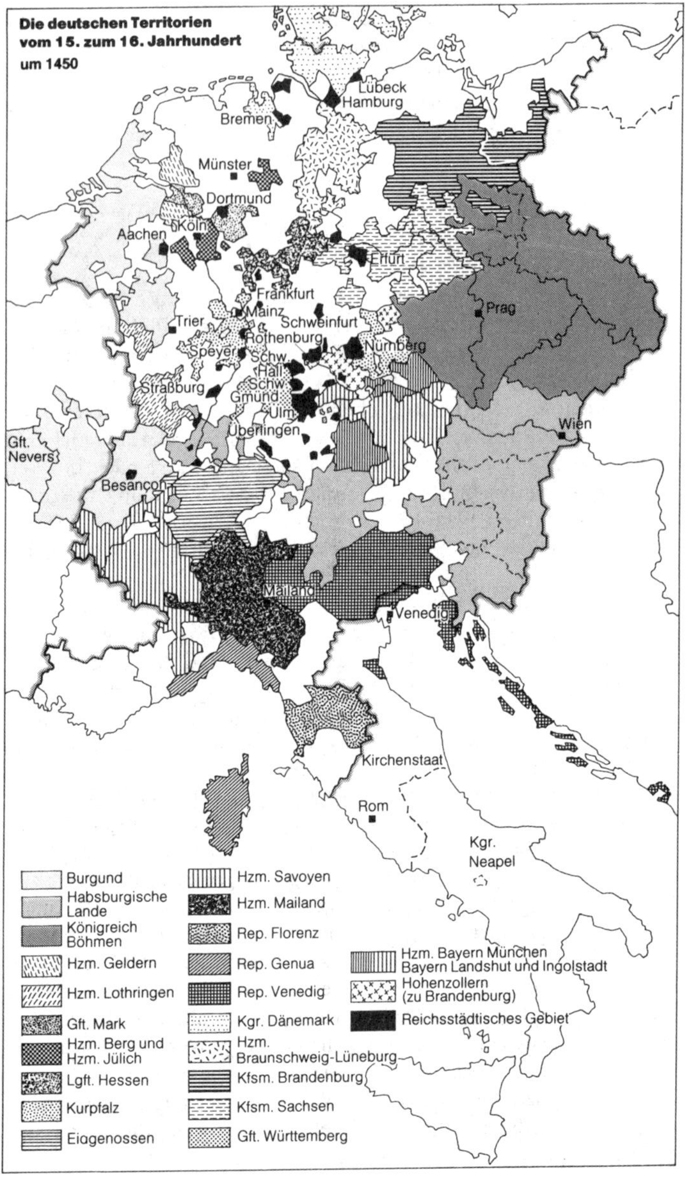
Die deutschen Territorien
vom 15. zum 16. Jahrhundert
um 1450
Lübeck
Hamburg
Bremen
Münster
Dortmund
Köln
Aachen
Erfurt
Frankfurt
Mainz
Schweinfurt
Trier
Rothenburg
Speyer
Nürnberg
Prag
Schw. Hall
Schw. Gmünd
Straßburg
Ulm
Überlingen
Wien
Gft. Nevers
Besançon
Mailand
Venedig
Kirchenstaat
Rom
Kgr. Neapel
Burgund
Habsburgische Lande
Königreich Böhmen
Hzm. Geldern
Hzm. Lothringen
Gft. Mark
Hzm. Berg und Hzm. Jülich
Lgft. Hessen
Kurpfalz
Eidgenossen
Hzm. Savoyen
Hzm. Mailand
Rep. Florenz
Rep. Genua
Rep. Venedig
Kgr. Dänemark
Hzm. Braunschweig-Lüneburg
Kfsm. Brandenburg
Kfsm. Sachsen
Gft. Württemberg
Hzm. Bayern München
Bayern Landshut und Ingolstadt
Hohenzollern (zu Brandenburg)
Reichsstädtisches Gebiet

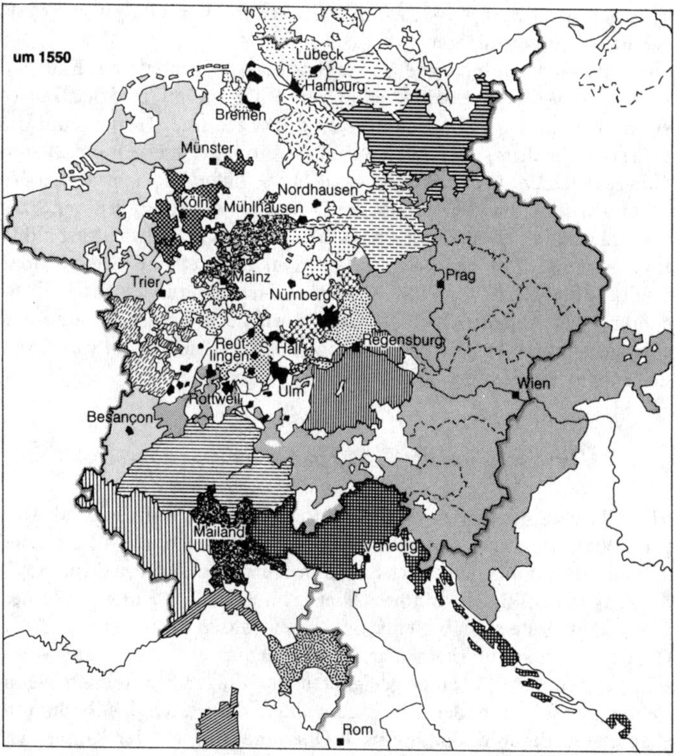

denn zu beseitigen, obwohl sie zu einem immer ernsteren Problem der europäischen Politik wurde. Nach der Doppelwahl von 1378 war Papst Urban VI. in Rom geblieben, während sich der ›französische‹ Papst Clemens VII. nach Avignon zurückgezogen hatte, das schon seit 1309 die Päpste beherbergte. Die Lage verschärfte sich, als man nach ihrem Tode für jeden der beiden einen Nachfolger wählte, ohne an eine Einigung zu denken. In Rom residierte nun seit 1389 Papst Bonifatius IX., in Avignon seit 1394 Benedikt XIII., ihre Anhänger teilten Europa in zwei Lager. Der Ruf nach einem Generalkonzil, das die Einheit wiederherstellen sollte, wurde immer lauter: Wenn das Kardinalskollegium nicht in der Lage sei, *einen* Papst für die *eine* Kirche zu wählen, dann müsse eben ein Konzil als Vertretung der gesamten Kirche in dieser Notlage diese Aufgabe übernehmen, und wenn die Päpste sich nicht verständigten und das Konzil nicht einberiefen, so seien die

obersten weltlichen Fürsten – der Kaiser oder der König von Frankreich – dazu verpflichtet.
In Frankreich wurden diese Gedanken zuerst aufgenommen: Eine Nationalsynode forderte beide Päpste zum Rücktritt auf, und der französische König, Karl VI., drängte König Wenzel unter Hinweis auf die energische Haltung Kaiser Heinrichs III. in Sutri (siehe Band 2) zum Handeln. Doch weder Wenzel noch die Fürsten rückten vom römischen Papst ab, obwohl gerade die Deutschen die Hauptlast der Spaltung zu tragen hatten, denn sie mußten ja den Kirchenstaat fast allein finanzieren. Selbst das geistige Leben in Deutschland war von der Spaltung betroffen, denn die zahlreichen Neugründungen von Universitäten wurden natürlich von beiden Päpsten umworben und, da sie ja geistige Stützpunkte für das jeweilige Lager darstellten, in den Streit der beiden Lager hineingezogen.

Die Sensation der Zeit: Ein Kaiser wird abgesetzt

»Des Reiches Sachen zu richten und zu handeln« war Ziel und Aufgabe Wenzels, als er nach zehn Jahren Abwesenheit endlich Reichsboden betrat und auf den Reichstagen in Nürnberg und Frankfurt 1397 die Klagen der Fürsten anhörte. Aber es blieben leere Worte. An seiner Untätigkeit änderte sich nichts. Schon seit Jahren dachten aus diesem Grund vor allem die rheinischen Kurfürsten an eine Absetzung Wenzels und berieten über einen geeigneten Nachfolger. Sie meinten, wenn sie das Recht hätten, den König zu wählen, dann auch das Recht, ihn abzusetzen. Einer Vorladung nach Oberlahnstein, wo der König sich vor den Kurfürsten verantworten sollte, folgte Wenzel nicht. Die Warnung, daß sich die Fürsten im Falle des Nichterscheinens an keinen Eid gegenüber dem König mehr gebunden fühlten, nahm er offenbar nicht ernst.
In der Kölner Chronik heißt es zu diesem Fall sinngemäß: Er blieb in Böhmen liegen wie ein Schwein in seinem Stall. Als er nun tatsächlich abgesetzt und Ruprecht von der Pfalz als sein Nachfolger gewählt wurde, soll Wenzel wie ein Wilder getobt haben: »Ich will das rächen oder will tot sein, [. . .] ich will ihn [Ruprecht] totstechen oder er muß mich totstechen.« Im böhmischen Kuttenberg gab er sich, wenige Wochen später, vor Sigismund und Jobst völlig verzagt: »Ich weiß nicht, was tun« und tröstete sich wie ein Kind, daß ihm ja selbst nach dem Verlust Böhmens noch drei Schlösser blieben.
Doch Wenzel konnte sich trotz weiterer Wirren in Böhmen behaupten; seine Rechte auf die deutsche Königskrone gab er nie auf.

Ruprecht von der Pfalz – König ohne Macht

Schon 48 Jahre alt, hatte dieser Wittelsbacher König (1400–1410) als Landesherr der Rheinpfalz genügend Erfahrungen in der Verwaltung eines modernen Territoriums sammeln können, zumal er bereits von seinen Amtsvorgängern zu Regierungsgeschäften herangezogen wurde. Das Wahlversprechen, die alte Reichsherrlichkeit wiederherzustellen, nahm er ernst, und da er ein frommer Mann war, durfte man erwarten, daß er sich voll und ganz für die Einheit der Christenheit einsetzen würde. Doch die Schwierigkeiten begannen bald.
Zunächst erlangte Ruprecht noch nicht einmal die Anerkennung seiner Wahl und die Zustimmung zur Kaiserkrönung vom römischen Papst Bonifatius IX., der sich nicht festlegte, weil er es nicht ganz mit den Luxemburgern verderben wollte, die zusammen weiterhin über eine beträchtliche Hausmacht verfügten. Und der Papst sollte, wie die Zukunft erwies, recht behalten: Ruprecht konnte sich während seiner ganzen Regierungszeit kaum gegen seine Rivalen durchsetzen.

Ein mißglückter Romzug

So blieb dem neuen König nur eines: gegen alle Schwierigkeiten durchzusetzen, daß er in Rom zum Kaiser gekrönt werde. Da der Visconti in Mailand auf der Seite Wenzels stand, brauchte er die Hilfe von Florenz, das seinerseits von ihm Unterstützung gegen Mailand erwartete. Doch ein Romzug kostete viel Geld, und Florenz zahlte trotz großer Versprechungen nur in bescheidenen Raten; die Habsburger verlangten Straßenzoll für die Öffnung des Brenner-Passes, und die Schweiz und Savoyen stellten noch höhere Forderungen. Ruprecht wagte dennoch das Unternehmen, doch mußte er es schließlich wegen chronischen Geldmangels aufgeben, da er seinen Truppen den Sold nicht bezahlen konnte. Damit war er schon im ersten Jahr seines Königtums gescheitert, denn nur als gekrönter Kaiser konnte er sich im Reich durchsetzen und im Kirchenstreit Schiedsrichter sein.

Italien im Wandel

Während man im Norden und Osten des Reiches ohnehin kaum Notiz vom neuen König nahm, schien sich in Italien zwar die Lage schon bald zugunsten des Königs zu wandeln; langfristig aber wurde sie für das Reich schwieriger: Mit Giangaleazzo Viscontis Tod 1402 entfiel

Ein König, der nur 10 Jahre herrschte.
Grabmal König Ruprechts und seiner Gemahlin Elisabeth von Hohenzollern. Heidelberg, Heilig-Geist-Kirche.

ein Gegner Ruprechts, und Oberitalien war scheinbar wieder offen, doch Venedig, das den König während des Italienfeldzuges freundlich aufgenommen und höflich seine Neutralität erklärt hatte, nahm die Gelegenheit wahr, zur Absicherung seiner Seeherrschaft seine Position im Hinterland – der »terra ferma« – zu festigen: es rückte in die Vormachtstellung in Oberitalien ein. Für die mittelalterliche Italienpolitik der deutschen Könige hatte damit die Stunde geschlagen; Macht und Selbstbewußtsein der jungen italienischen Staaten wuchsen unaufhaltsam und bildeten einen Riegel, den man nicht mehr mit Gewalt, sondern nur mit diplomatischem Geschick zurückschieben konnte.

Abhängig von Papst und Fürstenopposition

Auch der nur auf Erhaltung seiner Macht und seiner Finanzen bedachte Papst Bonifatius IX. erwies Ruprecht keinen Dienst, als er sich aufgrund der veränderten politischen Lage nun endlich entschloß, ihn

als König anzuerkennen und zur Romfahrt einzuladen, denn die Anerkennung wollte er nur erteilen, wenn der Pfälzer versprach, sich nicht für eine Schlichtung des Kirchenstreits einzusetzen, es sei denn, die Christenheit erkenne ihn, Bonifatius, als einzigen rechtmäßigen Papst an.
Die Belehrung des Papstes an die Adresse der Kurfürsten, Absetzung und Neuwahl eines Königs dürften sie nur mit Genehmigung des Papstes durchführen, war in dieser Situation ebenfalls undiplomatisch und für den König schädlich. Jedenfalls machte sie auf die Kurfürsten wenig Eindruck. Sie hatten ihrerseits längst erkannt, daß sie mit Ruprecht eine schlechte Wahl getroffen hatten, und gingen auf Distanz zum König, ja formierten sich zum Teil zu einer Opposition, als dieser versuchte, energischer als bisher für den inneren Frieden im Reich einzutreten und dabei selbständiger vorzugehen, als es ihrer Ansicht nach die »Goldene Bulle« erlaubte. 1405 schlossen sich vor allem schwäbische Fürsten und Städte zum »Marbacher Bund« zusammen, um den König einzuschüchtern. Seele des Ganzen war der Erzbischof Johann von Mainz, derselbe, der bei der Königswahl Ruprecht auf den Schild erhoben hatte. Zwar gelang es dem König, die Gegner zu trennen und sich aus der Einkreisung zu lösen, doch vermochte er nicht, eine neue Machtbasis aufzubauen, um eine zielstrebige Reichspolitik zu betreiben. Daß die Stadt Aachen ihm sieben Jahre lang die Königskrönung verwehren konnte, kennzeichnet seine Situation.

Wege aus dem Schisma? – Französische Impulse

So wunderte es niemanden, daß König Ruprecht aufgrund seiner ungefestigten Position im Innern auch nach außen nicht überzeugend in Erscheinung trat. Seine Bindung an den römischen Papst hinderte ihn, als Schutzherr der gesamten Kirche die Initiative zur Überwindung der Kirchenspaltung (Schisma) zu ergreifen; der Anstoß zu einer Lösung der Krise kam ohne sein Zutun aus den Reihen derer, die für die Spaltung verantwortlich waren, nämlich der Kardinäle. Beide Kardinalskollegien, in Rom und Avignon, hatten einen ersten Versuch unternommen, als sie vor den letzten Papstwahlen ihre Kandidaten verpflichteten zurückzutreten, falls eine Wiedervereinigung zustande käme. Zwar zeigten diese nach der Wahl von ihrer Haltung her wenig Neigung, ihr Versprechen einzuhalten, nahmen aber wenigstens Kontakt miteinander auf. Da forcierte wiederum Frankreich die Entwicklung: Die Opposition gegen einen ›eigenen‹ französischen Papst wuchs, denn man war gezwungen, für seinen Unterhalt auch ganz allein aufzukommen, während früher ganz Europa sich die Steuern für einen Papst in Rom teilte. Die Universität Paris unterstützte diese Opposition gegen den ›französischen‹ Papst durch theologische Argumentation, und eine französische Nationalsynode beschloß, die »alten Freiheiten der gallikanischen Kirche« wiederherzustellen: alle päpstlichen Steuern seien zu verweigern und alle Eingriffe des Papstes in den staatlichen Bereich, z. B. bei der Stellenbesetzung, seien abzulehnen. Der König wurde gewonnen, Papst Benedikt XIII. in ultimativer Form zur Abdankung aufzufordern, widrigenfalls ihm der Gehorsam verweigert werde. 1407 erklärte Frankreich seine kirchliche »Neutralität« und setzte gleichzeitig die »gallikanischen Freiheiten« in Kraft. Damit war das außenpolitische Ziel verbunden, durch Unterstützung eines neu zu wählenden Papstes mit dem Sitz in Rom die eigene Position in Italien auszubauen.

Aus Furcht vor dieser französischen Einflußnahme sagte jetzt der römische Papst ein vorgesehenes Treffen mit dem avignonesischen Rivalen ab, wodurch er eine Rebellion des verständigungsbereiten Teils seiner Kardinäle hervorrief. Diese schlossen sich mit der Kardinalsopposition in Avignon zusammen und verstanden sich nun als eine »Korporation«, die in der Nachfolge der Apostel berechtigt sei, die Kirche aus der außerordentlichen Notlage zu retten. In Anwesenheit eines französischen Gesandten traf dieses neue Kardinalskollegium 1408 in Livorno – im Machtbereich des mit Frankreich verbündeten Florenz – zusammen. Von hier aus erging Einladung an die Vertreter der Christenheit zu einer gemeinsamen Kirchenversammlung im benachbarten Pisa.

Die Zersplitterung Europas in dieser Frage zeigte sich in der Reaktion auf die Einladung: Frankreich und England nahmen an; Wenzel von Böhmen sah eine Chance, gegen seinen Widersacher Ruprecht wieder ins Spiel zu kommen, und erklärte sich für die Zuständigkeit des Konzils, wenn der künftige Papst ihn als wahren römischen Kaiser anerkenne; Ruprecht durfte sein Gesicht nicht verlieren und lehnte die Einladung ab, obwohl ein großer Teil der deutschen Kirche das Konzil begrüßte. Nicht zu Unrecht fürchtete er, gegen den starken französischen Einfluß in Pisa nicht anzukommen, argumentierte auch mit kirchenrechtlicher Unzuständigkeit der Einberufung durch Kardinäle, die das Konzil im übrigen mißbrauchen würden, ihre Macht gegenüber dem Papst unrechtmäßig zu erweitern. In einer offiziellen Erklärung bezeichnete er die Versammlung als »Afterkonzil« und appellierte – ins Leere – an den »wahren Papst und ein rechtmäßig einzuberufendes Konzil«.

In Pisa beachtete man den Einspruch nicht. Als die beiden Päpste trotz

Einladung nicht erschienen, setzte sie das Konzil ab und wählte den Erzbischof von Mailand, einen Griechen, als Alexander V. zum Papst. Da die beiden anderen nicht zurücktraten, hatte die Kirche nun drei Päpste und war in der Folge in drei Lager gespalten. Frankreich, England, Ungarn, Böhmen und die Mehrzahl der deutschen Bischöfe erkannten den neuen Papst an, mit König Ruprecht hielt der kleinere Teil der deutschen Bistümer an Gregor XII., dem Nachfolger Bonifatius' IX., fest, während sich für den aus Avignon nach Perpignan geflohenen Benedikt XIII. Spanien, Portugal und Schottland erklärten. In Deutschland ging der Riß noch tiefer als im übrigen Europa und zersprengte selbst die einzelnen Diözesen, so daß die allgemeine Verwirrung noch größer wurde, ja eine bewaffnete Auseinandersetzung drohte. Im Aufbruch gegen einen seiner Gegner, Johann von Mainz, der sich mit den Franzosen verbündet hatte, starb König Ruprecht.

Ein bedeutungsvolles Nebenergebnis: Auszug der Prager Studenten

Aber auch in Böhmen kam es zu einem Konflikt. Die Studentenschaft der Prager Universität war nach dem üblichen Muster in »Nationen« organisiert. Während sich die Pariser Universität in die normannische, französische, pikardische und englische »Nation« gliederte, wobei die letztere auch alle übrigen europäischen Nationen einschloß, unterschied man in Prag die böhmische »Nation«, welche Deutsche und Tschechen aus den böhmischen Kronländern vereinte, die baierische, zu der alle Deutschen aus dem Westen, die sächsische, zu der alle Deutschen aus dem Norden gehörten, und schließlich die polnische, in der alle nichtdeutschen Hörer zusammengefaßt waren. Bei Beschlußfassung über gemeinsame Angelegenheiten entschieden die »Nationen« mit der Mehrheit der Stimmen. Als nun König Wenzel die Universität aufforderte, sie solle sich im Kirchenstreit neutral erklären, stimmte nur die böhmische »Nation« zu. Da Verhandlungen zu keinem Ziel führten, verfügte König Wenzel 1409, daß der böhmischen »Nation« in Zukunft drei Stimmen zustünden, die andern drei zusammen aber nur eine Stimme haben sollten. Dieser gewaltsame Eingriff des Königs in die Universitätsstatuten wurde in einer die Landesgäste verletzenden Weise begründet: Die böhmische Nation sei der wahre Erbe dieses Königreiches, Baiern, Sachsen und Polen aber besäßen kein Heimatrecht. Als sich der König gegenüber allen Vorstellungen und Protesten unnachgiebig zeigte, verließen Professoren und Studenten der benachteiligten Völker Prag und wandten sich nach Krakau,

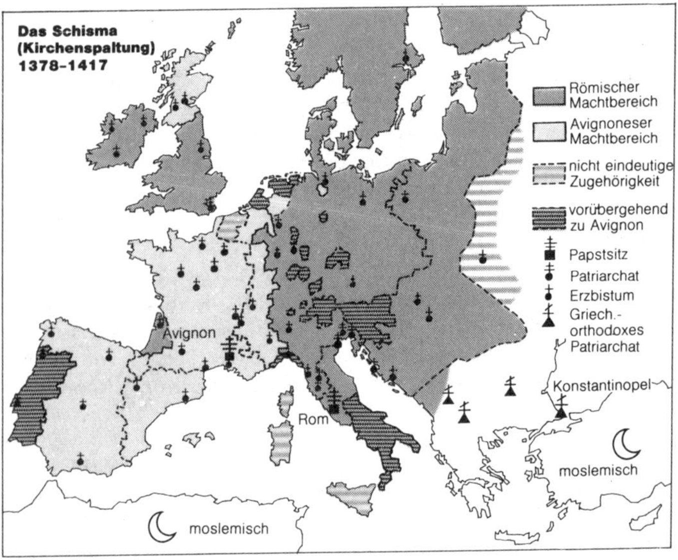

Wien, Heidelberg und Erfurt; im selben Jahr gründete Herzog Friedrich der Streitbare in Leipzig eine Universität, die sich gastlich den Pragern öffnete.

Zwischen Erfolg und Mißerfolg: Die Herrschaft Sigismunds

Nach dem Tode Ruprechts, der im öffentlichen Bewußtsein ein ›Gegenkönig‹ geblieben war, hätte sich die Möglichkeit geboten, Wenzel von Böhmen, den der Pisaner Papst Alexander V. als König anerkannt und der selbst nie auf die Krone verzichtet hatte, in seine Rechte wiedereinzusetzen, damit wenigstens die Reichseinheit wiederhergestellt würde. Aber natürlich hätten die Kurfürsten bei einer solchen Entscheidung ihr Gesicht verloren. Die Auswahl neuer Kandidaten war gering und das Kurfürstenkollegium untereinander so zerstritten, daß man zu keiner Lösung fand. Vorübergehend zog man sogar eine Kandidatur des energischen englischen Königs Heinrich IV. in Erwägung, schließlich kam man aber trotz alter Vorbehalte am Haus Luxemburg nicht vorbei, dessen Vertreter aufgrund ihres umfangreichen Besitzstandes am ehesten regierungsfähig schienen. Da man sich weder auf Jobst von Mähren noch auf Kurfürst Sigismund von Brandenburg ei-

SIGISMUND

Mit König Sigismund war eine eigenartige, schillernde Persönlichkeit auf den deutschen Thron gelangt. Konsequent verfolgte er seine Ziele, schreckte dabei nicht vor Intrigen zurück, betrog selbst den eigenen Bruder, wenn es ihm opportun erschien. Auch in der aussichtslosesten Lage gab er nicht auf, sondern fand immer Wege, um zu einem Erfolg zu gelangen. Ohne fromm zu sein, träumte er zeitlebens von der Eroberung des Heiligen Grabes, ohne besondere theologische Kenntnisse entwirrte er geschickt Auseinandersetzungen über heikle Probleme in den Konzilsitzungen, indem er mit gesundem Menschenverstand und diplomatischer Beweglichkeit an praktische Lösungen heranging.
Sigismund kam mit der Königskrone nach Konstanz, nach Basel mit der Eisernen Krone der Lombarden und der Kaiserkrone und setzte Autorität und Gewicht des Amtes im entscheidenden Augenblick mit allem Nachdruck ein. Man warf ihm manchmal zweideutiges Verhalten vor, ohne ihm einen Wortbruch schlüssig nachweisen zu können.
Sigismund war kein Feldherr, hatte aber einen Blick für militärische Organisation. Meist hielt er sich klug zurück, wurde aber brutal, wenn es ihm erfolgreicher schien, ein Exempel zu statuieren. So scheute er sich nicht, zu Beginn der Hussitenkriege in Breslau 23 Bürger wegen Ketzerei und demokratischer Gesinnung hinrichten und einen Hussiten verbrennen zu lassen. Von Jugend auf den Daseinsfreuden offen zugewandt, störte es ihn nicht, daß die Öffentlichkeit ihm die zweite Heirat mit der schönen, leichtfertigen Gräfin Barbara von Cilli verübelte.
Er selbst soll das Idealbild eines Ritters verkörpert haben, und man meint, ihn in einem der Heiligen Drei Könige und in dem König David der Wandgemälde zweier Mainzer Kreuzgänge wiederzufinden. Der berühmteste Porträtist seiner Zeit, Pisanello, malte ihn als Kaiser: Ein ernstes Gesicht, umhüllt von einer kostbaren Pelzmütze, schaut am Betrachter vorbei in die Ferne: distanziert, voller Gedanken, wie magisch von einem fernen Ziel angezogen. *(J. G.)*

nigen konnte, kam es zu einer Doppelwahl, so daß nun zusammen mit Wenzel drei Luxemburger Anspruch auf die Krone erhoben und dem Abendland neben drei Päpsten als deren Schutzherren auch drei Könige beschert waren. Bald darauf starb jedoch Jobst – es hieß durch Gift. Wenzel verzichtete auf den deutschen Königstitel, nachdem ihm Sigismund zugesichert hatte, daß er ihm die Hälfte der Reichseinnahmen überlassen werde und daß er zu Lebzeiten des Bruders sich nicht um die Kaiserkrönung bemühen wolle. Daraufhin erhielt Sigismund (1410–1437, 1433 Kaiser) die Stimmen aller Kurfürsten.

Auf den Spuren väterlicher Großmachtpläne: Polen und Ungarn

Sein Weg auf den deutschen Königsthron war, wie sein ganzes Leben, recht abenteuerlich. Kaiser Karl IV. hatte ursprünglich mit seinem zweiten Sohn andere Pläne verfolgt. So hatte er gehofft, mittels einer klug durchdachten Heiratspolitik die luxemburgische Hausmacht in Osteuropa ausbauen und am Ende Brandenburg, Polen und vielleicht auch Litauen zu einer Ostseemacht zusammenschließen zu können, in die sich auch der Ordensstaat integrieren ließe.

Sigismunds Mutter, Elisabeth von Pommern, war die Enkelin des Polenkönigs Kasimirs des Großen, der seinen Neffen Ludwig den Großen auf dem ungarischen Thron aus dem Haus Anjou zum Erben einsetzte. Da dieser keine Söhne hatte, waren seine mit der Mitgift von Ungarn und Polen ausgestatteten Töchter an den europäischen Höfen sehr umworben. Kaiser Karl IV. hatte nicht lange gezögert und seinen vierjährigen Sohn Sigismund mit König Ludwigs zweiter Tochter Maria verlobt, während ihre ältere Schwester einem Sohn Karls V. von Frankreich zugesprochen wurde. Die künftigen Schwiegerväter verständigten sich sodann in der Weise, daß nach Ludwigs Tod der französische Prinz die Thronfolge in Ungarn antreten, Sigismund aber die Anwartschaft auf Polen erhalten solle. Deshalb löste der Kaiser auch die Mark Brandenburg, die er durch die Lausitz mit Böhmen verklammert hatte, aus diesem Verbund und teilte sie Sigismund als Erbteil zu, damit dieser sie mit Polen zu einem gewaltigen luxemburgischen Machtblock im Nordosten des Reiches zusammenschließe.

Als Marias ältere Schwester unerwartet starb, war die Herrschaftsnachfolge in Ungarn wieder offen, und die Luxemburger machten sich jetzt Hoffnung, die Kronen von Polen und Ungarn zugleich zu erhalten.

Wieder veränderte sich die Situation schlagartig, als nach dem Tod

König Ludwigs 1382 dessen Witwe die Zügel in die Hand nahm; sie ließ Maria sofort zum »König« von Ungarn krönen und suchte ungeachtet der Verbindung mit dem luxemburgischen Haus eine Verlobung mit dem Prinzen von Orléans in die Wege zu leiten. Jetzt drohten also Sigismund beide Kronen zu entgehen. Hinzu kam, daß die Polen Maria als Königin ablehnten, weil sie nicht länger von Ungarn aus regiert werden wollten. Sie boten statt dessen ihrer jüngeren Schwester Hedwig (Jadwiga) den polnischen Thron an, wenn diese ihre Verlobung mit einem Habsburger löse und sich bereit erkläre, den litauischen Großfürsten Jagiello zu heiraten. Diesem wiederum wurde von den polnischen Ständen der Übertritt zum Christentum zur Auflage gemacht, wenn er König in Polen werden wolle. Die Heirat der beiden und die Christianisierung Litauens legten den Grundstein zu einem Großpolen, das von der Ostsee bis ans Schwarze Meer reichte und allmählich den Staat des Deutschen Ordens erdrückte. Der Traum Kaiser Karls IV. von einer luxemburgischen Hausmacht, die alle Völker von der Elbe bis zur Memel und darüber hinaus zu einer wirtschaftlichen und kulturellen Einheit verbinden sollte und möglicherweise manche Spannungen entschärft hätte, war ausgeträumt.

Ungarn drohte den Luxemburgern um so eher verlorenzugehen, als auch die Anjous aus Neapel die Thronfolge beanspruchten und das Land bereits in schwere Kämpfe verwickelt worden war. Mit Hilfe König Wenzels und seiner mährischen Vettern setzte sich Sigismund schließlich durch und wurde 1387 zum König von Ungarn gekrönt. Er hatte sich so zwar sein Thronrecht gesichert, dem Land aber blieben weitere Wirren nicht erspart.

Zankapfel Ungarn – Auswirkungen im Süden und Osten

Mit Ungarn brachte Sigismund auch dessen politische Probleme in die Reichspolitik ein. Die Abwehr der neapolitanischen Anjous, die ihren Kampf um den ungarischen Thron nicht aufgaben und – vom Papst in Rom ermuntert – Kroatien und Dalmatien, ungarisches Reichsland, besetzten, hatte vor allem langfristige Auswirkungen auf die deutsche Italienpolitik. König Ladislaus von Neapel, der auch die Apenninenhalbinsel mit seinen Großmachtplänen beunruhigte, wurde im dalmatinischen Zara von einem päpstlichen Legaten schließlich sogar zum König von Ungarn gekrönt, was die Spannungen weiter verschärfte. Vor allem aber: Sigismund geriet nun auch mit Venedig, der alten Rivalin Ungarns an der Adria, in Streit, denn König Ladislaus verkaufte der Lagunenstadt die von ihr seit langem begehrte Stadt Zara und überließ ihr außerdem die Ansprüche auf Dalmatien, was zu Auseinandersetzungen führte, die sich über die ganze Regierungszeit Sigismunds hinzogen. Auch die Beziehungen des Reichs zu Polen wurden durch die alten Gegensätze zwischen Ungarn und Polen zusätzlich verschärft.

Kampf gegen die Expansion der Osmanen

Die Personalunion mit Ungarn war bald von großer Bedeutung für ganz Europa: Das Magyarenreich mit seinen vielen vorgelagerten, ihm nur lose verbundenen Außenprovinzen war gleichsam ein Vorposten gegen äußere Feinde im wenig beachteten Südosten; potentielle Angreifer wurden hier zunächst aufgehalten und ermöglichten so die Vorbereitung eines Abwehrkonzepts.
Als Sigismund in Ungarn die Regierung antrat, hatten die türkischen Osmanen auf der Balkanhalbinsel Fuß gefaßt und bedrohten die Südflanke seines Königreichs. Sie führten ihren Namen auf Sultan Osman I. zurück, der Anfang des 14. Jahrhunderts aus den Resten der früheren Seldschukenstaaten in Kleinasien ein wohlorganisiertes, vom Geist

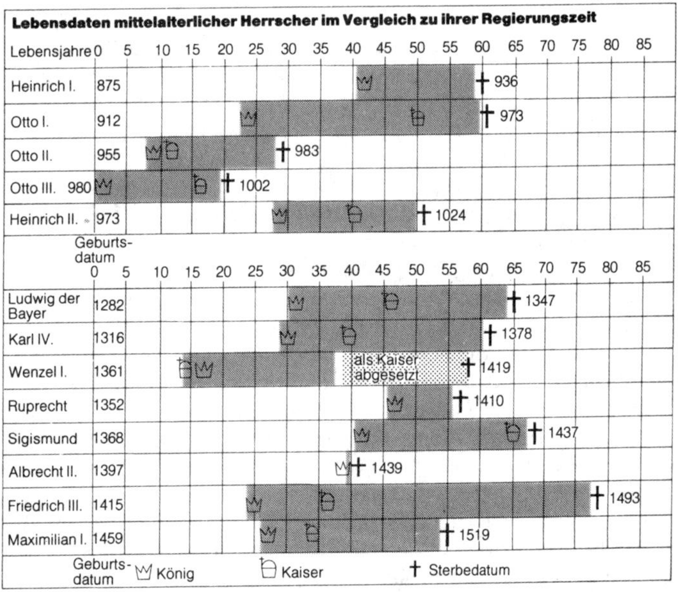

des Islam bestimmtes Reich gründete und unentwegt gegen den Brükkenkopf der Byzantiner auf kleinasiatischem Boden anstürmte. Sein Sohn Urchan setzte nach Europa über und besiegte mit überlegenen Waffen und diplomatischen Künsten die miteinander im Streit liegenden christlichen Zwergstaaten im östlichen Balkan. Sultan Murad I. schlug 1389 die verbündeten Slawen bei Kosovo auf dem Amselfeld; Serbien wurde tributpflichtig und Bulgarien türkische Provinz. Angesichts der unmittelbaren Bedrohung rief der 23jährige Ungarnkönig zu einem abendländischen Kreuzzug auf, worauf sich ein stattliches Heer von 100 000 Mann versammelte, das deutsche, französische und burgundische Ritter vereinte. Die militärische Demonstration verband König Sigismund mit reger diplomatischer Tätigkeit an den europäischen Höfen, und er unterstrich sein erfolgreiches Bemühen durch ein Bündnis mit Konstantinopel, das von den Osmanen eingeschlossen war. Sultan Bajezid I. nahm die Herausforderung an, brach die Belagerung ab und warf sich dem Kreuzfahrerheer entgegen, dem er 1396 am bulgarischen Donauufer bei Nikopolis eine furchtbare Niederlage zufügte. Jetzt schien der Fall Konstantinopels gewiß, als ein Angriff auf sein Stammland in Kleinasien Bajezid I. zum Rückzug zwang. Dem neuen Gegner war er nicht gewachsen. Timur Lenk (= der Lahme), auch Tamerlan genannt, Begründer eines neuen mongolischen Riesenreichs, das sich von Mittelasien nach Indien, Persien und Rußland ausdehnte, schlug 1402 bei Ankara die Osmanen so vernichtend, daß Sultan Bajezid I. seine Großmachtpläne begraben mußte und Europa eine Atempause geschenkt wurde.
König Sigismund hatte sich mit Hilfe treuer Freunde aus der Katastrophe von Nikopolis retten können und gelangte auf der Flucht über Konstantinopel und Rhodos nach Dalmatien, wo er sein Königreich in Aufruhr fand und selbst so gefährdet war, daß er über Jahre hin um seine persönliche und politische Existenz kämpfen mußte. Doch er hat wohl als einziger europäischer Fürst inmitten der Wirren die Abwehr der von den Osmanen ausgehenden Gefahr als große gemeinsame Aufgabe klar gesehen. Deutlich erkannte er, daß die türkischen Angriffe gegen die Balkanvölker Teil einer großangelegten Strategie waren, die sich gegen das ganze Abendland richtete. Deshalb galten seine Überlegungen und Pläne der Vorbereitung einer großen Koalition der europäischen Mächte. Ihre Voraussetzung war seiner Meinung nach die Wiederherstellung der Einheit der abendländischen Kirche, darüber hinaus aber eine Union der gesamten christlichen Kirche, die auch den Osten einschloß. Diesem Grundgedanken ordnete er alle übrigen Ziele unter, als er die Regierung des Reichs übernahm. Damit identifizierte sich gegen Ende des Mittelalters noch einmal ein Herr-

Deutsche und europäische Geschichte in Daten

	Deutsches Reich	Ausland
1410–1437	Sigismund von Ungarn, deutscher König	
1411	Frieden von Thorn. Aufgabe Schamaitens durch den Orden. Ansonsten Besitzstandswahrung	
	Appenzell eidgenössisch	
	Burggraf Friedrich VI. von Hohenzollern Verweser der Mark Brandenburg	
1412	Friedrich VI. Regent von Brandenburg (Friedr. I.)	Alfons von Kastilien erhält Lehen Neapel
1413	Hus im Bann	»Lollhardenaufstand« in England
1414–1418	Konzil von Konstanz gegen Kirchenspaltung (Schisma). Neuer Papst	
1415	Friedrich I. von Brandenburg wird Markgraf, dann Kurfürst	Schlacht von Azincourt. England besetzt Normandie und Paris. Burgund im Bündnis mit England
	Verbrennung Hus' in Konstanz	
	Aargau von Eidgenossen besetzt	
1419	Tod Wenzels	
	Gründung Universität Rostock	
1419–1422	Krieg des Deutschen Ordens mit Polen–Litauen. Landverluste	
1419–1433/36	Hussitenkriege	
1420	Krönung Sigismunds zum Böhmischen König	
1422		Türken belagern Konstantinopel
1423	Friedrich der Streitbare von Wettin (Markgraf von Meißen) wird Kurfürst von Sachsen-Wittenberg	
1424	»Kurverein« der Kurfürsten gegen König und Hussiten	
1427	Nürnberg selbständig	
1431–1449	Basler Konzil. Sieg des Papsttums über den Konzilsgedanken	

1431		Jeanne d'Arc in Rouen verbrannt
1433	Kaiserkrönung Sigismunds	
	Prager Kompaktaten (Verständigung mit Hussiten/ohne Taboriten)	
1434	»De Concordantia catholica« des Nikolaus von Kues	Cosimo de Medici, Herrscher von Florenz Gründung der Accademia Platonica. Errichtung der Domkuppel
1436	Karl VII. erobert Paris zurück	
	Iglauer Kompaktaten (Kriegsende mit den radikalen Hussiten)	
1437	Tod Kaiser Sigismunds	
1438	Albrecht V. von Österreich deutscher König Albrecht II.	»Pragmatische Sanktion« von Bourges: Französische Nationalkirche
1439	Tod Albrechts II.	Einführung einer direkten Grund- und Kopfsteuer in Frankreich
1440–1493	Friedrich V. von Steiermark und Kärnten deutscher König Friedrich III.	
	»De docta ignorantia«, Hauptwerk des Nikolaus von Kues	

scher mit den Aufgaben, die einem römischen Kaiser gestellt waren, nämlich als Schutzherr der geeinten Christenheit das Reich gegen seine Feinde zu verteidigen und durch Aufnahme der Kreuzzugsidee die europäischen Völker zur Eroberung des Heiligen Landes zu führen.

Konsolidierung der Luxemburger-Macht im Südosten des Reichs

So verbanden sich Träumereien eines Phantasten und Tatendrang eines Pragmatikers in dieser wegen ihrer Sprunghaftigkeit nicht leicht zu durchschauenden Persönlichkeit. Mit allen Mitteln suchte er sein nächstes Ziel zu erreichen. Mißerfolge wie die Niederlage von Nikopolis entmutigten ihn nicht. Obwohl man ihn nach seiner Rückkehr im eigenen Königreich gefangensetzte und nach anderen Regenten Ausschau hielt, behauptete er sich und festigte im Bund mit dem Adel seine Stellung.

Um seine Macht endgültig abzusichern, suchte Sigismund die Vereinigung Ungarns mit Österreich und Böhmen einzuleiten, ein erstes Anzeichen, daß die luxemburgische Hausmacht ihr Schwergewicht nach Süden verschob. Zu diesem Zweck schloß er mit Herzog Albrecht IV., dem »Herrn von Österreich ob und unter der Enns«, 1402 mit Zustimmung der ungarischen Stände einen Vertrag, der den Habsburger zum gegenwärtigen Stellvertreter und künftigen Nachfolger des Luxemburgers in Ungarn machte.

Übel spielte Sigismund seinem Bruder Wenzel mit. Obwohl ihn dieser schon zweimal zum Reichsverweser ernannt und ihm 1402 mit Zustimmung des böhmischen Landtags die Regentschaft in Böhmen übertragen hatte, nahm ihn Sigismund gefangen und lieferte ihn an die Habsburger nach Wien aus.

Aber diese Intrige Sigismunds wandte sich schließlich doch wieder gegen ihn selbst: Wenzel gelang die Flucht nach Böhmen, wo er schon bald wieder fest im Sattel saß, Albrecht aber starb, wahrscheinlich durch Gift, als er mit Sigismund gegen Wenzel zu Felde zog. Sigismund gab deshalb nicht auf; wenn er wartete, war ihm die Nachfolge in Böhmen sicher; mit den habsburgischen Verwandten Albrechts standen ihm zwar langandauernde Auseinandersetzungen bevor, weil er nach des Vaters plötzlichem Tod dessen unmündigem Sohn Herzog Albrecht V. die ungarische Krone in Aussicht gestellt hatte, doch durfte er auf seine diplomatischen Künste vertrauen.

Lohn für die Nürnberger Burggrafen: Die Hohenzollern in Brandenburg

Diplomatisch ging er auch vor, indem er als eine seiner ersten Amtshandlungen in seiner Eigenschaft als deutscher König 1411 die Einsetzung des Burggrafen Friedrich von Nürnberg aus dem Haus Hohenzollern zum Verweser der nach dem Tode Jobsts freigewordenen Mark Brandenburg vornahm, der 1415 die feierliche Belehnung und 1417 die Übertragung der Kurwürde folgte. Er wollte damit geleistete Dienste belohnen und erhoffte sich mit diesem Geschenk einen treuen Gefolgsmann; die Aufgabe des nördlichen Teils der luxemburgischen Hausmacht ließ sich ohnehin verschmerzen, da die Verbindung Brandenburgs mit Ungarn durch die Entfernung gefährdet war und Vetter Jobst allem Vernehmen nach das Land hatte verkommen lassen.

FRIEDRICH VI. VON ZOLLERN

Nach dem Willen des Nürnberger Burggrafen Friedrich V. von Zollern sollten die fränkischen Besitzungen der Familie bei Erbauseinandersetzungen nie in mehr als zwei Teile geteilt werden. So erhielt sein 1371 geborener Sohn Friedrich VI., als der Vater 1397 abdankte, das sogenannte Unterland, d. h. das Land um Ansbach mit der Cadolzburg, während sein Bruder Johann III. das sogenannte Oberland um Kulmbach mit der Plassenburg empfing.
Ein Jahr vor der Teilung hatten die beiden Brüder die katastrophale Niederlage eines christlichen Heeres gegen die Türken bei Nikopolis in Bulgarien mitgemacht und waren nur mühsam entronnen.
In der folgenden Zeit stand Friedrich VI. im Dienst des luxemburgischen Königs Wenzel von Böhmen, trat aber dann auf die Seite Ruprechts von der Pfalz über und war an der Absetzung Wenzels (1400) maßgebend beteiligt. Mit König Ruprecht zog er 1401 nach Italien und teilte dessen Niederlage vor Brescia. Nach Ruprechts Tod setzte er sich entschieden für die Wahl Sigismunds zum deutschen König ein (1410) und erhielt zum Dank das Amt des Verwesers der Mark Brandenburg übertragen (1411). Die förmliche Belehnung erfolgte auf dem Konstanzer Konzil 1415; die Kurwürde wurde ihm 1417 verliehen.
Damit begann die 500jährige Herrschaft der Zollern in Brandenburg. Burggraf Friedrich VI. war jetzt Markgraf Friedrich I. und Kurfürst von Brandenburg. Erfolgreich setzte er sich gegen die Opposition des Adels und gegen die benachbarten Pommern durch. Auch sind seine Verdienste um den Frieden mit den gemäßigten Hussiten (Prager Kompaktaten 1433/36) hervorzuheben.
Im Jahre 1402 hatte Friedrich die Wittelsbacherin Schön Else geheiratet, eine nicht nur schöne, sondern auch sehr kluge Frau. Der Hausvertrag von 1437 teilte das Erbe zwischen den vier Söhnen, unter denen später Markgraf Albrecht Achilles von Brandenburg-Ansbach die bedeutendste Rolle spielen sollte. *(R. V.)*

Stabilisierung in Italien

Seine ganze Aufmerksamkeit mußte der neue König Italien zuwenden. Dort präsentierten sich die Stadtstaaten Venedig, Mailand, Florenz sowie Neapel und der Kirchenstaat als die führenden Kräfte. Sie gegeneinander auszuspielen, war die einzige Möglichkeit, den deutschen Einfluß zu wahren. Trotz der militärischen und finanziellen Überlegenheit seiner Gegner gelang es König Sigismund, anders als seinem Vorgänger, sich ihnen gegenüber zu behaupten. Mit Venedig erzielte er einen ›Modus vivendi‹, eine Form erträglichen Zusammenlebens: Die Republik zog sich aus dem jüngst eroberten voralpenländischen Friaul zurück, gewährte deutschen Aufgeboten das Durchmarschrecht durch venezianisches Gebiet und stellte ihre Ansprüche auf Dalmatien zurück. Mailand blieb feind, da König Sigismund nicht gewillt war, die von seinem Bruder Wenzel den Viscontis zugesprochene Herzogswürde weiter anzuerkennen, zumal er sich bei seiner Wahl den Kurfürsten gegenüber in diesem Sinne festgelegt hatte. Seinen alten Gegner und ungarischen Nebenbuhler, König Ladislaus von Neapel, konnte er zwar nicht hindern, den Kirchenstaat zu annektieren und dem Papst nach der Einnahme Roms sogar bis Bologna nachzusetzen, doch bot diese Invasion unverhofft den Anlaß, das drängendste Problem, die Beseitigung des Schismas, anzugehen.

Papst Johannes XXIII., der Nachfolger Alexanders V., war keine geistliche Führernatur; seine Interessen beschränkten sich auf die Erhaltung seiner weltlichen Macht, wobei er in der Auswahl der Mittel nicht wählerisch gewesen sein soll. In dieser augenblicklichen Notlage war er ganz und gar auf die Hilfe des deutschen Königs angewiesen, der diese für ihn günstige Gelegenheit wahrnahm, ihm als Gegenleistung die Einberufung eines allgemeinen Konzils abzutrotzen. Listig setzte König Sigismund Konstanz als Versammlungsort durch; er rechnete sich aus, daß er größeren Einfluß auf den Ablauf nehmen könne, wenn das Konzil außerhalb Italiens stattfände, da dann die italienischen Teilnehmer nicht in der Mehrheit wären.

Gemeinsam luden geistliche und weltliche Führung in getrennten Schreiben die Vertreter der Christenheit zum 1. November 1414 in die Bodenseestadt; König Sigismund richtete, seinem ursprünglichen Plan getreu, eine eigene Botschaft an den griechischen Kaiser. Von den beiden anderen Päpsten sagte Gregor XII. nach längerem Widerstand seine Teilnahme zu, dagegen blieb Benedikt XIII. unzugänglich. Immerhin hatte Sigismund in verhältnismäßig kurzer Zeit mehr erreicht als seine Vorgänger.

Um sein ganzes königliches Ansehen in die Waagschale werfen zu können, ließ Sigismund sich im November 1414 in Aachen, in der Pfalzkapelle Karls des Großen, zum König krönen. In der Weihnachtsnacht setzte er von Überlingen nach Konstanz über; am Weihnachtsmorgen betrat er mit seinem Gefolge das Münster, wo das Konzil seit dem 1. November tagte.

Das Konstanzer Konzil 1414

Dreieinhalb Jahre war Konstanz der Sitz der glanzvollsten Versammlung des Jahrhunderts; die reizende Stadt am See beherbergte in diesem Zeitraum die geistliche und weltliche Elite Europas und war erfüllt von buntem, farbenfrohem Leben. Zwar war vor dem Eintreffen Sigismunds der Besuch spärlich, doch hob die Anwesenheit des Königs offensichtlich das Ansehen der Versammlung, denn die Teilnehmerzahl wuchs zusehends. Papst Johannes XXIII. war, wenn auch ungern, persönlich erschienen; die beiden andern Päpste hatten Vertreter entsandt. Mit 29 Kardinälen, 300 Bischöfen und Prälaten und einigen hundert Professoren und Doktoren von allen europäischen Universitäten zählte allein die Geistlichkeit 600 bis 700 Teilnehmer; ihnen standen etwa die gleiche Zahl weltlicher Vertreter gegenüber: Fürsten, Gesandte, Abgeordnete des Adels, der Ritter und Städte. Im Vergleich zu Pisa war diesmal die Autorität des Konzils durch diese ansehnliche Repräsentation der abendländischen Kirche unbestritten.
Das alles durfte nicht darüber hinwegtäuschen, daß die Schwierigkeiten, die unübersehbaren Mißstände in der Kirche zu beheben, fast unüberwindlich schienen. Schon allein, daß man in dieser Zusammensetzung zueinander gefunden hatte, war ein Erfolg. Nun aber ergab sich als erste Frage, welche Aufgaben das Generalkonzil zu erfüllen habe und in welcher Reihenfolge sie zu ordnen seien, ob man die Wiederherstellung der Einheit (= causa unionis) oder die Erhaltung des reinen Glaubens und zugleich Beseitigung der Ketzerei (= causa fidei) zuerst behandeln solle und ob die Erneuerung der Kirche (= causa reformationis) an Haupt und Gliedern dann nicht zu kurz käme. Welches Verfahren sollte man anwenden, um die ärgerliche Spaltung zu beseitigen? Sollte man Zwang ausüben oder die päpstlichen Rivalen zum freiwilligen Verzicht überreden, oder sollte ein Schiedsgericht als oberste Instanz des Konzils eine Lösung finden? In welchem Verhältnis sollte das Konzil zu dem neu zu wählenden Papst stehen? Auch wenn man seine Superiorität, seine Überordnung anerkannte und sich ihm unterordnete, würde er an Konzilsbeschlüssen gebunden sein oder dürfe er sie aufheben? Eine brennende Frage blieb auch, ob das

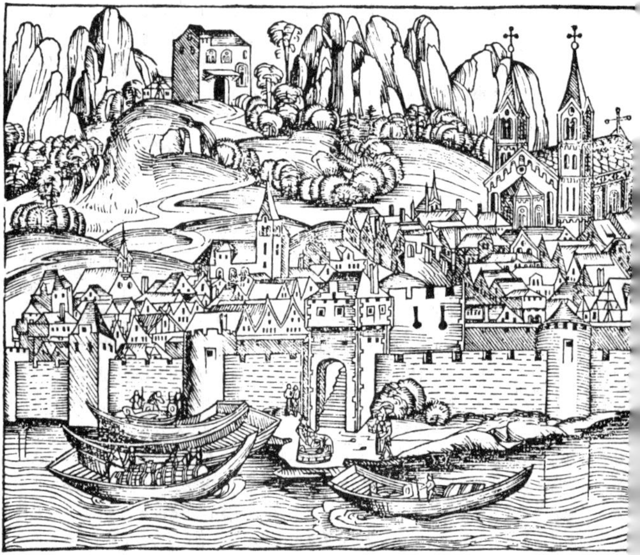

Berühmt geworden durch das Konzil und die Verbrennung des Hus:
Konstanz. Zeitgenössische Darstellung aus der 1493 entstandenen Schedelschen Weltchronik.

Konzil nur in dieser augenblicklichen Notlage auf seine Rechtmäßigkeit pochen dürfte, oder ob es in regelmäßigen Abständen zusammentreten müsse, um Hand in Hand mit der Kirchenhierarchie die Lösung anfallender Fragen anzugehen.

So drängend diese ganze kirchenrechtliche Problematik war, nicht weniger beunruhigte die Gemüter die scharfe Kritik an der materialistischen Einstellung der gesamten Geistlichkeit, die sich ganz und gar nicht mit der religiösen Not des Kirchenvolks, und da gerade der einfachen Menschen in ihrem Daseinskampf und mit ihrer Daseinsangst, vereinen ließ. Dabei scheute sich die Kirche nicht, für ihren aufgeblähten Behördenapparat entsprechende Steuern einzutreiben und für jede Stellenbesetzung und jede Ausstellung von Urkunden unangemessene Gebühren zu erheben. Sogar päpstliche Ablässe wurden mit dem Geldgeschäft verquickt. Schon Anfang des Jahrhunderts hatte der Heidelberger Professor Matthäus von Krakau in seiner Schrift »De squaloribus Romane curie« (»Über den Schmutz der römischen Kurie«) gegen diese Mißstände gewettert. Dagegen versuchte nun Dietrich von

Nieheim, ein päpstlicher Beamter, gleichsam in einem Programm für das Konzil gezielte Reformvorschläge zusammenzustellen.

Methodisch zum Ziel – Konstanz auf dem Weg zum Kirchenfrieden

Im Januar 1415 ging das Konzil an die Arbeit. Die Teilnehmer gliederten sich wie an den Universitäten in »Nationen«: die italienische, englische, französische und deutsche, zu welch letzterer auch Schotten, Dänen, Skandinavier, Böhmen, Polen und Ungarn gehörten. Später, als König Sigismund auch Aragonien und Kastilien für die Konzilsteilnahme gewonnen hatte, trat noch die spanische »Nation« hinzu. Während man auf früheren Versammlungen nach Kopfzahl abgestimmt hatte, setzten sich die Deutschen und Engländer, später auch von den Franzosen unterstützt, mit ihrem Antrag durch, daß das Plenum seine Entscheidungen nach »Nationen« treffen möge; wenn diese in getrennten Versammlungen mit Stimmenmehrheit zu einem Beschluß gekommen seien, sollten sie ihn in der Endabstimmung mit je einer Stimme vertreten; eine fünfte Stimme erhielt das Kardinalskollegium, das damit gegenüber Pisa an Einfluß verloren hatte.

Es zeigte sich bald, daß die Klärung der Verfahrensfragen für Verlauf und Erfolg des Konzils erhebliche Bedeutung bekamen, denn die von den Italienern gestützten kurialen Instanzen verloren ihr Übergewicht gegenüber den Landeskirchen und der weltlichen Macht.
Förderlich war auch, daß sich König Sigismund nicht mit dem nominellen Konzilsvorsitz begnügte, sondern die Verhandlungen mit taktischem Geschick zu beeinflussen wußte. Er suchte z. B. von vornherein den freiwilligen Rücktritt aller drei Päpste zu erreichen. Auch wehrte er sich dagegen, die abwesenden Päpste als Schismatiker (= Spalter) und Häretiker (= Ketzer) zu verdammen, um nicht Papst Johannes XXIII., der das Konzil einberufen hatte, weiter aufzuwerten. Dieser drang auch sofort darauf, das Pisaner Konzil als rechtens anzuerkennen, in der Hoffnung, so zugleich seine eigene offizielle Bestätigung zu erlangen, doch die Versammlung wies ihn ab. Als gegen ihn wegen verbrecherischer und lasterhafter Lebensführung Anklage erhoben wurde, entzog er sich der Verantwortung durch Flucht, wobei ihm der mit König Sigismund verfeindete Herzog Friedrich IV. von Österreich-Tirol behilflich war.
Der König griff daraufhin hart durch, verkündete gegen den Habsburger die Reichsacht und versprach dessen Besitz seinen Nachbarn. So blieb dem Herzog keine Wahl: Er unterwarf sich der königlichen Gnade und gab den Papst preis. Das Konzil aber stellte in einem besonderen Beschluß seine Hoheitsgewalt über den Papst fest, ließ ihn verhaften und setzte ihn ab.
Jetzt trat auch Papst Gregor XII. zurück, und König Sigismund entmachtete mit einem diplomatischen Schachzug auch den letzten der drei: Er reiste eigens nach Narbonne zu Verhandlungen mit den spanischen Königreichen Aragón, Kastilien und Navarra, gewann diese für seine Reformpläne und machte so dem grollenden letzten französischen Gegenpapst Benedikt XIII. den Rest seiner Gefolgschaft abspenstig. 1417 setzte ihn das Konzil offiziell ab.
Indem König Sigismund mit Energie und Geschick dieses eine Hauptziel des Konzils erreichte und die Weichen für die Neuwahl eines allgemein anerkannten Oberhaupts der abendländischen Christenheit stellte, demonstrierte er eindrucksvoll das wiedergewonnene Ansehen der weltlichen Macht gegenüber der geistlichen Gewalt.
Bei dem Versuch, auch die anderen Probleme der Tagesordnung – Vorgehen gegen Ketzerei und Beseitigung der Mißstände innerhalb der Kirche – zu lösen, konnte sich der König allerdings nicht so erfolgreich durchsetzen, ja, der Fall des Prager Professors Johann Hus brachte ihn persönlich in eine schwierige Lage und sollte für das Reich verheerende Folgen haben.

Erinnerung an das Konstanzer Konzil.
Das 1388 für den Leinwandhandel erbaute Kaufhaus gilt als Konzilsgebäude, obwohl das Konzil im Konstanzer Münster tagte.

Die Bewegung der Reformprediger in England und in Böhmen

Wie überall in Europa war auch in Böhmen seit dem 14. Jahrhundert eine wachsende Erregung innerhalb der Kirche zu verspüren. Gegen Gruppen religiöser Schwärmer griff schon der fromme Kaiser Karl IV. (siehe Band 4) mit Hilfe der Inquisition hart durch und hinderte ihre Ausbreitung durch strenge Zensur von Schriften, die ihr Gedankengut in der Volkssprache festhielten. Dagegen wurden Proteste, die sich nicht gegen Inhalte des Glaubens, sondern gegen Mißstände in der Kirche richteten, von der weltlichen Macht sogar gefördert. Unter großem Zulauf der Massen konnten so die Reformprediger Konrad von Waldhausen in deutscher, Milič von Kremsier in tschechischer Sprache ungehindert, ja selbst gegen den Einspruch der Kurie, auf den Märkten ihre Anklagen erheben. Allerdings bürgte der Kaiser mit seiner allseits anerkannten Autorität dafür, daß es zu keiner organisierten Protestbewegung kam.

Spott und Ermahnung: arme und reiche Kirche. *Links Christus mit Schriftband, das Zitate aus dem Neuen Testament enthält, rechts die reiche Kirche, mit Papst und Kirchenrechtszitaten. Göttingen, Niedersächs. Staats- und Universitätsbibl.*

John Wyclif und Johann Hus

Neuer Zündstoff sammelte sich, als die Lehren des englischen Naturwissenschaftlers, Juristen und Theologen John Wyclif (1330–1384) bekannt wurden. Der ohnehin rege Gedankenaustausch zwischen den Universitäten Oxford und Prag wurde gefördert durch die enge dynastische Verbindung: König Wenzels Schwester Anna war die Gemahlin des englischen Königs Richard II.

Wyclifs Angriffe richteten sich zunächst gegen die überhandnehmende Verweltlichung der Kirche, gegen ihre Herrschaft und gegen ihren Besitz. Befand er sich damit in Übereinstimmung mit der öffentlichen Meinung, so spaltete er sie mit einem Schlag, als er lehrte, daß die hierarchische Kirchenorganisation nicht die Kirche im Sinne Jesu Christi sei und folglich der Papst nicht beanspruchen könne, Haupt dieser eigentlichen Kirche zu sein, die im Sinne der Urkirche aus dem Geist der Heiligen Schrift in Brüderlichkeit und Armut leben sollte. In einem weiteren Schritt wandte er sich gegen die dogmatisch verankerte

Abendmahlslehre und bestritt, daß erst kraft priesterlicher Gewalt Brot und Wein in Fleisch und Blut Christi verwandelt würden. Wyclif revolutionierte die Massen in England; zwar verurteilte eine Synode in London 1381 seine Lehrsätze, doch blieb er persönlich unbehelligt. Auf der Prager Universität wurden Wyclifs Schriften begeistert gelesen, auch Johann Hus war von ihnen gefesselt. Um 1370 geboren, wuchs er in einfachen Verhältnissen bei Prachatitz in Südböhmen auf, studierte in Prag, wurde mit 26 Jahren Magister (= Universitätslehrer), erhielt bald darauf die Priesterweihe, avancierte zum Dekan und Rektor der Universität. Als Verehrer Wyclifs übernahm er dessen Gedankengut, doch nur insoweit es sich mit Reformvorschlägen begnügte und nicht den Raum der kirchlichen Lehre verließ. Hus entwickelte weder ein neues Programm, noch stimmte er Wyclifs Ablehnung der päpstlichen Gewalt und der Verwerfung der bisherigen Abendmahlslehre zu. Er wollte helfen, Mängel zu beheben, vor allem die Moral der Priester und Gläubigen zu verbessern. Er vertrat auch keine sozialrevolutionären Ideen, sondern versuchte seiner Hörerschaft klarzumachen, daß eine Veränderung der bestehenden Verhältnisse nur aus dem Geist christlicher Nächstenliebe erfolgen könne.

Die nationale Anhängerschaft des Hus

Hus' Einfluß reichte über den Hörsaal hinaus; bekannt wurde er vor allem durch seine Predigten in der Prager Bethlehemskirche, die er in tschechischer Sprache hielt; so erreichte er gerade die weniger gebildeten, einfachen, armen Leute, stärkte aber gleichzeitig auch das damals erwachende nationale Selbstbewußtsein der Tschechen. Diese Überschneidung von religiöser, sozialer und politischer Problematik konnte, ja mußte gefährlich werden, denn die Gegensätze zwischen reich und arm, hoch und niedrig säten Haß zwischen Klerus und Volk, Adel und einfache Schichten, Herrschende und Beherrschte.
Hus selbst beabsichtigte keineswegs, die Stimmung aufzuheizen. Er erhoffte vielmehr eine Besserung der Verhältnisse durch das Zusammenwirken aller Verantwortlichen in einem Konzil und begrüßte König Wenzels Eintreten für den Pisaner Papst, der nach Meinung seiner Anhänger endlich die Voraussetzungen für eine grundlegende Kirchenreform schaffen würde. Als aber Papst Alexander V. 1409 an den Erzbischof von Prag ein Schreiben richtete, in dem die Verbrennung aller Schriften Wyclifs gefordert wurde, kam es zum Konflikt: Hus wurde mit dem kirchlichen Bann belegt, weil er seine Manuskripte nicht auslieferte. Er predigte trotzdem weiter, und die Unruhe im Volk wuchs.

Einer Vorladung nach Rom leistete er nicht Folge, einen neuerlichen Bannspruch beachtete er nicht, Volk, Adel, Studenten und der königliche Hof standen auf seiner Seite. Das änderte sich, als Hus im Sinne von Wyclif das Recht des Papstes, Sünden zu vergeben und Ablässe zu verleihen, in Abrede stellte; vielen seiner Anhänger war diese Einstellung zu radikal.

Konflikt – Kirchenbann – Verurteilung: Der Tod Johann Hus'

Als die Inquisition grausam gegen Ablaßgegner vorzugehen begann, wirkte der große Kirchenbann, der im Juli 1412 in allen Kirchen über Hus verhängt wurde, erschreckend auf den größten Teil der Bevölkerung; denn solange sich der Gebannte in Prag aufhielt, durften in der Stadt keine Gottesdienste, Taufen, Hochzeiten oder Begräbnisse stattfinden.

Hus verließ enttäuscht den Ort, wo man ihn begeistert gefeiert hatte; niemand hielt ihn jetzt zurück. Doch er gab nicht auf, zog durch Böhmen, predigte »in Flecken und Burgen, auf den Gassen der Städtlein und Dörfer, in Feld und Wald, zwischen Hecken und unter Linden« – nach seinen eigenen Worten – und scharte eine fanatische Anhängerschaft um sich. König Wenzel ließ ihn gewähren oder war zu schwach einzugreifen. Da Hus aber in seiner 1413 veröffentlichten Schrift »Die Kirche« die Autorität der augenblicklichen Kirchenordnung, die Hierarchie, nur dann respektieren wollte, wenn Papst, Kardinäle und Priester sich im Sinne der Heiligen Schrift als »wahrhaft Fromme und Erwählte« bewährten, war das Konzil in Konstanz zu einer Entscheidung gefordert.

König Wenzel erklärte sich damit einverstanden, daß sich sein Landeskind vor einem auswärtigen geistlichen Gericht verantworten solle, zumal sein Bruder Sigismund sein königliches Wort gab und Hus freies Geleit versprach, sicherlich in der Hoffnung, daß sich die Sache in Güte regeln lasse und er sein künftiges Erbe Böhmen in Ruhe und Frieden übernehmen könne.

Der Fall Hus verlief aber anders: Anfang Oktober trat Hus die Reise an, um pünktlich zur Eröffnung des Konzils zur Stelle zu sein. Nach eigenem Bericht wurde er überall, in Böhmen, Baiern, Schwaben, freundlich aufgenommen: »Ich gestehe, daß nirgend die Feindschaft gegen mich größer ist als bei meinen böhmischen Landsleuten.« Er hatte recht. Sofort nach seinem Eintreffen in Konstanz wurde er unter Mißachtung des königlichen Geleitversprechens verhaftet und eingekerkert. Seine Hauptankläger waren seine Landsleute Pfarrer Michael de Causis und Stephan Paletsch. Erst nach über einem halben Jahr führte man ihn den Konzilsvätern in Anwesenheit des Königs vor. Hus verteidigte seinen Standpunkt und betonte, daß er mit seinen Aussagen den Boden der Rechtgläubigkeit nie verlassen habe und nur widerrufen könne, wenn seine beanstandeten Lehrsätze aus der Bibel widerlegt würden. Indem er so die Heilige Schrift als oberste Autorität über das Konzil stellte, sprach er sich selbst das Urteil. Am 6. Juli 1415 wurde er als Ketzer verurteilt und am selben Tag vor den Toren der Stadt verbrannt.

Der weitere Verlauf des Konstanzer Konzils

Nach ›Erledigung‹ der beiden ersten Programmpunkte wandte sich das Konzil als oberste Kircheninstanz dem letzten, der Kirchenreform, einer »Erneuerung an Haupt und Gliedern« zu, womit die Wahl eines neuen, allseitig anerkannten Papstes eingeschlossen war. Hier gab es aber innerhalb der Versammlung die ersten größeren Differenzen. Womit sollte man beginnen? Wer sollte wählen?

Das Kardinalskollegium fürchtete nicht zu Unrecht, seine elitäre Stellung einzubüßen, wenn das Konzil bei längerer Dauer immer mehr an Einfluß gewänne. Eine Schwächung der päpstlichen Vormachtstellung zugunsten eines demokratisch aufgefächerten Kirchenparlaments mußte unweigerlich auch die gesamte Führungsspitze treffen. Hinzu kam, daß König Sigismund im Konzil an Autorität verlor, als er sich vom Konzil entfernte, um vergeblich im Krieg zwischen Frankreich und England, der während des Konzils wieder ausgebrochen war, zu vermitteln suchte.

Nach anderthalb Jahren Abwesenheit fand Sigismund das Konzil neu gruppiert vor. Frankreich hatte sich inzwischen aus Verärgerung über des Königs als feindselig empfundene Haltung, die in einem Bündnis mit England zum Ausdruck kam, den Forderungen der Kardinäle und romanischen Völker angeschlossen, die Papstwahl der Reformarbeit vorzuziehen. König Sigismund, der Vorsitzende der Kirchenversammlung, äußerte große Bedenken, ob nach einer Konsolidierung der päpstlichen Gewalt überhaupt noch ernstlich an Reformen gedacht würde. Und eine erneuerte Kirche war die Voraussetzung für seinen großen Plan, die Christenheit zu einem neuen Kreuzzug aufrufen zu können! Woher sollte sonst die Begeisterung für eine Sache kommen, von der man ja schließlich aus innerstem Herzen heraus überzeugt sein mußte, wenn man für sie sein Leben einsetzte? Die Konzilsväter einigten sich nach langem Hin und Her auf einen Kompromiß: Wenn der neue Papst sich zu Reformen verpflichtete, solle die Wahl sofort vorgenommen werden. Am 11. November 1417 wählte ein Kollegium, das sich aus den Kardinälen und je sechs Vertretern der fünf Nationen zusammensetzte, den Kardinal Colonna zum Papst, der sich den Namen Martin V. gab.

König Sigismunds Befürchtungen wurden durch den weiteren Verlauf des Konzils bestätigt. Wohl wurde der gröbste Wildwuchs beschnitten, als Papst Martin V. (1417–1431) in den Fragen der Stellenbesetzung und Besteuerung, worin die Kurie bisher anmaßend und willkürlich verfahren war, nachgab und mit den einzelnen Ländern Konkordate abschloß, was besonders in Deutschland, das besonders kräftig zur Kasse gebeten worden war, mit Erleichterung aufgenommen wurde; aber alle anderen, d.h. die eigentlichen kirchlichen Probleme blieben ungelöst oder wurden gar nicht erst angegangen, wie z.B. die verwilderte Moral einer Priesterschaft, die zu einem neuen Selbstverständnis finden mußte, wenn die Kluft zu den Gläubigen nicht noch größer werden sollte. Gut, daß die Kirchenversammlung schon vor der Wahl einen Beschluß über eine regelmäßige künftige Einberufung – ihre Periodizität – gefaßt hatte, denn mit dem Regierungsantritt Martins V. begann die Entmachtung der päpstlicherseits unerwünschten Institution. Alle neuen Vereinbarungen wurden als päpstliche Verordnungen veröffentlicht; seine Vorrangstellung betonte der Papst mit dem Verbot, in irgendeiner Sache bei einem künftigen Konzil offizielle Berufung einzulegen. So war die Einheit der Kirche äußerlich wiederhergestellt, doch im Innern der kirchlichen Gemeinschaft gärte es weiter.

Auf dem Weg in die Hussitenkriege

Die Verurteilung und Hinrichtung des »Ketzers« Hus entfesselten in Böhmen einen Sturm der Entrüstung. Unruhe war schon aufgekommen, als die Tschechen von der Gefangennahme und harten Behandlung ihres Landsmannes nach seiner Ankunft in Konstanz erfuhren, was sie als eklatanten Bruch des königlichen Wortes werteten. Ein von 250 Mitgliedern des tschechischen Adels unterzeichneter Protest ließ das Konzil unbeeindruckt. Auch die nach der Verbrennung von Hus dem Konzil übersandte, mit 452 Siegeln versehene Urkunde der tschechischen Großen, die drohend erklärten, daß das Vorgehen gegen Hus »zur dauernden Schmach und zum Brandmal für Böhmen und Mähren« geschehen sei, wurde nicht in ihrer ganzen Bedeutung für den weiteren Verlauf der Dinge erkannt. Ihre Spitze richtete sich gegen König Sigismund, den Erben und nun Erbfeind des Landes, dem die

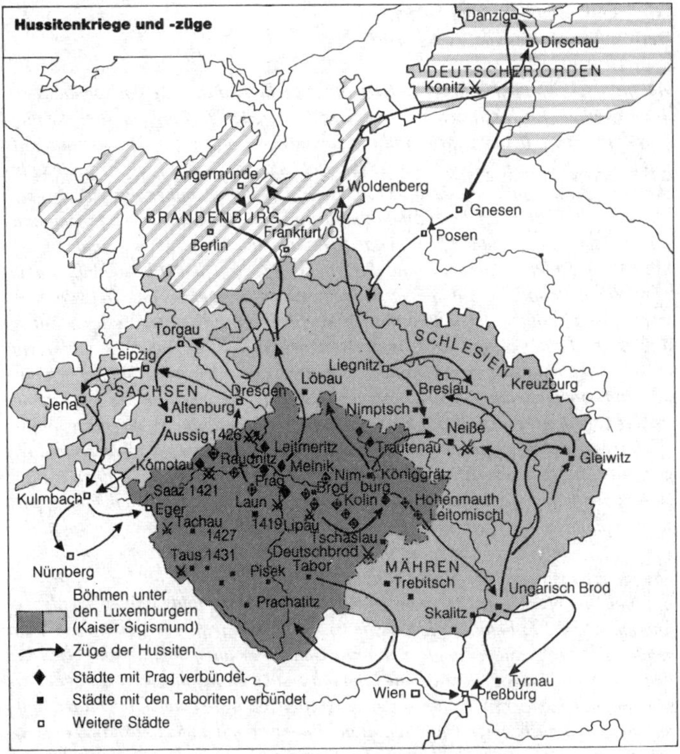

volle Verantwortung für den tragischen Ausgang des Falles Hus zugeschrieben wurde.

Hussiten, Utraquisten, Kalixtiner

Während das Konzil weiter tagte, sammelten sich in Böhmen und Mähren die Anhänger des abgeurteilten Ketzers. Sie nannten sich provozierend Hussiten, Utraquisten oder Kalixtiner. Die beiden letzten Bezeichnungen leiteten sie ab aus dem neuverstandenen Ritual des Abendmahls, das sie – nicht nach der Forderung von Hus, sondern eines seiner Schüler, Jakob von Mies – unter *beiden* Gestalten von Brot und Wein (= sub *utraque* specie) einnahmen, wobei nun auch die Laien aus dem Kelch (= calix) tranken.

Die Hussiten in Schlesien 1425
Bericht des Martin von Bolkenhain

Als man schrieb nach Christi Geburt 1425, da kamen die Hussen vor die Stadt Wünschelburg [in Niederschlesien] und gewannen den Zugang am Sonntag nach der Vesperzeit mit Übermacht und brachen durch die Mauern. Da floh das Volk auf des Vogtes Haus, das war ein hohes Steinhaus, [. . . dann] zündeten sie selbst die Stadt an und meinten sie damit zu retten. Die Böhmen aber warteten, bis sich das Feuer gesetzt und gelegt hatte, dann drangen sie mit Macht an das Steinhaus und wollten zu ihnen stürmen und das Haus untergraben. Und es kam dazu, daß man miteinander verhandelte, und der Vogt ließ sich zu den Hussen hinab mit ihrem Willen, er sollte mit ihnen verhandeln, ob die Bürger los und frei von ihnen werden und herabkommen könnten. Er war überlange da unten in der Stadt, so daß es den Leuten bange ward, besonders dem Pfarrer – es war des Vogts Gevatter – der ließ hinabschreien, wenn der Vogt noch da unten wäre, sollte er sich melden und wieder zu ihnen heraufkommen. Nach einer Weile kam der Vogt wieder an das Steinhaus und ließ sich hinaufziehen. Als er heraufkam, da fragte ihn der Pfarrer, wie es ihm gegangen wäre, ob er auch ihn und seinen Kaplan los und frei gehandelt hätte. Da sprach der Vogt: »Nein, Gevatter, sie wollen keinen Pfaffen zu Gnaden annehmen!« [Ein paar Frauen schlagen nun vor, daß der Pfarrer und sein Kaplan sich als Weiber verkleiden und fliehen sollen, doch dieser lehnt ab.] Inzwischen einigte sich der Vogt mit den Bürgern, wie sie sich ergeben wollten, und sie ergaben sich. Sie gingen hinab, einer nach dem andern. Da standen die Böhmen und Hussen gar stark unten vor dem Steinhaus und nahmen sie alle gefangen. Nur die Frauen und Kinder ließen sie los und frei hinweggehen. Aber ein großer Teil der Frauen, Jungfrauen und Kinder war aus Furcht in die Keller geflüchtet. Als nun das Feuer über sie kam, da erstickten sie und vergingen alle. Als sich nun alle von dem Steinhaus ergeben hatten, da blieb zuletzt der Pfarrer darauf und sonst noch ledige Gesellschaft als Knappen und andere Handwerksgesellen, die nichts hatten, sich loszukaufen und die besorgten, gefangen zu werden und zu verderben; die vermahnte der Pfarrer und sprach: »Wehret euch heute eurer Hälse und steht fest; denn werdet ihr euch gefangengeben, so werden sie euch quälen, martern und peinigen.« Da sprachen sie wieder, sie wollten es tun. Aber als sie sahen, daß sich die Bürger alle ergeben hatten, da begann ihnen zu graulen und sie ergaben sich auch. Zuletzt blieb der Pfarrer da oben mit einem alten Dorfpfarrer. Da führten die Hussen sie in das Heer und in den Pöbel. Da war zur Hand gegenwärtig Meister Ambrosius, ein Ketzer aus Königgrätz, der sprach zu dem Herrn lateinisch: »Pfarrer, willst du widerrufen und widerreden, was du gepredigt hast, so magst du das Leben behalten, wirst du das aber nicht tun, so mußt du in das Feuer gehen.« Da antwortete ihm Herr Megerlein, der Pfarrer, und sprach: »Das wolle Gott nicht, daß ich die Wahrheit unseres heiligen Christenglaubens widerrufen sollte um dieser kurzen Pein willen. Ich habe gelehrt und die Wahrheit gepredigt zu Prag, zu Görlitz, zu Königgrätz, um derselben Wahrheit willen will ich lieber sterben.« Da lief einer und brachte eine Schütte Stroh, die banden sie ihm ringum um den Leib und gürteten ihm die alle um den Leib, daß man ihn nicht sehen konnte. Dann zündeten sie das Stroh an und ließen ihn so laufen und tanzten in dem Heer mit dem Feuer so lange, bis er erstickte. Dann nahmen sie ihn also tot und warfen ihn in eine Braupfanne voll siedendem Wasser, und warfen auch den alten Dorfpfarrer hinein und ließen sie darin sieden. Die andern zwei Kapläne kamen mit den Frauen heraus, verschleiert in Weibskleidern. Das Kind, das der eine Priester auf dem Arm trug, begann nach seiner Mutter zu schreien, und der Priester wollte dem Kinde zusprechen, es zu beruhigen. So erkannten die Hussen an der Stimme, daß es ein Mannsbild war, und einer zog ihm den Schleier ab. Da ließ er das Kind fallen und gab die Flucht und lief mit Macht; sie folgten ihm nach und schlugen ihn zu Tode. Der andere kam mit den Frauen und dem Kind davon.

Aus dem Bericht eines unbekannten Kaufmanns namens Martin von Bolkenhain. In: Scriptores rerum Lusaticarum I. 1839.
Nach der Übertragung von Gustav Freytag

Bald kam es zu Zusammenstößen mit den Kirchentreuen im Lande. Die Amtskirche ging inquisitorisch gegen alle Abtrünnigen vor; als Hussiten im deutschen Olmütz für die neue Bewegung missionierten, wurden sie zum Scheiterhaufen verurteilt, und Johann von Leitomischl, ein Vorkämpfer der ›Rechtgläubigkeit‹, erhielt das Bischofsamt dieser Stadt. König Wenzel wurde von den beiden führenden Persönlichkeiten der Christenheit, dem Papst und seinem Bruder, König Sigismund, ernstlich gemahnt, gegen die Ketzerei vorzugehen. Wenzel suchte der Sache Herr zu werden, indem er die Verwaltung von verdächtigen Elementen säuberte und die Stellen mit kirchentreuen Katholiken besetzte.

Der erste »Prager Fenstersturz« – Krieg von 1419–1436

Als der katholische Rat der Prager Neustadt am 30. Juli 1419 gegen eine hussitische Prozession vorging, stürmten die Angegriffenen das Rathaus und warfen sieben Stadträte aus den Fenstern in die unten wartende Menge, die sie mit ihren Lanzen aufspießte. Dieser erste »Prager Fenstersturz« war das Zeichen zum allgemeinen Aufruhr. König Wenzel traf vor Aufregung der Schlag, das Land war ohne Regierung.

König Sigismund hätte auf die Kaiserkrone verzichten müssen, wenn er mit den Ketzern verhandelt hätte; es stand ihm aber auch nicht der Sinn nach Verhandlungen, denn man berichtet, er habe nichts sehnlicher gewünscht, als die Wyclifiten und Hussiten »ersäufen« zu können. Papst Martin V. rief zum Kreuzzug gegen die Hussiten auf, doch der Erfolg war kläglich. Zwar wurde Sigismund am 28. Juli 1420 im Veitsdom auf dem Prager Hradschin (= Burg) zum König von Böhmen gekrönt, doch die Stadt selbst blieb in Feindeshand. Das sich zerstreuende königliche Aufgebot erlitt Niederlage auf Niederlage – am Prager Wyschehrad, bei Kuttenberg und Deutschbrod –, ganz Böhmen ging dem Kaiser verloren, und ein Landtag in Tschaslau setzte Sigismund als König ab. Doch dieser gab nicht auf; geschickt wußte er Polen und Litauen, die Angebote aus dem böhmischen Adel erhalten hatten, vom böhmischen Thron fernzuhalten und behauptete die Außenbastion Böhmens: Schlesien und die Lausitz.

Sigismund erkannte auch, daß eine Neuorganisation der »Wehrpflicht« nötig sei, um den Reichsfrieden zu sichern; er wollte es nicht mehr dem Ermessen der Stände überlassen, die Stärke der jeweiligen Aufgebote zu bestimmen, sondern legte selbst das Kontingent fest. Als er sich bereit erklärte, ersatzweise auch finanzielle Leistungen für die

Erstellung von Truppen anzunehmen, sah er sich nur zu bald wieder ohne ausreichende Unterstützung; doch er wußte einen Weg auch aus dieser Lage: 1427 erließ er ein »Reichskriegssteuergesetz«. Mit dem darin verordneten »gemeinen Pfennig« wurde ein Söldnerheer aufgebaut, das ihn militärisch unabhängiger machen sollte. Aber wegen der Zahlungsunwilligkeit weiter Kreise erwies sich die Schlagkraft auch dieses Heeres als zu gering, um der Hussiten Herr zu werden.

Die Taboriten – Die Kämpfe werden härter

Die Hussiten hatten sich inzwischen in zwei Parteien gespalten: Von den mehr aus Adel und Bürgertum zusammengesetzten »Utraquisten«, denen es zunächst um die Herrschaft und erst dann um Glaubenssätze ging, spaltete sich ein radikaler Flügel ab, der sich aus den einfachen Volksschichten rekrutierte. Der schwärmerisch-mystische Zug dieser neuen Richtung war schon in der Namengebung erkennbar: Sie nannten sich »Taboriten« nach ihrer gemeinsamen Kultstätte und späteren Festung auf einem Hügel in Südböhmen, dem sie nach der Bibel den Namen Tabor gegeben hatten. Erbittert kämpften sie um die Durchsetzung der reinen christlichen Lehre, die im Sinne ihres Meisters Hus allein in der Bibel begründet sei. Kirchliche Hierarchie, Mönchswesen, Heiligenverehrung und Handhabung des Ablasses wurden als Entartung des ursprünglichen Glaubensgutes verworfen. Am schärfsten prangerten sie den Reichtum der Kirche an. In Erwartung der unmittelbar bevorstehenden Wiederkunft Christi wollten sie mithelfen, ein neues tausendjähriges Reich zu gründen. Ihr General war der 1370 geborene Jan Žižka (Žiška) von Trocnow (= Tratzenau), der früher am Hofe gedient und in den Kämpfen für seinen König ein Auge verloren hatte und nun als der »Einäugige« gleichsam zu einer Symbolfigur für den Einsatz bis zum letzten wurde. Gegen die entsandten Reichsheere – eines lief schon vor Beginn der Schlacht davon – führte er seine disziplinierten Truppen von Sieg zu Sieg. Dabei nutzte er neue taktische und waffentechnische Erkenntnisse: Die Taboriten verschanzten sich hinter Wagenburgen, gruben sich in Feldbefestigungen ein und lernten die modernen Feuerwaffen zweckmäßig einzusetzen.

Als Žižka 1424 an der Pest starb, kam es nun auch unter den Taboriten zu einer Spaltung. Die Führung der zahlenmäßig stärkeren Gruppe übernahm Prokop der Große oder Kahle, der aus einer nach Böhmen eingewanderten Aachener Familie stammte. Ihn, der ursprünglich ein weitgereister und weltgewandter Kaufmann gewesen war, begeisterte

die hussitische Bewegung so, daß er Theologie studierte und Priester wurde; in den Feldzügen zeigte er ein so auffallendes militärisches Führungstalent, daß man ihm das Erbe Žižkas übertrug.
Ein Jahrzehnt erbarmungslosen Kampfes machte Böhmen zu einer Wüste. Auch die Hussiten bekamen die Folgen zu spüren, denn die in ihren Reihen kämpfenden Bauern fanden keine Zeit, den Boden neu zu bestellen, und von außen kamen keine Lebensmittel heran. Ihre Heere überschwemmten nun die angrenzenden Reichsgebiete und erhielten Zulauf von allerlei Gesindel, das sich nach Herzenslust an der allgemeinen Plünderung beteiligte. Prokop war unfähig, die zügellosen Haufen zu ordnen, die ungehemmt Schrecken und Entsetzen im benachbarten Österreich, Ungarn, Baiern, Franken, Sachsen und Schlesien verbreiteten, Brandenburg heimsuchten und sogar bis an die Ostsee ins pommersche Gebiet vorstießen.

Erfolgloses Reich – Frieden mit den Hussiten

König Sigismund sah ein, daß der Gegner nicht mit Waffengewalt zu unterwerfen war. Schon 1429 hatte er in Preßburg Verbindung mit Prokop aufgenommen. Nun aber waren ernsthafte Verhandlungen unvermeidlich, wollte man nicht riskieren, daß die Ordnung im Reich zerbrach. Der geeignete Verhandlungspartner schien das 1431 nach Basel einberufene Generalkonzil, das sich vor allem der Kirchenreform widmen sollte (Andauer bis 1449). Doch Papst Martin V. war zunächst nicht zum Einlenken zu bewegen; er wollte die Ketzerei mit Stumpf und Stiel ausrotten und rief im selben Jahr noch einmal zu einem großen Kreuzzug auf, den sein persönlicher Abgesandter, Kardinal Cesarini – den er auch zum Präsidenten des Konzils ausersehen hatte – anführen sollte; doch das bunt zusammengewürfelte Reichsheer lief wieder einmal vor den Hussiten davon. Seit 1432 bahnten sich Verhandlungen an, im Januar 1433 erschien in Basel eine Gesandtschaft der Hussiten unter Führung Prokops, die auf bindende Zusagen hinsichtlich ihrer persönlichen Sicherheit und auf Zugeständnisse in den Fragen der Glaubensfreiheit der gesamten Bewegung drang.
König Sigismund war inzwischen nach Italien aufgebrochen, um durch den Erwerb der Kaiserkrone mit höchster Autorität vor dem Konzil auftreten und die Verhandlungen mit den Hussiten zu einem guten Ende führen zu können. Nachdem er schon aus der Ferne diplomatisch seinen Einfluß geltend machen konnte, trug er nach seiner Rückkehr, seine neue kaiserliche Würde voll einsetzend, wesentlich dazu bei, daß es zu einer Verständigung kam.

Am 30. November 1433 wurden auf einem böhmisch-mährischen Landtag die »Prager Kompaktaten« (Verträge) vereinbart. Von den vier »Prager Artikeln«, die 1420 von den Utraquisten als hussitisches Programm veröffentlicht worden waren – Gottes Wort soll in Böhmen frei und ungehindert gepredigt werden, das heilige Abendmahl soll allen Christen unter beiderlei Gestalt gereicht werden, der Klerus soll auf weltliche Herrschaft und irdischen Besitz verzichten, Sünden sollen von zuständigen Obrigkeiten bestraft werden –, wurde eine Forderung voll und ganz zugestanden, nämlich die des Abendmahls, an allen andern wurden Abstriche gemacht. Als die Taboriten sich dem Abkommen widersetzten, wurden sie von den vereinigten Utraquisten und Katholiken 1434 bei Lipan, östlich von Prag, vernichtend geschlagen.
Endgültig war erst Friede, als in Anwesenheit des Kaisers und Königs sowie einer Konzilsgesandtschaft die Kompaktaten auf dem Landtag in Iglau von beiden Seiten bestätigt wurden. Gleichzeitig wurde Sigismund von den böhmischen Ständen als ihr König anerkannt: 1436, ein Jahr vor seinem Tode.

Ein Sieg der tschechischen Nation

Zum erstenmal war die mittelalterliche Kirche einer oppositionellen Bewegung nicht mit Verbot und Gewalt Herr geworden. Das Königtum in Böhmen war trotz des persönlichen Erfolgs Sigismunds geschwächt, gewonnen hatte der böhmische Adel. Die Deutschen, bisher führende Schicht in den Städten im Inneren des Landes, hatte man vertrieben, die Tschechen waren sich ihres nationalen Eigenwerts mehr als zuvor bewußt, ihr Selbstbewußtsein war durch ihre militärischen Erfolge gestiegen, die Bindung an das Reich war problematisch geworden. Tschechisch wurde jetzt Amtssprache, und gleich Luther im deutschen Raum belebte Hus mit seinen der Volkssprache angenäherten Schriften in der neuen, vereinfachten Orthographie die tschechische Literatur.

Sigismunds Innenpolitik – Städte, Adel, Kurfürsten

Wie sehr sich König Sigismund dem mittelalterlichen Reichsgedanken verpflichtet fühlte, geht aus seinen Bemühungen hervor, die einzelnen Stände an ihre Aufgaben als reichstragende Kräfte zu erinnern, sie miteinander zu versöhnen und wieder an die Krone zu binden. Er bewies

Vision göttlicher Gerechtigkeit als Grundlage der Reform. *Titelblatt der »Reform Kaiser Sigismunds« von 1497. Göttingen, Niedersächsische Staats- und Universitätsbibliothek.*

dabei die gleiche Wendigkeit und Zähigkeit wie bei der Lösung kirchen- und außenpolitischer Fragen und ließ sich nicht durch die passive oder oppositionelle Haltung seiner Gesprächspartner entmutigen. Sein großes Ziel, das innere Gefüge des Reichs dadurch zu festigen, daß er die Städte als Stützen der königlichen Macht zu größerer politischer Aktivität ermunterte und in die Reichspolitik zu integrieren suchte, mußte er verfehlen. Sie waren unfähig, auf Grund ihrer sozialen Struktur und der sich daraus ergebenden partikularen, eigenen Zielen folgenden Interessen, aber auch wegen ihres grundsätzlich antifeudalen Charakters einen Zugang zu den politischen Vorstellungen des Königs zu finden. Dem Entwurf Sigismunds, einen Städtebund unter Führung des Königs zu gründen, standen sie fremd gegenüber, einem Bündnis mit den Rittern als Gegengewicht gegen die Landesherren mißtrauten sie. Dagegen zeigte sich der Adel bereitwilliger, dem König bei der Sicherung einer umfassenden Friedensordnung zu helfen. Sigismund wußte dieses Entgegenkommen zu schätzen, indem er auf dem Reichstag zu Nürnberg 1431 ein Gesetz zum Schutze des Reichs-

adels erließ, das dessen Besitz und Einfluß vor weiteren Einbußen schützen sollte.
Unbeirrt ließen den König die Intrigen der Kurfürsten, die sich in den ersten Regierungsjahren zurückgehalten hatten. Zu Spannungen kam es auf dem Nürnberger Reichstag 1422, wo Sigismund, der sich im Kampf um Böhmen im Stich gelassen sah, demonstrativ dem Ritterstand ein Bündnisrecht unter Einschluß der Städte zuerkannte, das insbesondere die Kurfürsten traf, die seit der »Goldenen Bulle« auf ihr Mitspracherecht in Sachen Reichsregierung pochten. Sie reagierten entsprechend gereizt mit einem Zusammenschluß im »Binger Kurverein« und richteten von dort einen geharnischten Appell an den König. Dieser wußte aber die Situation zu entschärfen, indem er den Wettiner Friedrich von Meißen und den Hohenzollern Friedrich von Brandenburg aus der geschlossenen Phalanx herausmanövrierte und auf seine Seite zog.

Der Versuch einer Reichsreform

Die Bemühungen des Kaisers und Königs um eine Wiederherstellung geordneter Verhältnisse wurden von theoretischen Erörterungen über eine grundsätzliche Reichsreform begleitet. Schon eine Denkschrift des Konstanzer Konzils hatte die gleiche Organisation für die geistliche und weltliche Führungsspitze gefordert: Wie dem Papst das Kardinalskollegium, so müsse dem Kaiser ein Reichsrat zur Seite stehen, mit der Aufgabe, ihn in Verwaltung und Gerichtswesen zu unterstützen, zugleich aber auch eine gewisse Kontrollfunktion auszuüben. Dieses »Reichsregiment« solle, damit die Kontinuität seiner Arbeit gewährleistet sei, an einem festen Ort residieren. So verlockend der Entwurf auch schien, die Gefahr, daß die Stände die neue Institution ihrer eigentlichen Funktion entkleideten und nur als ihre Interessenvertretung ansehen könnten, war nicht auszuschließen.
Gedanken zu einer Reichsreform entwickelte auch der große Mann des Basler Konzils, Kardinal Nicolaus Cusanus (Nikolaus von Kues, 1401–1464). Sein Grundsatz: »Was alle berührt, muß von allen gebilligt werden« betraf wiederum zugleich eine Neuorganisation der geistlichen wie der weltlichen Gewalt. Wie die regelmäßig einzuberufenden Kirchenversammlungen sollten alljährlich in der Kaiserstadt Frankfurt stattfindende Reichsversammlungen die monarchische Führung in der Regierung ergänzen. In ihnen sollte ganz im Sinne König Sigismunds das Bürgertum angemessen vertreten sein. Auch die Gerichte, die nach der Neueinteilung des Reiches den einzelnen Kreisen

angeschlossen würden, sollten sich paritätisch aus Vertretern des Adels, der Geistlichkeit und des Bürgertums zusammensetzen. Schließlich glaubte Cusanus, daß die Position des Königs durch ein neues Wahlgesetz gefestigt werden müsse, das ihn vor dem Zwang von allzuviel Zugeständnissen an seine Wähler schütze.
Ganz anders als dieser klar durchdachte, wenn auch realitätsferne Entwurf brachte eine Flugschrift, die unter dem Titel »Reformatio Kaiser Sigismunds« erschien, das allerorts grassierende Unbehagen an den Verhältnissen zum Ausdruck. Die darin enthaltenen Verbesserungsvorschläge eines anonymen Verfassers decken sich nur entfernt mit einigen wenigen Stellen einer früheren, vom König tolerierten Denkschrift, sind also keineswegs königliches Gedankengut. Der Text nennt als Ursache der allgemeinen Unordnung die Abkehr von der gottgewollten Gesellschaftsordnung und bleibt damit zunächst traditionellen Anschauungen verhaftet. In den weiteren Ausführungen ist aber nicht von Reformen, sondern von radikalen Veränderungen die Rede, die z. T. hussitischen Programmpunkten ähneln und die Sehnsucht des »kleinen Mannes« nach einem schöneren und besseren Leben auf dieser Erde verraten. Wiederum ist der Reichtum der Kirche ein Hauptangriffspunkt; scharf wird die Ausbeutung und Unterdrükkung des »gemeinen Mannes« durch die Mächtigen angeprangert; ein neuer Adel, der aus den niederen Schichten heranwachsen werde, solle den alten, untauglichen ablösen. Die »Kleinen« würde ein »Geweihter« aus ihren Reihen, ein Endkaiser, erlösen.

Das Basler Konzil bis zu Sigismunds Tod

Das seit 1431 tagende Generalkonzil (das 1433 den Frieden mit den Hussiten einleitete) überwarf sich bald nach seiner Eröffnung mit Papst Eugen IV. (1431–1447), dessen von unsicherem und unehrlichem Verhalten bestimmtes Pontifikat auf die autoritäre Regierung Papst Martins V. folgte.
Eugen löste das Konzil, ehe es überhaupt an die Arbeit gehen konnte, kurzerhand auf mit der Begründung, es werde von radikalen Kräften beherrscht, und berief eine neue Synode nach Bologna ein, wo er, auf italienischem Boden, lenkend eingreifen wollte, insbesondere bei den Verhandlungen mit der griechischen Kirche hinsichtlich einer Wiedervereinigung. Damit provozierte er aber nur das gewachsene Selbstbewußtsein der Konzilsväter, die sich der Weisung nicht fügten, sondern unter Hinweis auf die Superiorität, die Höherrangigkeit des Konzils, ihrerseits den Papst vorluden. König Sigismund, der, um die Kaiser-

Kaiser Sigismund auf dem Konzil zu Basel 1434
Bericht des Eberhard Windecke

Als der Kaiser zu Basel war, kam ein Mann namens Georg Frauenberg aus Baiern und viele andere Edelleute, Pfaffen und Bürger zu ihm und führten Klagen über Herzog Ludwig von Ingolstadt, welcher durch alle geistlichen Rechtskräfte aller seiner Ehren und Würden beraubt und außerdem in den Bann getan war. Das Konzil und das geistliche Gericht hatten den Kaiser um das weltliche Schwert angerufen, und so kam er auch in des Kaisers Acht und wurde öffentlich aller fürstlichen Ehren beraubt und dazu vom heimlichen Gericht verfehmt und verurteilt, so daß auch alle die Urteile über ihn ergingen und gefällt wurden, von denen nichts geschrieben steht.
Damals wollte der Kaiser das Konzil und Basel verlassen, wie er es auch tat. Er versammelte daher das Konzil am Sonnabend acht Tage vor Pfingsten 1434 sieben Uhr vormittags bei den Predigern und hielt eine so treffliche Ansprache über die heilige Kirche, das Konzil und die ganze Christenheit, daß ich glaube, es habe kaum jemals einer eine solche Rede gehört. Er hob an von den Zehn Geboten und verflocht das Konzilium darein, das er mit Gott verglich, und die Nationen des Konzils von Basel, die er den Zehn Geboten an die Seite stellte. Mit seiner schönen Rede bewirkte er, daß jedermann schwieg und niemand ihm zu antworten vermochte. Nur zuletzt wurde ihm erwidert wegen der Krone Böhmens, wegen der Hussiten, wegen des Herzogs von Burgund und auch wegen des Herzogs Ludwig von Ingolstadt. Darauf entgegnete er löblich, daß man nichts mehr sagen konnte. Zuletzt verabschiedete er sich von dem Konzil und sagte, er wolle nicht länger bleiben, nur sollten sie gut handeln; denn handelten sie gut, so würde es ihnen auch wohl ergehen. Als der Kaiser darauf heim in seine Herberge ritt, folgten ihm der Kardinal Branda und viele andere Kardinäle und Bischöfe, die den Kaiser baten, länger in dem Konzil zu bleiben. Daher blieb er ihnen zuliebe bis Mittwoch nach dem heiligen Pfingstfeste. Dann zog er von Basel nach Baden, [. . .] hierauf wandte er sich nach Ulm, wo er mit anderen Fürsten zehn Wochen blieb und mit Herzog Ludwig verhandelte, so daß dieser wieder zu Gnaden und aus dem Bann und des Kaisers Acht kam. [. . .] Hierauf verließ der Kaiser Ulm und reiste über Augsburg und München nach Regensburg. Hier verweilte er wohl fünf Wochen und die Prager Böhmen kamen und verhandelten mit ihm.

Aus: Leben König Sigismunds von Eberhard Windecke. (Der um 1380 in Mainz geborene Chronist war Kaufmann und stand lange Jahre im Dienst Sigismunds; er starb um 1440.) Kap. 319.
Nach der Übersetzung von A. v. Hagen

krone zu erlangen, auf den Papst angewiesen war, sich aber im Herzen dem Konzil verpflichtet wußte, erwies sich auch in diesem Fall als geschickter Vermittler, so daß Eugen IV., auch in Hinblick auf das Ansehen der von allen europäischen Nationen besuchten Versammlung, seine Entscheidung zurücknahm. Als aber der Kaiser nach Lösung der hussitischen Frage 1434 das Konzil verlassen hatte, war niemand in der Lage, die Gegensätze zwischen Rom und Basel zu überbrücken. Im Januar 1438 setzte das Konzil den Papst ab; die Christenheit war wieder gespalten: England und Italien zogen sich zurück, Frankreich nutzte die Lage, um vom Konzil Zugeständnisse zu erpressen, Deutschland erklärte sich neutral.

Trotz aller Anstrengungen hatte Sigismund seine großen politischen Ziele nicht erreicht: Der Kirche drohte wieder die Spaltung, geistliche und weltliche Reformen kamen über das Entwurfsstadium nicht hin-

Konzilsstadt Basel aus der Sicht der Schedelschen Weltchronik von 1493.
Die Darstellung idealisiert und überhöht zugleich und zeigt auch, wie diese Zeit sich selbst sehen wollte.

aus, der große Kreuzzug gegen die Osmanen blieb ein unerfüllter Traum. Sorgen um die Nachfolge und damit verbundene Intrigen begleiteten seine letzten Tage. Er starb im Dezember 1437 im mährischen Znaim und wurde im ungarischen Großwardein begraben.

Der Habsburger Albrecht II. auf dem Thron

Sigismund war ohne männliche Erben gestorben. Seine einzige Tochter Elisabeth hatte der Vater mit Herzog Albrecht von Österreich ver-

Die Habsburger kommen auf den Thron.
König Albrecht II. in einer zeitgenössischen Darstellung: Vignette aus der Schedelschen Weltchronik von 1493.

heiratet; sie brachte dem Habsburger eine stattliche Mitgift ins Haus: Die Erbländer Ungarn und Böhmen sowie die Anwartschaft auf die deutsche Krone; denn das kurfürstliche Wahlgremium konnte nicht übersehen, daß Albrecht, mit einem Herzogshut und zwei Königskronen ausgestattet, der mächtigste Fürst im Reich war. Andererseits meinten die Kurfürsten, ihn unbedenklich wählen zu können, da Albrecht sie kaum in ihren eigenen Interessen stören werde, solange der Osten mit seinen Problemen ihn beschäftigte. Der Habsburger, der diese Überlegungen durchschaute und außerdem die Stephanskrone nur unter der Bedingung erhalten hatte, daß er in Ungarn residierte, nahm die einstimmige Wahl erst nach einer Bedenkzeit an; für die Krönung in Aachen erbat er sich eine Frist von zwei Jahren.
Da der König während seiner nur anderthalbjährigen Regierung seine Erbländer nie verließ, waren von vornherein nicht die besten Bedingungen für ein tatkräftiges Eingreifen in die Reichsregierung gegeben. In Abwesenheit des Königs berieten zwei Reichstage in Nürnberg im Juli und Oktober 1438 ergebnislos über die Reichsreform. Die Kurfürsten nahmen die Gelegenheit wahr, ihrerseits Initiativen zu ergreifen, um die Städte zu isolieren. Diese blockierten in ihrem alten Starrsinn jede Beschlußfassung über den Entwurf einer neuen Reichsfriedensordnung, die ein strenges Fehdeverbot eingeschlossen und die oft willkürliche Handhabung der heimlichen Femegerichte verhindert hätte.
König Albrecht konnte sich inzwischen nur mit Mühe in Böhmen behaupten; als Katholik und Deutscher war er schon bald mit den tsche-

Stichworte zum Reich in der ersten Hälfte des 15. Jahrhunderts

Andauernde Schwäche des Kaiser- und Papsttums: Desinteresse und Rückzug auf das Stammland, Abhängigkeit von den Städten und der eigenen Familie (Wenzel), Mangel an Macht und Finanzkraft (Ruprecht), Probleme der Hausmachtpolitik, nationale Strömungen und Türkenexpansion (Sigismund), Bindung an andere Throne (Albrecht II.) beschränken die Kaisermacht. Die andauernde Kirchenspaltung und Gegenpäpste lähmen die Autorität der Kirche.
Städte- und Ritterbünde, Territorialpolitik und Kurfürstenopposition engen die Zentralmacht ein und schaffen Spannungen bis hin zu den Kriegen der Städtebünde. Entmachtung der Städte, Stärkung des Adels.
Dynastische Großmachtpläne und Verlagerung der Machtzentren: Versuch der Luxemburger zur Begründung osteuropäischer Großmächte auf dynastischer Basis (Ostdeutschland-Polen-Litauen / Böhmen-Österreich-Ungarn). Zentrum königlicher Macht verlagert sich nach Südosten.
Bedrohung der Reichsperipherie: Frankreich faßt in Burgund und Italien Fuß. Die italienischen Stadtstaaten (Florenz, Venedig, Mailand) gewinnen neue Macht. Die Anjou von Neapel drängen auf den Balkan und nach Ungarn. Polen von Böhmen als slawischer Partner umworben. Böhmische Adelsopposition. Einfall der Türken in Südosteuropa.
Reformbewegungen, nationale Unabhängigkeitstendenzen, Religionskriege: Die Ideen Wyclifs in England beeinflussen das nach nationaler Identität, sozialem Ausgleich und kirchlicher Reform strebende Böhmen. Die Verbrennung des Reformators Hus in Konstanz löst die Hussitenkriege aus. – Auszug der deutschen Studenten aus Prag.
Schweiz: Auf dem Weg in die Unabhängigkeit entscheidende Schlachten von Sempach und Näfels über österreichische Territorialexpansion.
Österreich/Deutsches Reich: Die Königs- und Kaiserwürde geht für Jahrhunderte an die Habsburger.
Die Kirchenspaltung – Große Konzile und Reformversuche: Frankreichs Initiative: Kardinalstreffen von Livorno, Einladung zu einem Generalkonzil in Pisa. Wahl eines dritten Papstes, Verschärfung der Spaltung. Konzil von Konstanz. Methodische Vorarbeit unter dem Patronat Sigismunds zur Beilegung des Schismas. Wahl eines Einheitspapstes. Schwache Ansätze einer Reform. Konzil von Basel. Beendigung der Hussitenkriege. Neue Reformansätze ohne Erfolg.
Reichsreform: Unter Sigismund Versuche einer Reichsreform und der innenpolitischen Verständigung auch zwischen den Reichsständen. Ideen des Nikolaus von Kues. Versuch unter kaiserlicher Führung die politische und kirchliche Verständigung Europas im Hinblick auf die drohende Türkengefahr zu fördern.

chischen Hussiten in Konflikt geraten, die Polen die böhmische Krone anboten, um durch Verbindung beider Reiche das slawische Element weiter zu stärken. Dennoch erreichte Albrecht die Krönung im Prager Veitsdom; er schlug die polnischen Invasoren am Berg Tabor und sicherte auch Schlesien gegen ihre Einfälle. Kaum war die Lage bereinigt, zwang ihn ein Einfall der türkischen Osmanen in Siebenbürgen, sich der neuen Gefahr zu stellen. Mitten im Feldzug starb er an der Ruhr. Seinem Haus Habsburg aber übergab er die Königs- und Kaiserkrone für Jahrhunderte.

Literatur

Aschbach, Joseph: Geschichte Kaiser Sigmunds, Hamburg 1964 (Neudruck)

Dohna, Lothar Graf zu: Reformatio Sigismundi. Beiträge zum Verständnis einer Reformschrift des 15. Jahrhunderts, Göttingen 1960

Franzen, August: Von Konstanz nach Trient. In: Beiträge zur Geschichte der Reformkonzilien, hrsg. von Remigius Bäumer, München 1972

Kalivoda, Robert: Revolution und Ideologie. Der Hussitismus, Köln/Wien 1976

Macek, Josef: Die hussitische Bewegung in Böhmen, London/Prag 1965

Mathies, Christiane: Kurfürstenbund und Königtum in der Zeit der Hussitenkriege, Mainz 1978

Mau, Hermann: Die Rittergesellschaft mit St. Jörgenschild in Schwaben, Band 1: Politische Geschichte 1406–1437, Stuttgart 1941

Mayer, Theodor (Hrsg.): Die Welt zur Zeit des Konstanzer Konzils. In: Reichenau-Vorträge, Konstanz/Stuttgart 1965

Molitor, Erich: Die Reichsreformbestrebungen des 15. Jahrhunderts, Aalen 1969 (Neudruck)

Mühll, Theodora von der: Vorspiel zur Zeitenwende. Das Basler Konzil, München 1959

Richter, Karl: Adel und Herrschaft im mittelalterlichen Böhmen in der Darstellung der tschechischen Historiographie, München 1968

Seibt, Ferdinand: Die Zeit der Luxemburger und der hussitischen Revolution. In: Handbuch der Geschichte der böhmischen Länder, hrsg. im Auftrag des Collegium Carolinum von Karl Bosl, Band 1, Stuttgart 1967

Seibt, Ferdinand: Tabor und die europäische Revolution. In: Bohemia-Jahrbuch des Collegium Carolinum, Band 14, München 1973

MARGARETE SCHWIND

Die Territorien im späten Mittelalter

Die Fürsten an der Macht – Urkunden besiegeln die errungene Landesherrschaft – Elemente der Landesherrschaft – Fürsten und Städte, ein oft unversöhnlicher Gegensatz – König und Hausmacht – Bunt und vielgestaltig: die politische Landkarte im Spätmittelalter – Die kleinen Territorien – Vom Rhein zur Weichsel, von Dänemark nach Österreich: die mittleren Territorien – Baiern, Sachsen, Brandenburg ... die großen Territorien.

Bei Streifzügen durch die spätmittelalterliche Geschichte stößt man in vielen Büchern immer wieder auf die fast weinerliche Klage, die deutschen Fürsten hätten sich auf Kosten des Reiches ungeheuer bereichert, hätten Egoismus über das Allgemeinwohl gestellt, seien für das Reich teilweise ein wahrer »Krebsschaden« gewesen. Dieses Klagelied stimmten die Historiker vor allem im politischen Einheits- und Führerstaat des »Dritten Reiches« an, die jüngere Historikergeneration tut es unter veränderten Bedingungen weniger häufig.

Abtretung königlicher Rechte an die Fürsten Grundlagen der Landesherrschaft

Der trauernde Abgesang auf die ehedem doch so guten Verhältnisse des Früh- und Hochmittelalters mit seinen mächtigen Kaisern beschreibt, wenn man ihn einmal auf die realen Verhältnisse reduziert, im Grunde die Machtverteilung um 1250: Vier Geschlechter sind um diese Zeit im Deutschen Reich führend; die Wittelsbacher in Baiern und in der Rheinpfalz, die Welfen in Braunschweig-Lüneburg, die Askanier in Brandenburg, Sachsen-Wittenberg, Sachsen-Lauenburg und in Anhalt, die Wettiner in Meißen und Thüringen.
Wie begründet sind nun eigentlich die angesprochenen Klagen und wie sind sie zu bewerten? Urteilt man nach den Urkunden, die im 12. und 13. Jahrhundert die Fürsten teils unter massivem Druck, teils als Gegenleistung für finanzielle Unterstützung den Königen zäh abgerungen hatten, tauchen schon jetzt genau die Elemente und Rechte auf, die eine weltliche oder geistliche Landesherrschaft ausmachen. Viele der urkundlich verliehenen Rechte hatten sich die Fürsten längst

Ritterliches Pathos und heraldische Kunst im Dienst landesherrlicher Selbstdarstellung. *Ritter mit den Wappenfahnen von Kiburg, Ferette und Görz (oben) sowie Tirol, Habsburg und Elsaß (unten) aus dem Werk »Triumphzug Kaiser Maximilians I.«, erschienen 1526.*

angeeignet. Eigengüter, d. h. Privateigentum, Grundherrschaft und die Verfügung über die Gerichtsbarkeit waren die Basis. In den Phasen schwacher Königsherrschaft ließen sich die Befugnisse oft mühelos ausdehnen.
1156 wird bei der Erhebung der Ostmark zum Herzogtum (siehe Band 3) erstmalig in größerem Umfang die »Territorialisierung« staatlicher Macht, also die Übernahme kaiserlicher Kompetenzen für ein bestimmtes Gebiet durch einen Landesherrn und dessen Befreiung von lehnsrechtlichen Pflichten vom Kaiser anerkannt. Ein halbes Jahrhundert später, 1212, erhält der böhmische König, bis dahin nach dem Buchstaben des Gesetzes Lehnsmann des Kaisers, ungeheure Zugeständnisse: freie Verfügung über die Bistümer und ein Minimum an Lehnspflichten gegenüber dem Reich. Schon ein Jahr später muß der deutsche Kaiser in der Goldbulle von Eger auf eine enorme Einnahmequelle verzichten: das Spolien- und Regalienrecht (siehe *K* Band 3)! Den völligen Verzicht auf die Ausübung seiner Hoheitsrechte in den Gebieten der geistlichen und weltlichen Fürsten spricht er 1220 und 1232 aus: Burgenbau, Markt- und Münzrecht, Zollregal und Gerichtshoheit gehen an die Landesherren über. Ungeheure Geldquellen fließen nun nicht mehr in kaiserliche Kassen: Über das Kirchengut verfügen die geistlichen Herrn, die weltlichen sahnen bei der Wahrnehmung der früheren Regalien reichlich ab, z. B. beim Geleitrecht.
Aus den erwähnten Urkunden läßt sich nun schon eine Definition von Landesherrschaft gewinnen. Sie ist zusammengesetzt aus einer Reihe von Hoheitsrechten, ableitbar aus Grafschaft, Vogtei (siehe *K* Band 2), Hoch- bzw. Blutgerichtsbarkeit, Landesausbau, d. h. Siedlungspolitik und Stadtgründungen, Grundherrschaft, Burgenbesitz und Verfügung über Ministeriale zur Verteidigung und Verwaltung und zudem aus der Wahrnehmung vom König verliehener Regalien.

Neue Aufgaben erfordern neue Maßnahmen: Beamte statt Lehnsleute – Vom »Personenverbandsstaat« zum »institutionellen Flächenstaat«

Die politische Initiative im Reich ist an die Fürsten übergegangen. Symptomatisch für den Rückzug staatlicher Macht in die einzelnen Territorien ist die Veränderung im Rechtswesen: Spiegelte sich bis zum 13. Jahrhundert die Reichseinheit noch in der Rechtseinheit – alle richterliche Gewalt mußte vom König verliehen werden (Bannleihe) und machte damit den König zur obersten richterlichen Instanz –, so wird die Justiz nun ausschließlich Sache der einzelnen Landesherren.

Das fürstliche Hofgericht löst das oberste Reichsgericht als letzte Berufungsinstanz ab.
Das Ende kaiserlicher Machtvollkommenheit, gleichzeitig das Ende der deutschen Vorherrschaft in Europa nach 1198, das Entstehen von Nationalstaaten anstelle der ehemals lehnspflichtigen Länder Dänemark, Polen, Ungarn, und das wachsende politische Gewicht der Fürsten auf Kosten einer zentralen Herrschaftsinstanz stimmen nachdenklich. Vor allem aber die Vehemenz, mit der die Fürsten den *Leihezwang* *(K, Seite 249)* durchsetzen, und die Skrupellosigkeit, mit der sie bei der Königswahl Schmiergelder kassieren, lassen die erwähnten Klagen der Geschichtsschreiber gerechtfertigt erscheinen. Und doch bleibt die von ihnen angestimmte Trauermelodie zum Ende des Reiches Herrlichkeit recht einseitig: die historischen Tatsachen beweisen, daß diese negative Bewertung nicht in der Lage ist, die sich nun entfaltende kulturelle Vielfalt und moderne, effiziente Verwaltung als positive und perspektivenreiche Veränderung zu erfassen.
Landesherrschaft entstand nämlich besonders rasch und dynamisch gerade da, wo der König unfähig war, neuen Problemen adäquat gerecht zu werden; denn es gab praktisch keine einzige königliche Zentralbehörde oder Verwaltungsinstanz. Gerade im Zuge der deutschen Ostsiedlung machte sich dieser Mangel schmerzlich bemerkbar: Weite Gebiete und eine bisher ungekannte Zahl von Menschen müssen politisch »in den Griff gebracht« werden; die überkommenen Methoden des Lehnsrechts und des Personenverbands reichen nicht mehr aus und müssen durch moderne Verwaltungstechnik, die nicht mehr auf die einzelnen Menschen sondern auf das ganze Territorium bezogen ist, ersetzt werden. Die Fürsten, alleinige Organisatoren der Ostsiedlung, erkennen die Zeichen der Zeit: obwohl sie selbst zum Reich in lehnsrechtlicher Beziehung stehen, verdrängen sie in den neuen Herrschaftsgebieten den alten »aristokratischen Personenverband« und bauen den jüngeren »institutionellen Flächenstaat« auf (die Begriffe prägte der Historiker Theodor Meyer): Beamte lösen die Lehnsleute ab, Behörden ersetzen verliehene Ämter und Rechte. Die historische Fluchtlinie dieses Prozesses ist der heutige moderne Staat.

Sicherung landesherrschaftlicher Territorien
Repräsentative Residenz

Außenpolitisch geht es allen Landesherren, ganz gleich ob sie Fürsten, Grafen oder Städte (siehe unten) sind, um Grenzsicherung und Expansion, innenpolitisch um den Ausbau geschlossener Landschaften, aus

denen alle Einsprengsel anderer Adelsherrschaften getilgt sind. Besonders die Beseitigung der reichsritterlichen Burggrafschaften nahm politische und militärische Energie in Anspruch.
Großen Wert legten die Territorialherren auf den Ausbau ihrer Residenzen zu Verwaltungs- und Repräsentationszentren. Kirchen, Klöster und Schlösser wurden gebaut und künstlerisch gestaltet – für Kunsthandwerker eine Zeit der Hochkonjunktur, für die frühe Phase der Universitätsgründungen ein befruchtender Anstoß. Allerdings bringt es Gebietserwerb oder -verlust mit sich, daß Städte ihren Residenzstatus wieder verlieren, andere dafür zur Hauptstadt ›aufsteigen‹. Vor verfehlter Politik waren dabei auch »geistliche« Residenzen nicht gefeit. So wird noch Mitte des 19. Jahrhunderts über Würzburg berichtet, daß dort die »tollste Wirthschaft« unter Bischof von Brunn (1412–1441) getrieben worden sei: »Dieser leichtsinnige Fürst kümmerte sich um nichts als sein Vergnügen. Die Einkünfte des Stiftes wurden verpraßt, seine Güter verpfändet und es mit den drückendsten Schulden belastet. Einmal durch das Capitel von der Regierung entfernt, wußte er sie durch Ränke und Gewalt auf's Neue zu gewinnen.«
Die politische Landkarte des Reiches zwischen 1200 und 1800 bleibt bewegt und bunt: Territorien verschwinden, vergrößern oder verschieben sich. Aber schon im 14. Jahrhundert hat die landesherrliche Macht ihren Zenit überschritten: Erbteilungen in den Fürstenhäusern, das Aufkommen der Landstände und die zunehmende Macht der Ständeversammlungen sind die Ursache.

Fürst, Stadt und König – Ein magisches Dreieck

Gegen Ende des 14. Jahrhunderts ist Deutschland in ständiger politischer und sozialer Bewegung. Nicht nur König und Fürst stehen sich im Prozeß der »Staatenbildung« (der Begriff ist für das Mittelalter vorsichtig zu gebrauchen: im Unterschied zu den souveränen Staaten der Neuzeit erkannte man damals die Oberhoheit des Reiches an!) unversöhnlich gegenüber – es kommen auch Spannungen und Unruhen auf zwischen Fürsten und Städten! Besonders im Süden und Südwesten des Reiches versuchten die Herzöge von Baiern und Habsburg und die Grafen von Württemberg durch Ausdehnung ihrer stadtherrlichen Rechte (Vogteien), abhängige Städte ihren Territorien einzuverleiben. Weniger hart bedrängte Städte dagegen streben selbst nach Landesherrschaft, versuchen reichsunmittelbar zu werden oder zu bleiben. Deshalb bieten sie Landbewohnern Anreize zum Zuzug, bilden zum gegenseitigen Schutz Bünde, in die sie auch Ritter aufnehmen. Die

Ausbau territorialer Herrschaft.
Graf Eberhard der Milde von Württemberg und seine Räte (Ausschnitt). Darstellung von 1430. Stuttgart, Württembergisches Landesmuseum.

Mehrzahl bleibt jedoch der Landesherrschaft unterworfen: Wien, Dresden und München beweisen, daß dies nicht nur zu ihrem Schaden geschah. Die Stellung des Königs wurde durch die Spannungen zwischen Städten und Fürsten noch komplizierter: Favorisierte er die Städte, brachte er die Fürsten auf, verhielt er sich entgegengesetzt, verlor er mitunter treue Bündnispartner. Die Landfriedensgesetzgebung war der Versuch, aus diesem Dilemma herauszukommen.

Der König als Landesherr – Territorialisierung als Ersatz für verlorene Rechte

Fast aller ehemaligen Hoheitsrechte ledig, sehen sich die Könige seit dem Interregnum (siehe Band 4) gezwungen, mit ihren verbleibenden rechtlichen und wirtschaftlichen Möglichkeiten einen Ersatz zu schaffen – eine doppelt schwere Aufgabe für die zwischen 1246 und 1346 gewählten Könige, denen nur *eine* Tugend gewiß gemeinsam war: ihre

Mittellosigkeit! Ihr geringer territorialer Besitz machte sie den Kurfürsten genehm.
In ihrem Bemühen um eine Hausmacht werden die spätmittelalterlichen Könige selbst zu Territorialherren und wie diese unterschiedlich erfolgreich! Rudolf I. von Habsburg, sowieso schon im Besitz großer Gebiete, bringt mit glücklicher Hand Österreich an sein ›Haus‹: 1278 werden Österreich und Steiermark seinen Söhnen, Kärnten und Krain dem treuen Grafen von Görz und Tirol übertragen. Der aus dem kleinen Grafenhaus Nassau stammende König Adolf I. ist unfähig, eine Hausmacht auf die Beine zu stellen, König Heinrich VII. dagegen, Graf des ebenfalls kleinen Luxemburg, belehnt seinen Sohn Johann mit dem riesigen Böhmen und legt damit den Grundstein zu einer weiten Hausmacht, die Kaiser Karl IV. Mitte des 14. Jahrhunderts noch auszuweiten versteht: Schlesien, Niederlausitz, Machtbasen in der Mark Meißen, an der Mulde, im Vogtland, an der oberen Saale, in der Oberpfalz und Franken. Den Habsburgern gelingt bald danach der Ausbau ihres ›Hauses‹ zu einem europäischen Gesamtstaat!
Kein unwesentliches Hilfsmittel bei dieser weiträumigen Expansion ist die Kaiserkrone – obwohl innenpolitisch schon lange ein Handels- und Tauschobjekt ohne die Aura einstiger Heiligkeit, verhilft sie begabten Herrscherpersönlichkeiten immer noch zu einem gewissen Vorsprung beim Wettlauf um Land und Leute.

Zwergstaaten, Einsprengsel und territoriale Kleinwelt

Eine politische Karte des späten Mittelalters verwirrt auf den ersten, vielleicht auch noch auf den zweiten Blick durch ihre Buntheit und bedarf deshalb einer ansatzweisen Kommentierung, die zumindest für die größeren und großen Territorien eine Art Momentaufnahme geben muß, jedoch nicht die ständige Veränderung aller Machtverhältnisse durch Teilung, Tausch, Verkauf oder Verpfändung spiegeln kann.
Einer großen Zahl von kleineren Grafenfamilien, vor allem aber den meisten Reichsrittern, gelingt es nicht, aus den fürsten- und territorienfreundlichen Zeitumständen Kapital zu schlagen und ihr Gebiet entsprechend auszuweiten. Andere geraten in die Zange Größerer und büßen noch etwas ein. Häufig sind es geographische Gegebenheiten, Kargheit des Bodens, Abgelegenheit oder eine kleinräumige, gebirgige Oberflächenstruktur, die ein Territorium klein halten. Die Macht eines Herrschers wuchs ja schon immer mit der Zahl der Beherrschten!
So findet sich im Hunsrück und in der Eifel beispielsweise nur eine Kleinwelt von Territorien, wenig dynamisch und nicht in der Lage,

landesherrschaftliche Macht zu entfalten. Ähnliche Verhältnisse gab es in der Wetterau, am Vogelsberg, im Westerwald. Etwas größer, obwohl immer noch zu den kleinen zählend: das fränkische Hochstift Eichstätt, die Gebiete der Herren von Hohenlohe, Henneberg und Wertheim. Innenpolitisch besteht ihr Hauptziel im Bewahren der Selbständigkeit, in der Außenpolitik gehören sie meist zur treuen Gefolgschaft des Kaisers, so z. B. die kleinen Territorien zwischen Sundgau und Breisgau: die Markgrafschaft Baden, die Grafschaft Lichtenberg, das Hochstift Straßburg.
Einsprengsel in größere, dann meist locker gefügte Territorien halten sich auch durch die ruinöse Teilungspraxis handlungsfähig. So im lokker gefügten Territorium der Pfalz die kleinen Grafschaften Leiningen oder Hanau-Lichtenberg, ähnlich in der Grafschaft Saar.
Die Praxis der Herrschaftsteilung ist – außer in den geistlichen Territorien und im Ordensstaat – ein auffälliges Phänomen: Es sind stets Reichslehen, die man meist ohne Zustimmung des Königs innerhalb der Familie wie den Privatbesitz teilt. D. h. »die leihweise übertragene Herrschaft emanzipiert sich durch diese Handhabung von der lehnsrechtlichen Oberherrschaft des Königtums, sie wandelt sich zur selbständigen Landesherrschaft«, formuliert Götz Landwehr. Die Folgen: eine Zerrüttung oder, je nach Geschick und Bedarf der Landesherren, eine Festigung der Herrschaft. – Eine Kleinwelt lokaler Herrschaften siedelte sich nach dem Untergang des staufischen Hauses an Donau und Neckar an und bot Ansatzpunkte für spätere staatliche Zusammenfassungen der Habsburger und Württemberger. Herren kleiner Territorien sind und bleiben die Fürstenberger im Donauquellgebiet, ihre Nachbarn die Zollern und die Waldburger zwischen Bodensee und Iller. Regionalen Potenzen gelang auch nach der Zerschlagung Sachsens 1180 der Aufbau kleiner Territorien: Mark, Lippe, Bentheim, Tecklenburg und Ravensburg gehören dazu, auch die kleinen Grafschaften Hohnstein und Stolberg am Harz, – erst 1511/21 schließen sich Kleve-Mark und Jülich-Berg-Ravensburg zusammen; ein weites Gebiet vom Niederrhein bis ins nordöstliche Westfalen entsteht. Weniger erfolgreich war Graf Bernhard von Anhalt, der 1180 das Herzogtum Sachsen bekam: von allen Seiten eingeengt (z. B. von den Welfen in Braunschweig-Lüneburg), entfaltet sich seine Landesherrschaft nur punktuell um Wittenberg und an der Niederelbe bei Lauenburg. Die geschilderten Entwicklungen zeigen, daß der Territorialstaat des 14. Jahrhunderts meist kein geschlossener Flächenstaat ist wie heute, sondern eine lockere Zusammenfügung der unterschiedlichsten Herrschafts- und Hoheitsrechte, die zunächst nur durch die Person des Landesherrn zusammengehalten werden.

Neue Herzogtümer im Südosten des Reichs.
Einsetzung des Herzogs von Kärnten. Landeschronik des Leopold Stainreuter (1479). Bern, Burgerbibliothek.

Die mittelgroßen Territorien

Wenn sich in kleinräumigen Landschaften kleine Territorien ausbilden, dann müßten in großräumigen Landschaften, wie z. B. am Niederrhein oder im Thüringer Becken, problemlos große Territorien aufzubauen sein. Daß dieser Umkehrschluß falsch ist, daß – aus dieser Sicht – geographische nur selten mit politischen Räumen identisch sind, zeigt die Karte.

Das Tal des Rheins z. B., von der Schweiz bis in die norddeutsche Tiefebene, hätte vielleicht ein landschaftlich einendes Band sein können – aber historisch zerfällt es in drei große Blöcke: die alemannischen Oberrheinlande, die um Mainz, Trier und Köln gruppierten fränkischen Mittelrheinlande sowie die Niederrheinlande. Nachdem besonders am Mittelrhein frühzeitig die großen regionalen Kräfte (Herzöge und Pfalzgrafen) ausgeschieden sind, gelingt den nach Verselbständigung strebenden Partikularen, besonders den drei Erzstiften, der Ausbau ihrer Machtbereiche zu Territorien. Ein geschlossenes Gebiet stellt das Erzstift Trier dar, das sich um Trier ausdehnt und einen zweiten Schwerpunkt um Koblenz bildet. Zwischen diesen beiden Kernen und darüber hinaus wird das Territorium aufgebaut. Rückgrat ist die alte Verbindungsstraße Trier–Koblenz–Limburg. Allerdings wird die Ausdehnung nach Norden durch Köln, die im Süden durch die Pfalzgrafschaft behindert. Im Osten wird Trier durch das Erzbistum Mainz eingeengt, das sich jedoch hauptsächlich Richtung Osten ausdehnt und erst auf den Spessarthöhen durch die ausgreifende Politik der Würzburger Bischöfe aufgehalten wird. Am größten ist jedoch das Gebiet des Kölner Erzbischofs, das 1180 erheblich vergrößert wurde durch Westfalen. Zeitweilig sieht es so aus, als käme es zu einer Kölner Vorherrschaft am Mittel- und Niederrhein, die jedoch dann dem Herzog von Brabant zufällt.

Einen sehr locker gefügten »Staat« stellt Hessen dar. Lange hatte es mit Mainz im Kampf gelegen, als die mächtigen Erzbischöfe aus dem Hause Eppstein glaubten, die Grafschaft Hessen einziehen zu können. Am Ende setzt sich aber Hessen durch und dringt von der Weser und der Lahn zum Main und Rhein vor und schafft sich ein zusammenhängendes Gebiet bis Kassel, Darmstadt und Sankt Goar. Landgraf Philipp ist eine Zeitlang auf dem Weg zur Hegemonie. Aber er muß genauso scheitern wie der Erzbischof von Mainz. Der Gegensatz Mainz–Hessen bleibt bestehen. Mehrere Territorien nebeneinander entstehen, die Landgrafschaft Hessen zerfällt in Teilfürstentümer.

Im ehemaligen Herzogtum Franken entstehen während des Machtverlustes der Könige im 13. Jahrhundert mehrere relativ geschlossene

Herrschaftsgebiete: das der Bischöfe von Würzburg, Bamberg und Eichstätt und das der Abtei Fulda. Die Ausdehnung Bambergs findet im Quellgebiet des Mains ein Ende, wo die Burggrafen von Nürnberg ihre Landespolitik betreiben. Man kann Franken zwischen Kulmbach und Frankfurt mit Westfalen vergleichen: Münster und Würzburg sind ähnlich groß, die ehemaligen Herzogtümer (Westfalen und Franken) sind im Spätmittelalter in drei Erz- und Hochstifte aufgeteilt. Weltliche Territorien finden wir in Franken um Ansbach und Kulmbach/Bayreuth und um die Reichsstadt Nürnberg mit ihren Burggrafen aus dem Hause Zollern. 1411/15 verleiht Kaiser Sigismund Burggraf FriedrichVI. (ab nun Friedrich I.) die Markgrafschaft Brandenburg – die Ahnen der berühmten Hohenzollern stammen also aus Nürnberg.
Im Oberrheingebiet finden wir nur einige wenige nennenswerte Gebiete, die alle durch die Habsburger angegliedert wurden: Sundgau, Breisgau, Lenzburg und Kiburg – sie alle wurden jedoch zum Nebenschauplatz, als die Habsburger den Schwerpunkt ihrer Politik nach Österreich verlegten. Ihre Bezeichnung »Vorderösterreich« spricht für sich. Deshalb können sich hier zahllose örtliche und regionale Kräfte halten, und die politische Landkarte in Südschwaben bleibt bunt. Ganz anders im Norden, wo die Grafen von Württemberg eine energische Territorialpolitik betreiben und schwächere Landesherren an die Ränder drücken.

Thüringen und Norddeutschland, Beispiele für spätmittelalterliche Teilungspraxis

Eine zielstrebige Territorialpolitik betrieben auch die wettinischen Landgrafen von Thüringen. Sie konnten im 14. Jahrhundert fränkische Teile, so die Grafschaft Henneberg und Teile Coburgs, sowie Gebiete des Vogtlandes dazugewinnen. Dagegen war der territoriale Zusammenhang mit dem Gebiet der Markgrafschaft Meißen bereits im 13. Jahrhundert weitgehend verlorengegangen.
Die Landgrafschaft Thüringen ist keineswegs ein geschlossenes Territorium: zahllose Territorialherren wahren ihre Unabhängigkeit, die Hochstifte Merseburg und Naumburg bilden selbst kleine Territorien aus. Die beiden Reichsstädte Mühlhausen und Nordhausen, die Grafen von Schwarzenberg, die Vögte von Weida und die Grafen von Reuß legen den Grundstein für eigene Territorien. Zudem verbauten sich die Wettiner selbst den Weg zur Geschlossenheit: 1485 wird der Thüringer Raum wegen familiärer Reibereien in west-östlicher Richtung in der sogenannten »Leipziger Teilung« zerschnitten; nachdem

die Brüder Albrecht und Ernst von Sachsen bis dahin gemeinschaftlich regiert hatten, gab es nun zwei relativ unabhängig voneinander agierende Linien: Albertiner und Ernestiner.
Diese Teilungspraxis bestimmte während des ganzen Spätmittelalters das Innenleben sämtlicher Territorien Norddeutschlands: war es *eine* Familie, die dem Territorium die äußere Grenze gab (wie die Welfen in Braunschweig-Lüneburg, die Schauenburger in Holstein), so teilten sich im Inneren zahllose Linien dieser Familien die Herrschaftsrechte. Daß die meisten Gebiete nicht über eine, sondern über mehrere Residenzstädte verfügten, ist nur *eine* Folge dieser Teilungspraxis, die in vielen Fällen politische Handlungsunfähigkeit zur Folge hatte. Erst 1341 wird in Baiern, 1347 in Holland, Seeland, Friesland und im Hennegau der Grundsatz der Unteilbarkeit bzw. die »Primogenitur« (lat. Vorrecht des Erstgeborenen) durchgesetzt. Natürlich ist davon nie ein ganzer Raum betroffen, sondern nur das Hausgut einzelner Häuser oder Familienzweige.
Auf der anderen Seite wird gerade im 14. Jahrhundert Herrschaft gerne in Geld umgewandelt – d.h., die Herrscher verpfänden ganze Territorien und Landesteile, Vogteien, Ämter, Städte, Burgen, Märkte, Flecken, Dörfer, Höfe, Wälder, Weinberge, Gärten, Fischteiche, Bergwerke, Münzstätten, Zölle, Geleitrechte, Steuern, Schutzgelder, Mühlen-, Wildbanne und Zehnten zum Zweck der Schuldentilgung und Kreditaufnahme. Die Geldwirtschaft greift also schon auf das gesamte Staatsleben über – dies besonders in der Niederlausitz und in den welfischen Territorien. Daß so in den seltensten Fällen völlig geschlossene oder gar zentral organisierte Landesherrschaften entstehen, ergibt sich fast zwangsläufig. Etwas besser sieht es da in den geistlichen Gebieten aus: im großen und flächendeckenden Erzbistum Bremen, im Bistum Münster (die Vormacht im ehemaligen ostsächsischen Herzogtum), in den etwas kleineren Bistümern Paderborn, Hildesheim, Magdeburg und in den später zu den Niederlanden gehörenden Bistümern Utrecht und Lüttich.

Rivalen um die Vormacht: Luxemburger, Habsburger und Wittelsbacher

Der Ausbau der ganz großen Landesherrschaften ist in den meisten Fällen an die Königskrone gekoppelt: Luxemburger, Habsburger und Wittelsbacher teilen sich im Spätmittelalter einen großen Teil des Deutschen Reiches.
Von der Hausmachtpolitik dieser Familien geht im Spätmittelalter die

***Burghausen an der Salzach, Sitz der aufstrebenden Wittelsbacher.** Die größte Burganlage Deutschlands entstand in heutiger Form vom 13. zum 15. Jahrhundert und war schon Königshof Kaiser Heinrichs II.*

eigentliche Dynamik aus. Alle Winkelzüge ihres Machtstrebens lassen sich unmöglich nacherzählen. Aber die Größe der Ausdehnung ihrer Machtbereiche springt bei einem Blick auf die Karte ins Auge.

1378, beim Tod Karls IV., haben die Rivalen Deutschland folgendermaßen aufgeteilt: Im Königreich Böhmen sitzen seit 1310 Grafen aus dem kleinen Luxemburg auf dem Thron, Karl IV. macht Böhmen zum Kernland des Reiches, Prag zu seiner Hauptstadt. Ausgreifende Erwerbspolitik bringt ihm große Erfolge: Gebietskäufe und Verträge führen zur Vereinigung Schlesiens mit Böhmen, zum Erwerb der Niederlausitz von den Wittelsbachern, zum Gewinn der Markgrafschaft Meißen, Gebieten an der Mulde, im Vogtland, der oberen Saale, der Oberpfalz und Franken. Karls IV. Pfandkäufe zielen hauptsächlich darauf ab, eine Art Brücke zu bilden zwischen den luxemburgischen Besitzungen in Böhmen und dem Herkunftsland. Dies gelingt besonders gut, da nördlich dieser Brücke keine zusammenhängenden Herrschaftsgebiete ihm Einhalt gebieten können. Im Süden schieben jedoch von der Oberpfalz aus die Herzöge von Baiern keilförmig ihre

Herrschaft gegen diesen Brückenkopf vor. Nach dem Tod Karls IV. werden seine Gebiete an seine Söhne aufgeteilt: Böhmen und Schlesien fallen an den böhmischen König Wenzel IV., den neuen deutschen König, der auch Erbe von Luxemburg ist. Die Mark Brandenburg bekommt Sigismund, dem es gelingt, Ungarn mit dem Reich zu verbinden. Johann erhält die Oberlausitz und die Neumark, in Mähren werden zwei Neffen als Markgrafen eingesetzt. Aber der Höhepunkt des böhmischen Königreiches ist schon überschritten: die Hussitenkriege schwächen die Position des böhmischen Königs extrem und brechen auch die Machtstellung der Römischen Kirche im Land. 1433 zeichnet sich die Gründung eines böhmisch-tschechischen Nationalstaats allmählich ab; die dortigen Könige gehen eigene Wege.
Ähnlich weit auseinander liegen auch die Stammlande der Habsburger, für die eine Politik der »Brückenkopfbildung« zwingend nötig wird. Aber die einzelnen Linien des Hauses sind zerstritten: hatte man noch 1335 Kärnten, Krain und die Windische Mark, 1365 Tirol und 1368 Freiburg und die Landgrafschaft Freiburg erworben, so schwächten die Habsburger diese gute Position durch Herrschaftsteilung; Albertiner und Leopoldiner gehen nach 1379 ihren eigenen Interessen nach. Herzog Albrecht III. baut die österreichischen Lande aus, während sein Bruder Leopold III. Ende des 14. Jahrhunderts eine kräftige Erwerbspolitik Richtung Westen und Süden betreibt und dabei Gewinne in Vorarlberg und am Oberrhein (z. B. Feldkirch und Freiburg) zu verzeichnen hat. Triest unterwirft sich ihm freiwillig, und damit haben die Habsburger sogar einen Zugang zur Adria! Aber von Anfang bis Ende des 15. Jahrhunderts muß Habsburg auch Einbußen hinnehmen: 1415 erobern die Eidgenossen den Aargau, 45 Jahre später den ganzen Thurgau.
Weitaus zentralistischer gehen die Wittelsbacher in Baiern vor. Ihr Erfolgsrezept beruht auf einer Art Zentralverwaltung durch Beamte, eingesetzt in einem sowieso schon blockartigen und geschlosseneren Territorium. Hatten sich hier noch um 1200 Anfänge einer Zersplitterung gezeigt, da sich die Bischöfe der Herzogsgewalt zu entziehen drohten, so starben gleichzeitig große Dynastengeschlechter aus und die Wittelsbacher konnten deren Erbe übernehmen. 50 Jahre später hatten sie die Grundlage für einen ›modernen‹ Staat gelegt: zentrale und lokale Behörden und Verwaltungszentren werden eingerichtet, Einschlüsse fremder Herrschaften unnachgiebig verdrängt. Das geschlossene baierische Staatsgebiet entstand in Grenzen, die annähernd noch heute für Altbaiern erkennbar sind. Daneben herrschte man in einigen »Dépendancen«: in der Pfalzgrafschaft bei Rhein seit 1214, der Grafschaft Hennegau südlich Brüssel seit 1346 und der Grafschaft Holland seit

1346. Kaiser Ludwig IV., der Baier, hatte 1324 Margarethe von Hennegau-Holland geheiratet. So entstand eine wittelsbachische Nebenlinie; erst 1433 fiel das Land an die Herzöge von Burgund.

Gegen den fürstlichen Egoismus: Versuche, die kaiserliche Zentralmacht zu stärken

Die Regierungszeit Kaiser Sigismunds (1410–1437) kann in gewisser Weise als Zäsur und Weichenstellung für die weitere Entwicklung der Territorien gesehen werden. Die fürstlichen Aktivitäten behinderten durch ihre Ausschließlichkeit nach wie vor an allen Ecken und Enden die königlichen Versuche, die Reichsgewalt durch Zentralisierung der Behörden zu festigen. Der Ruf nach Reform wurde auch deshalb allenthalben laut und von Sigismund aufgegriffen; er nahm bald eine betont städtefreundliche Politik auf, duldete die Neuerrichtung des Schwäbischen Bundes (siehe folgendes Kapitel) und forcierte damit eine ganz natürliche ›Bremse‹ gegen die Landesherren. Als flankierende Maßnahme wurden ab 1422 die Reichsritter begünstigt – also die kleinen Adeligen, auf deren Kosten der ganze Landesausbau bislang betrieben worden war! Sie sollten sich korporativ zusammenschließen (was jahrelang verboten war) und in ihre Bünde auch Städte aufnehmen dürfen.
Im Norden dagegen legte Kaiser Sigismund den Grundstein für das spätere riesige Brandenburg-Preußen: Der Nürnberger Burggraf Friedrich von Zollern bekam die Mark Brandenburg und bald die Kurwürde. Gleichzeitig achtete Sigismund jedoch darauf, daß der Brandenburger nicht zu expansiv wurde, und stellte ihm deshalb einen potenten Nachbarn zur Seite: der wettinische Herzog Friedrich der Streitbare von Meißen erhielt das Herzogtum Kursachsen dazu. Damit sind für das wettinische Haus um 1450 alle Voraussetzungen gegeben, ein politisches Gravitationszentrum in Mitteldeutschland zu werden.

Verlustliste

Parallel zur Konsolidierung der Landesherrschaft gehen an den Rändern des Reiches Gebiete verloren, oder sie verfolgen eine recht unabhängige Politik. So kommt allmählich die zum Deutschen Reich gehörende Freigrafschaft Burgund unter die Herrschaft Frankreichs: Ende des 14. Jahrhunderts heirateten Herzöge des französischen Burgund dort ein. Ihre Nachfolger erwerben durch Kauf, Erbe oder Heirat im

Belehnung Friedrichs von Hohenzollern mit der Mark Brandenburg 1417
Bericht des Ulrich von Richental

Am 18. April des Jahres 1417 empfing am Oberen Markt [zu Konstanz] der hochwürdige Fürst, Burggraf Friedrich von Nürnberg, vor dem Imbiß um die achte Stunde sein Kurfürstentum, die Markgrafschaft Brandenburg. Und es war da an dem hohen Haus, das »Zu dem Hafen« genannt wird, eine mächtige Tribüne über die Gewölbe hinauf bis zu den Fenstern und vor den Fenstern war ein großer ebener Platz, wo an die dreißig Männer stehen konnten. Dieser Platz war überdeckt mit einem schönen güldenen Tuche, und daneben war er zu beiden Seiten auch bedeckt mit güldenen Tüchern und auch an der Mauer hing ein güldenes Tuch. Und wann einer nach oben sah, da meinte er, es brenne, so glänzte alles von Gold. [. . .]
Da kam unser Herr, der König [Sigismund], und war bekleidet mit einem güldenen Gewand wie ein Evangelist [wie ein Diakon, der in der Kirche das Evangelium singt] und hatte auch eine Chorkappe an seinem Hals und eine hohe güldene Krone auf seinem Haupte. Und man steckte vor ihm zu den anderen Fenstern zwei große brennende Kerzen heraus. Als er herauskam, da standen die Kardinäle und Bischöfe vor ihm auf. Er hieß sie niedersitzen und saß selbst auch auf einem Kissen und kehrte den Rücken der Mauer zu und das Antlitz dem Oberen Markt, so daß ihn jeder sehen konnte. Der Herzog von Sachsen gab ihm die Lilie [als Herrschaftszeichen] in die eine und Herzog Heinrich [Heinrich IV. von Baiern] das Zepter in die andere Hand. Dann legte ihm Herzog Ludwig [von der Pfalz] das Schwert in den Schoß. Da fingen die Posauner und die Pfeifer um die Wette an zu blasen. Danach ward großes Stillschweigen geboten. Während des Schweigens rief man Burggraf Friedrich auf. Der stieg von seinem Roß und trat vor den König. Neben ihm trug man die zwei Banner [von Nürnberg und der Markgrafschaft Brandenburg]. Als er hinaufkam und vor dem König niederkniete, nahm er ein jegliches Banner in seine Hand. Dann ward ihm vorgelesen, was er dem Heiligen Reich schwören und besiegeln sollte. Als die Briefe verlesen waren, gab unser Herr, der König, die Lilie und das Zepter zurück. Hierauf nahm Ludwig das Schwert aus dem Schoß des Königs, hob es hoch empor und steckte die Spitze in des Königs Krone. Da nahm der König die zwei Banner, jegliches in eine Hand. Nun schwor Burggraf Friedrich vor all der Welt. Dann nahm der König die Banner und belehnte ihn mit dem Kurfürstentum, der Markgrafschaft und auch der Burggrafschaft Nürnberg. Und es posaunten alle Posauner und pfiffen alle Pfeifer, und darauf ritt jeder heim.

Aus: Chronik des Konstanzer Konzils von Ulrich von Richental (ein Bürger der Stadt Konstanz, der um 1437 starb, das Konzil als Augenzeuge miterlebte und darüber tagebuchartige Aufzeichnungen führte).
Nach der Übertragung von G. Erler

folgenden Jahrhundert die Reichslehen Namur, Brabant und Limburg, Hennegau, Holland und Seeland und schließlich 1443/62 Luxemburg. Herzog Karl der Kühne erobert 1477 Lothringen.
1443–1450 liegen die Habsburger mit den Eidgenossen im Krieg, bei dessen Ende Österreich fast allen Besitz südlich des Bodensees und links des Rheins verloren hat. 1460 geht schließlich Holstein an Dänemark, sechs Jahre später fallen das Kulmer Land und Ermland an Polen, dem es nach langwierigen Auseinandersetzungen mit Brandenburg und dem Deutschen Orden auch gelang, das Herzogtum Pommerellen mit Danzig zu seinem Besitz zu schlagen.
Nach dem Tod Kaiser Sigismunds löst sich der riesige Herrschaftsbereich auf. Matthias Corvinus, König von Ungarn, zieht Schlesien und die Lausitz aus der Erbmasse an sich, aber sein Reich zerfällt rasch. – Dänemark und Schweden, an der Gegenküste zu Mecklenburg und Pommern, sind die ausländischen Mächte, die stets versuchen, in diesen Gebieten Fuß zu fassen. In Mecklenburg gelingt dies den dänischen Königen im 12. und 13. Jahrhundert. Umgekehrt greift ein mecklenburgischer Herzog, Albrecht III., nach Schweden aus und läßt sich dort 1364 zum König wählen. Trotz dieser Übergriffe und trotz reichlich geübter Teilungspraxis gelingt es auch in Mecklenburg, eine Landesherrschaft zu behaupten und auszudehnen. Ihre Grenzen sind das Herzogtum Sachsen-Lauenburg und die Stadt Lübeck, dahinter das Herzogtum Holstein, im Osten das Herzogtum Pommern und die Markgrafschaft Brandenburg. Die Süd- und Südostgrenze ist umstritten, es gibt Grenzstreitigkeiten mit Brandenburg.

Literatur

Bader, Karl S.: Der deutsche Südwesten in seiner territorial-staatlichen Entwicklung, Sigmaringen 1978
Brunner, Otto: Land und Herrschaft – Grundfragen der territorialen Verfassungsgeschichte Österreichs im Mittelalter, Darmstadt 1970
Geschichte der deutschen Länder, Territorienploetz. 1. Band: Die Territorien bis zum Ende des alten Reiches, hrsg. von Georg Wilhelm Sante, Würzburg 1974
Goetz, Werner: Der Leihezwang, Tübingen 1962
Lieberich, Heinz: Landherren und Landleute. Zur politischen Führungsschicht Baierns im Spätmittelalter, München 1964
Mager, Wolfgang: Zur Entstehung des modernen Staatsbegriffs, 1968
Patze, Hans (Hrsg.): Der deutsche Territorialstaat im 14. Jahrhundert, 2 Bde., Sigmaringen/München 1970

CHRISTIAN ROEDIG

Städte und Städtebünde

Die Landflucht geht weiter – Alle Bürger sind nicht gleich – Wer soll die Stadt regieren: Kaufherren oder Handwerker? – Sozialer Unfrieden hinter den Mauern – Äußere Bedrohung durch Ritter und Fürsten – Sicherheit und Ordnung durch friedliche Einigung oder Waffengewalt? – Das Scheitern der Städtebünde.

Seit dem Ausgang des Mittelalters haben die Städte Größe, Reichtum und Ruhm ihrer Gemeinwesen in genauen Darstellungen, vor allem Holz- und Kupferstichen, sich und der Umwelt vorgeführt: aus Freude am Bild der Stadt, aber auch als Ausdruck bürgerlichen Selbstbewußtseins. Die Stadt erscheint als ein von außen betrachtetes und zu betrachtendes Ganzes, als ein Kunstwerk, in dem es nichts Unfertiges und Mißlungenes gibt. Vielfach ist die Perspektive so gewählt, als schwebe der Betrachter in einem Fesselballon in mäßiger Höhe über die Stadt hinweg. Die Vogelschau ermöglicht es dem Künstler, alle monumentalen Bauten in das Bild zu bringen, die Befestigungsanlagen mit ihren Türmen und Toren, das Rathaus oder Zeughaus, vor allem aber die vielen Kirchen und Klöster, die auf den Darstellungen grundsätzlich überhöht erscheinen: Höhe gilt dem mittelalterlichen Menschen als Zeichen von Macht und Gottesnähe. Die Giebel und Türme interessieren den Künstler, nicht die Straßen und Plätze, an denen die Häuser liegen.

Viele Einzelheiten führen dem Betrachter vor, daß das Leben hinter den Mauern anderen Zwecken oder Idealen folgt als das Leben auf dem Lande. Hafenszenen zeigen Schiffe jeder Art und Größe. Im Gegensatz zum dörflichen Leben ist die Stadt weltoffen, angeschlossen an ein Fernhandelsnetz, das ganz Europa verbindet, bevölkert von weitgereisten Kaufleuten ...

Diese Ansichten zeigen die Stadt auf dem Höhepunkt ihrer kulturellen und wirtschaftlichen Macht. Für viele dieser Städte, die zeitweise in eine auch politisch führende Stellung aufstiegen, dauerte diese Hochblüte jedoch nur kurze Zeit. Die zunehmende Macht der Fürsten bedrohte die politische Selbständigkeit der Städte. Die unternehmerische Aktivität der Kaufleute brachte ihnen Reichtum, aber auch die

Das Bild der spätmittelalterlichen Stadt. *Regensburg mit seinen Befestigungsanlagen, dem Münsterturm und Geschlechtertürmen, vermittelt bis heute einen intensiven Eindruck mittelalterlicher Städtegestaltung.*

Armut breitete sich aus. Von den sozialen Verhältnissen verraten die zeitgenössischen Bilder wenig. Erst die Neuzeit hat das Elend der Städte als künstlerisches Motiv entdeckt.

Nur jeder sechste Deutsche ein Stadtbewohner

Die Begegnung mit mittelalterlichen Großbauten verführt leicht dazu, die städtischen Einwohnerzahlen zu überschätzen. So errichteten die Bürger von Ulm ein Münster, das mehr Menschen Platz bot, als in der

Stadt lebten. Mit einer Einwohnerzahl bis zu 20000 Bürgern gehört Ulm bereits zu dem exklusiven Kreis von nur etwa 20 Städten, die schon im Spätmittelalter mehr als 10000 Einwohner zählten (siehe *K, unten*). Städtisches Lebensgefühl vermittelten in dieser Zeit vor allem die zahlenmäßig stark vertretenen Mittelstädte, die vom Gewerbefleiß der Handwerker oder dem aufblühenden Bergbau lebten und Anschluß an den Fernhandel gefunden hatten. Nur etwa 45 dieser Städte erreichten Einwohnerzahlen von mehr als 2000, immerhin 200 Städte von mehr als 1000 Einwohnern.

Kaum mehr als Städte, auch nach mittelalterlichen Vorstellungen, sind die rund 2800 Orte zu bezeichnen, die zwar Stadt genannt wurden, in denen jedoch die Landwirtschaft das Alltagsleben bestimmte. Suhlenden Schweinen konnte der Besucher freilich auch in den Gassen der

Städte in Europa am Ende des Mittelalters

Deutsche Städte / **Großstädte in Europa**

Gesamtzahl der Städte:	*Einwohnerzahlen*	*Anzahl der Städte:*		
fast 3000	*unter 1000*	*ca. 2800*	*Rom*	*40000*
	1000–2000	*ca. 150*	*Florenz*	*50000*
	2000–10000	*20–25*	*Gent*	*50000*
	10000 und mehr	*20*	*Brügge*	*50000*
			London	*50000*
			Venedig	*90000*
			Neapel	*150000*
			Paris	*200000*

Deutsche Städte mit mehr als 10000 Einwohnern

Frankfurt/M.	*15000*	*Hamburg*	*22000*
Braunschweig	*16000*	*Nürnberg*	*22000*
Augsburg	*20000*	*Danzig*	*22000*
Worms	*20000*	*Lübeck*	*25000*
Rostock	*20000*	*Straßburg*	*25000*
Ulm	*20000*	*Köln*	*40000*
Breslau	*20000*		

Die Einwohnerzahlen der einzelnen Städte können nur geschätzt werden, da für die meisten Städte nur die Bürger, d.h. die Inhaber des Bürgerrechts, registriert worden sind, nicht aber die Nichtbürger, deren Anteil teilweise bis zur Hälfte der Einwohner ausmachte.

(Zahlenangaben in der Literatur weichen stark voneinander ab. Zur Orientierung empfohlen: Friedrich-Wilhelm Henning, Das vorindustrielle Deutschland 800 bis 1800 Paderborn [UTB Schöningh 398] 1977, 3. Aufl.)

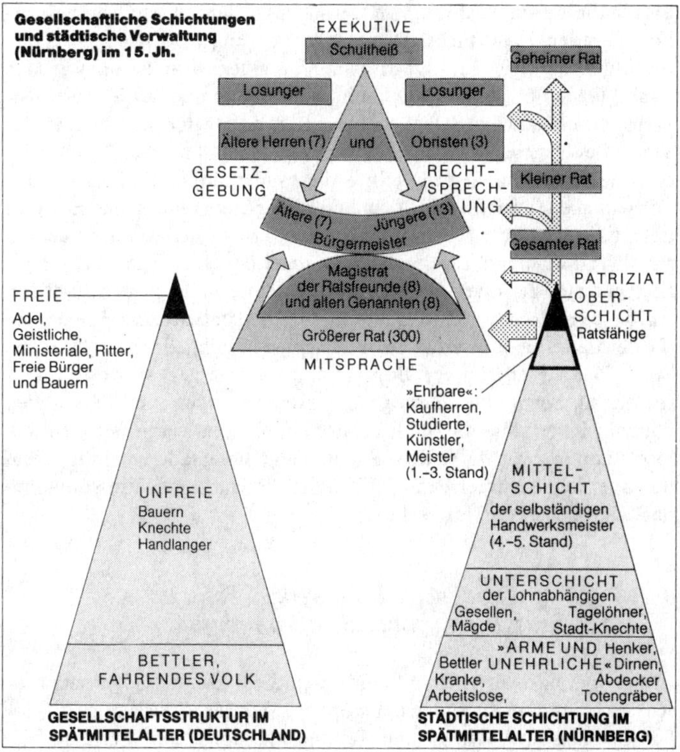

Metropolen begegnen: Fast jeder Stadtbewohner unterhielt etwas Kleinvieh, und versickernde Jauche verschärfte das Seuchenproblem, zumal eine Kanalisation fehlte. Das enge Zusammenleben erhöhte zusätzlich die Ansteckungsgefahr. So wird es verständlich, daß die durchschnittliche Lebenserwartung des Städters niedriger war als die des Landbewohners.

Mit dem Anstieg der Einwohnerzahlen wurden die anfangs weit umlaufenden Mauern zu engen Umklammerungen. Als in Nürnberg 1462 der Stadtbereich mit einem dritten und letzten Mauerring mehr als verdoppelt wurde, umschloß die Mauer 126 Hektar. Innerhalb dieser Mauern lebten um 1500 mehr als 30000, um 1600 bereits bis zu 60000 Menschen. Doch Enge fand der mittelalterliche Mensch schön, für hygienische Probleme hatte man noch wenig Sinn!

Sprunghaft stieg die Zahl der Städte in der Zeit von etwa 1200 bis 1500, also in dreihundert Jahren, von 250 auf rund 3000 an: ein Ergebnis der andauernden Landflucht. Diese Abwanderung in die Städte veränderte den überwiegend agrarischen Charakter Mitteleuropas jedoch kaum: Gegen Ende des Mittelalters war immer noch nur jeder sechste Deutsche ein Städter. Selbst noch um 1800 betrug der Anteil der städtischen Bevölkerung an der Gesamtbevölkerung nur etwa 20 Prozent; erst die Industrialisierung kehrte dieses Verhältnis Stadt/Land um. Die Chancen für den Landflüchtigen, in der Stadt eine eigene Existenz aufzubauen, zu heiraten und zu Wohlstand zu gelangen, verschlechterten sich zunehmend. Zwar galt noch immer der Grundsatz, daß ein geflohener Höriger oder Leibeigener nach einem Jahr in der Stadt frei wurde, wenn ihn bis dahin nicht sein Herr aufstöberte. Die Freiheiten, die der Landflüchtige erlangte, unterschieden sich jedoch von Stadt zu Stadt. Die Verleihung von Bürgerrechten wurde jetzt in vielen Stadtrechten an bestimmte Vermögensgrenzen gebunden, um die sozialen Unterschichten, die die Stadt belasteten, nicht zu vergrößern. Mittellose standen zwar unter dem Rechtsschutz der Stadtgemeinde, besaßen aber keine Bürgerrechte. Oft zählte die Hälfte der Einwohner einer Stadt zu dieser Unterschicht.

Tagelöhner, Handwerker, Patrizier
Krasser Gegensatz zwischen arm und reich

In der spätmittelalterlichen Stadt bestand ein krasser Gegensatz zwischen arm und reich. Wie der Historiker Erich Maschke schildert, wurden in Augsburg, der großen Textilproduktions- und Fernhandelsstadt, 1512 von etwa 18000 Einwohnern 5840 Bürger zur Steuer veranlagt. 2838 Bürger waren steuerfrei aus Armut. Als »Habnits« bezeichnete man in Augsburg die Besitzer kleiner Vermögen, die 10 Gulden Steuer zu zahlen hatten, was immerhin dem Jahresverdienst eines Tagelöhners oder 20 Pfund Butter entsprach. 2773 Bürger, d.h. 47,5 Prozent, gehörten zu dieser Gruppe, die sich aus den kleinen, weniger konkurrenzfähigen Handwerkern und Krämern zusammensetzte. Überraschend gering ist der Anteil des wohlhabenden, erfolgreichen Mittelstandes; nicht mehr als 3,5 Prozent zahlten zwischen 10 und 100 Gulden. Über 100 Gulden Steuer brachten 28 Bürger auf, also 0,5 Prozent.

Die Vermögensunterschiede in den deutschen Städten waren allerdings unterschiedlich stark ausgeprägt. So gab es in den hansischen Städten einen relativ breiten Mittelstand, der aus dem Handel, dem Handwerk, dem Transportwesen und dem Brauwesen kam. Und bei aller Skepsis gegenüber Vermögensschätzungen läßt sich festhalten, daß insbesondere in den oberdeutschen Fernhandelsmetropolen riesige Vermögenswerte angehäuft wurden, auch wenn nicht jeder Unternehmer ein Jakob Fugger war: Dieser ›Rockefeller des Spätmittelalters‹ machte in 17 Jahren 927 Prozent Gewinn.

Des Reichtums mußte man sich in der mittelalterlichen Stadt nicht schämen. Geldvermögen galt als ein Gottesgeschenk, als Gnade. Ein Frachtbrief aus Reval lautete zum Beispiel: »Im Namen Gottes ein Faß Pelzwerke.«

In Ravensburg eröffnete eine Handelsgesellschaft den Geschäftsbericht mit dem Wunsch: »Damit uns Gott die Gnade täte, damit wir eine gute Rechnung hätten.« Kaufleute zogen mit den Worten Bilanz: »Gott gab Gnade, großes Glück und Gewinn.« Während sich heute in der Oberschicht in puncto Mode eine betonte Unauffälligkeit durchgesetzt hat, die allerdings in der Regel auch kaum billig zu erwerben ist, war der Repräsentationswille in der mittelalterlichen Stadt stark ausgeprägt: Ein Augsburger Handelsherr, der Unterschlagungen begangen hatte, wurde nicht inhaftiert oder der Stadt verwiesen. Er wurde dadurch bestraft, daß er fortan keinen Marder, keine Seide und anderes tragen durfte, wie es in einer Quelle heißt.

Städtische ›Luxusordnungen‹ verhinderten, daß sich der einfache Bürger im Eifer, es den Reichen gleichzutun, in übertriebenen Aufwand stürzte, sich am Ende gar verschuldete und die städtische Armenpflege belastete. So verbot – wie in so vielen Städten – eine Verordnung des Kölner Rates von 1476 dem Bürger das Tragen von Pelzen, Edelsteinen, Gold und Silber. Kleider mußten aus einheimischen Stoffen, d. h. aus grobem Linnen sein, und alle »anstößigen Kürzen und Ausschneidungen« waren zu vermeiden. (Nach H. D. Schmid: Fragen an die Geschichte, Band 2.)

Natürlich fragte auch der mittelalterliche Mensch nach den Ursachen sozialer Ungleichheit. Die Antwort, die er fand, war jedoch wenig geeignet, etwa revolutionäre Ideen zu fördern: Armut galt als etwas Unvermeidliches, ja Gottgewolltes, nicht anders als Krankheit und Tod. Jedermann, der Arme wie der Reiche, so lehrte die Kirche, hat sich dereinst vor dem Weltgericht zu verantworten, wie er das ihm zugeteilte Schicksal getragen hat. Der Vermögende brauchte also gute Werke und die Fürbitte der Armen für das eigene Seelenheil. Zahllose Stiftungen entstanden aus diesem religiösen Bewußtsein. Ein bekanntes Beispiel ist die noch heute bestehende Fuggerei, eine kleine Siedlung für 100 Familien, die Jakob Fugger »für etliche Arme, bedürftige Bürger, Handwerker und Tagelöhner, die nicht betteln wollen«, in Augsburg errichtete.

Bürgerliche und höfische Wohnkultur und Handwerkskunst. *Links oben: Sogenannter »Riesenofen« aus Gußeisen (1501). Coburg, Veste. – Rechts oben: Innungs-Deckelkanne aus Zinn (um 1500). Dresden, Zwinger. – Unten: Westfälische Stollentruhe aus Eichenholz mit Beschlägen und Eisenbändern (1577). Münster, Landesmuseum für Kunst- und Kulturgeschichte.*

Zünfte kämpfen mit den Patriziern um die Mitregierung

Im Spätmittelalter hatte sich die Idee der Selbstverwaltung allgemein durchgesetzt. Überall bildeten sich Stadträte, doch nur die Patrizier galten ursprünglich als ratsfähig. Patrizier nannten sich nach römischem Vorbild die Mitglieder der Oberschicht, meist Fernhandelskaufleute. Diese patrizische Oberschicht besetzte die Sitze im Rat und das Bürgermeisteramt, nahm die Marktaufsicht wahr, bestimmte Preise und Zölle und übte die niedere Gerichtsbarkeit aus. Die städtischen Ämter galten ihr als Pfründen, die häufig verpachtet und sogar vererbt wurden. Viele Patrizier führten Übernamen, die uns zeigen, worauf es in der städtischen Politik ankam: Mathäus Reich, der Regensburger Kaufherr, vermachte 1367 seinen vier Söhnen nicht nur das Unternehmen und ein umfangreiches Vermögen, das in Immobilien und Kleinodien angelegt war. Zur Erbmasse gehörte auch das Münzamt und das Braurecht der Stadt.

Seit dem 13. Jahrhundert erkämpften sich in vielen Städten, so in Köln, Frankfurt, Ulm und Augsburg, die in Zünften zusammengeschlossenen Handwerker die Beteiligung am städtischen Rat, nicht selten unter Führung nichtpatrizischer Kaufleute. Meist verliefen diese Kämpfe blutig, nur gelegentlich friedlich. »Sechs ehrenwerte Meister traten vor den Rat«, heißt es in der Augsburger Stadtchronik über die Ereignisse des 23. Oktober 1368, »und Hans Weiß forderte in schlichten Worten die Teilnahme der Zünfte an der städtischen Regierung.« (Nach W. Hug: Geschichtliche Weltkunde, Band 1.) Nach stundenlangen Debatten gaben die Ratsherren schließlich nach. »Reich und arm«, Patrizier und Zunftmeister, schworen auf eine neue Stadtverfassung, in der beide Gruppen im Rat saßen und je einen Bürgermeister stellten.

Das Einlenken der Patrizier hatte allerdings handfeste Gründe. Die Zünfte übten militärische Aufgaben aus und verteidigten, nach Berufsgruppen organisiert, die Stadtmauern. Hans Weiß, der Kellermeister der Weberzunft, hatte die Zünfte bewaffnet am Perlachturm versammelt, die Stadttore waren geschlossen worden, das Rathaus umstellt, so daß die Ratsherren also in der Falle saßen, als sie ihren historischen Beschluß faßten.

Nur wenige Städte wurden allein oder vorwiegend von Zünften regiert. Vielfach gewannen die Patrizier die Vorherrschaft zurück, so auch 1548 in Augsburg.

In der Beteiligung der Zünfte am Stadtregiment eine demokratische Neuerung zu sehen, wäre ein Mißverständnis: Um sich in der städtischen Politik einsetzen zu können, brauchte man Zeit und Geld. Bei-

Tägliches Leben in Stadt und Land. *Rechts: Kriegsleute, wie sie im Spätmittelalter auch die Städte verteidigten. Federzeichnung von Dürer, 1489. Berlin, Kupferstichkabinett. – Unten: Bäuerliches Leben um 1500. Nach Sebastian Brant in »Vergil«, 1502. – Oben Mitte: Handwerker vom Riemenschneider-Grabmal Kaiser Heinrichs und Kaiserin Kunigundes (1499–1513). Bamberg, Dom. – Oben, rechts außen: Nürnberger Magd des 16. Jahrhunderts. Holzschnitt von Jost Amman.*

Ausbau der Spätmittelalterlichen Städte. *Das Anwachsen der städtischen Bevölkerung, aber auch die politischen Spannungen machten einen ständigen Ausbau der Städte und ihrer Wehranlagen nötig. Bautechniken der Zeit zeigt dieser Holzschnitt aus der »Chronik von Köln«, 1499. Baumeister (mit Winkelmaß), Steinmetze, Maurer sind ebenso zu erkennen wie der typische Tretkran.*

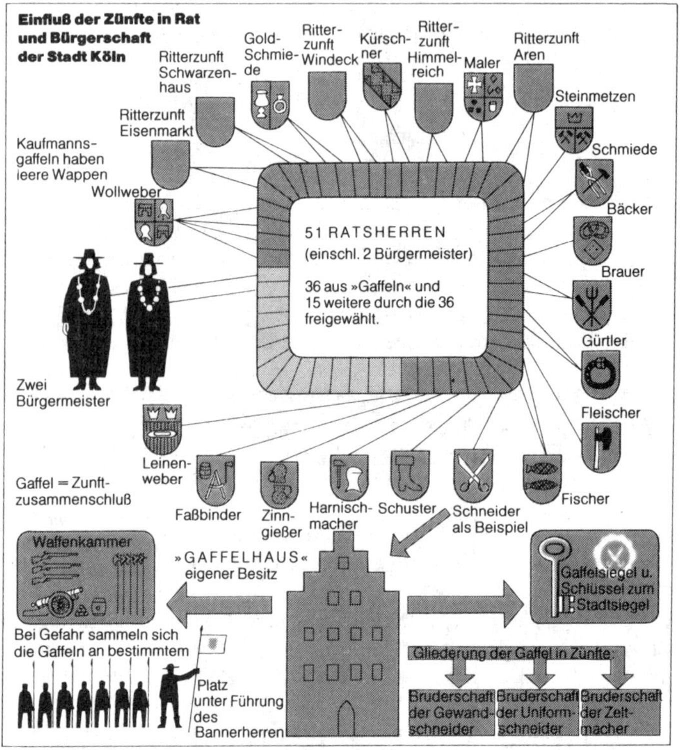

des fehlte der breiten Masse der Handwerker. Viele Zünfte galten zudem nicht als ratsfähig, so häufig die Weber und Schneider, während andere, oft kleine, aber angesehene Zünfte wie die Goldschmiede, im Rat saßen.

Nicht nur zwischen den Zünften, auch innerhalb der jeweiligen Berufsgruppe bestand eine soziale Rangordnung, die sich z. B. in einem Festessen der Kölner Bäckerzunft aus dem 15. Jahrhundert ablesen läßt. Während die Zunftoberen in der »mit feinem Webstoff ausgestatteten« Herrenstube »auf guten Kissen« Platz nahmen, um mit den Herren Bürgermeistern zu tafeln, so berichtet der Chronist, saßen die übrigen Meister auf Holzbänken im Saal. Letztere erhielten nur halbe Portionen, die allerdings immer noch gewaltig waren, wenn wir die Speisenfolge lesen. Sie umfaßte drei Gänge in dieser Reihenfolge: eine Bratschüssel mit gutem Pfeffer, wohlbestreut mit Zimt, einen Entenvogel, zwei Schmalzpasteten, ein Stück Sülze und zwei Schöpflöffel Reis, ein gutes Brathuhn gespickt mit Pfirsichen und eine Schüssel mit Gebäck, dazu alten und neuen Wein.

Soziale Spannungen und Bürgerproteste

Die Zünfte waren kaum je imstande, eine über die rein egoistischen Interessen ihrer Berufsgruppen hinausführende Politik zu betreiben. Es herrschte Zunftzwang, so daß jeder Handwerker, wenn er ein Gewerbe in der Stadt ausüben wollte, einer Zunft angehören mußte. Die Meisterzahlen waren begrenzt. Wollte man nicht als eheloser Altgeselle bis an sein Ende das Brot des Meisters essen, so blieb die Heirat mit der ungeliebten Meisterstochter oder gar Meisterswitwe oft als einziger Weg zur Selbständigkeit. Bereits im Jahre 1329 traten deshalb die Breslauer Gürtlergesellen in einen Ausstand gegen die Zunftordnung, der ein Jahr dauern sollte und vom Rat der Stadt mit Aussperrung beantwortet wurde. Dieser Ausstand gilt als erster Arbeitskampf der deutschen Geschichte.
Einen ständigen Unruheherd bildeten vor allem auch die armen Weber in den Zentren des Textilgewerbes wie Köln, Augsburg oder Konstanz.
Insgesamt brachen im Spätmittelalter in über 100 verschiedenen Städten über 200 oft blutige Unruhen aus. Die Ursachen waren vielfältig: so kostete zum Beispiel das allgemeine Baufieber, das sich vor allem im Neubau von Kirchen, Rathäusern und Bastionen manifestierte, Unsummen. Deshalb rotteten sich im Jahre 1482 Bürger Kölns zusammen, um u. a. einen Baustopp für städtische Neubauten durchzusetzen. Die Bürgerproteste richteten sich vor allem gegen die Steuerpolitik der Obrigkeit, die jede Ware und Dienstleistung, und sei es der Empfang der Sakramente, mit Abgaben belegte. Verbrauchssteuern trafen damals wie heute den Ärmeren weit härter als den Besitzenden.
Aus unserer Sicht stellt sich die mittelalterliche Stadt als Steuerparadies für Großverdiener dar. Während heute für Spitzeneinkommen ein Höchstsatz von 56 Prozent zu zahlen ist, war damals der Steuersatz für alle Bewohner gleich und betrug meist unter acht Prozent.
Die wachsende Furcht der Obrigkeit vor gewaltsamen Veränderungen spiegelt sich in zahlreichen Polizeiordnungen wider, die jede unangemeldete Zusammenkunft und das heimliche Waffentragen unter harte Strafen stellten. Auf Anstiftung zum Aufruhr stand die Todesstrafe. Politische Freiheitsrechte, etwa ein Recht auf Meinungs- und Versammlungsfreiheit, hatte der Stadtbewohner nicht.

Ziel aller Städte: Die Erhebung zur freien Reichsstadt

Zum Sinnbild städtischer Freiheit und Selbstregierung ist der steinerne Roland geworden, der 1404 im Zusammenhang mit dem Bau des Bremer Rathauses entstand und von anderen norddeutschen Städten nach der Erringung der Unabhängigkeit ebenfalls aufgestellt wurde. Sein Blick ist auf den gegenüberliegenden Dom des Erzbischofs gerichtet. Die Umschrift auf dem Schild lautet: »Freiheit ist euch offenbar, die Karl [der Große] und mancher Fürst fürwahr dieser Stadt gegeben hat, der danket Gott, ist mein Rat.«
Der Roland, ein sagenhafter Kampfgenosse Karls des Großen, trägt das zweischneidige Schwert als Zeichen, daß Bremen eine von einstigen erzbischöflichen Stadtherren freie Stadt ist und als Reichsstadt dem König allein untertan. Als »freie« Stadt konnte sich nur diejenige Stadt bezeichnen, die durch den Erwerb der stadtherrlichen Rechte zum ›eigenen Herrn im Hause‹ geworden war. Alle Städte des Mittelalters haben diese Selbständigkeit angestrebt. Doch nicht einmal alle Städte, die den Namen »freie Reichsstadt« führten, waren in Wirklichkeit unabhängig. Auch waren die Rechte, die einzelne Städte besaßen, von Jahrhundert zu Jahrhundert, von Landschaft zu Landschaft verschieden. Eine Kölner Chronik von 1490 nennt 90 Reichsstädte. In Wirklichkeit dürften es 105 gewesen sein, zu denen auch Städte wie Aalen, Biberach, Bopfingen, Isny, Pfullendorf oder Windsheim zählten. Die meisten Reichsstädte lagen in Franken und Schwaben, am Rhein und im Küstenbereich von Nord- und Ostsee.
Das Recht, eine »freie Stadt« zu sein, mußte durch königliches Privileg bestätigt werden, durch eine königliche Urkunde also, in der alle Vorrechte, die sich aus der Reichsunmittelbarkeit für die Stadt ergaben, aufgeführt waren. Diese Vorrechte betrafen vor allem die militärische und wirtschaftliche Unabhängigkeit der Stadt, wie das Beispiel der Stadt Köln zeigt, die 1355 durch Karl IV. zur freien Reichsstadt erhoben wurde. Die Stadt hatte das Recht, sich mit Mauern zu umgeben, was auch das Recht zur selbständigen Verteidigung einschloß. Neben dem Marktrecht und der Zollfreiheit erhielten die Kölner Bürger das Recht, nicht für die Schulden der Erzbischöfe zu haften, was angesichts deren Lebensstil ein besonderes Vorrecht darstellte. Aber auch das Stapelrecht, wonach Schiffe von oberhalb und unterhalb des Rheins ihre Waren in Köln aufstapeln, d.h. zum Ortspreis feilbieten und dann zum Weiterhandel Kölner Kaufleuten überlassen mußten, wird hier bestätigt. Köln ist nicht zuletzt »durch den Stapel« reich geworden. Die besondere Stellung der Reichsstädte wird am deutlichsten, wenn man ihre wirtschaftlichen Vorrechte genauer betrachtet.

Wachsender Reichtum der Städte – dokumentiert in Rathausbauten.
Das spätgotische Braunschweiger Altstadtrathaus entstand im 14. und 15. Jahrhundert. Die Pfeiler der Arkaden schmücken Herrscherfiguren.

Handel erfordert Frieden – Raubritter und Städtebündnisse

Der Wohlstand der Städte hing in hohem Maße von der Sicherheit der Verbindungswege ab, die aber immer wieder durch Raubzüge des umliegenden Adels bedroht wurde. Der einst »edel gesinnte« Ritter der Stauferzeit war zum gefürchteten Raubritter heruntergekommen, nicht zuletzt, weil er mit dem Aufkommen der Landsknechte und der Feuerwaffen seine militärische Aufgabe und damit einen Teil seines gesellschaftlichen und wirtschaftlichen Status verloren hatte. Wer von den Rittern nicht als Söldnerführer in den Dienst eines Fürsten oder einer Stadt trat, dem drohte Verarmung und sozialer Abstieg. Viele Ritter verschafften sich deshalb mit Gewalt, was sie für ihr Recht hielten. Sie benützten das Fehderecht, das früher durch strenge Vorschriften geregelt war, zu Überfall, Raub und Mord. Ihre Opfer suchten und fanden sie auf den Straßen, die an ihren Burgen vorbeiführten. Wurden von den Reisenden Straßen- oder Brückenzölle verweigert, dann beraubten sie die verhaßten Kaufleute oder schleppten diese am Pfeffer- und Gewürzhandel reich gewordenen »Pfeffersäcke« in ihre Räuberhöhlen, um von ihnen hohe Lösesummen zu erpressen. Ritter Götz von Berlichingen berichtet über eine Nürnberger Fehde um 1520: »Ich wußte, daß die Nürnberger über Würzburg zur Frankfurter Messe zogen. Im Spessart kundschaftete ich sie aus und warf sechs von ihnen nieder; darunter war ein Kaufmann, den ich bereits zum drittenmal in diesem halben Jahr gefangen und an seinem Gut geschädigt hatte. Die anderen waren Ballenbinder zu Nürnberg. Ich ließ sie niederknien, als wollte ich ihnen die Köpfe und Hände umhauen; aber es war nicht mein Ernst, sondern ich trat dem einen nur mit dem Fuß in den Hintern, dem anderen gab ich eine hinters Ohr.« (Aus: »Lebensbeschreibungen des Ritters Götz von Berlichingen«, in: Schmid, H. D.: Fragen an die Geschichte, Bd. 2, Frankfurt.)

Die Strafen waren hart, mit denen die Städte sich gegen diese Übergriffe zur Wehr setzten: Waldungen wurden verwüstet, Höfe angezündet und Knechte gefangengenommen, die adeligen Straßenräuber nicht selten getötet. Aber längst waren an dem Geschäft, das sich mit der Wehrlosigkeit reisender Kaufleute machen ließ, nicht nur verarmte Ritter beteiligt. Nürnberg stand 1449 unter anderem mit 27 Fürsten und 40 Grafen in Fehde!

Das Reich war nicht in der Lage, den Frieden zu garantieren. Aber Handel erfordert Frieden und Sicherheit auf den Straßen. Bereits 1254, also inmitten der durch die kaiserlose Zeit bedingten Wirren, schlossen deshalb Mainz und Worms ein »Ewiges Bündnis« zur Errichtung eines allgemeinen Landfriedens und zum Schutz gegen die

Zollwillkür der großen und kleinen Herren am Oberrhein. Nachdem sich der Bund rasch rheinauf und -ab bis Basel und Köln erweiterte, auch in Süddeutschland und Westfalen Anhänger fand und schließlich über 70 Städte von Zürich bis Bremen, von Aachen bis Mühlhausen in Thüringen umfaßte, sahen sich auch geistliche und weltliche Fürsten gezwungen, um nicht als Friedensstörer zu gelten, dem Bündnis beizutreten. 1255 erkannte der schwer um seine Stellung ringende König Wilhelm von Holland den Bund an. Doch der Anspruch des Bundes, Vorkämpfer einer neuen Friedensordnung und der Reichseinheit zu sein, löste sich in nichts auf, als es zwei Jahre später im Kampf um die Königswürde zur Doppelwahl kam. Wegen des Englandhandels unterstützten die Städte der werdenden Hanse, angeführt von Lübeck, Richard von Cornwall, während der Rest des Bundes seinen Vorteil im Anschluß an den Gegenkönig Alfons von Kastilien suchte.

Das Bild der spätmittelalterlichen Stadt.
Links: Das charakteristische Aussehen der ›gotischen‹ Stadtlandschaft mit enggedrängten steilen Giebeln und Dächern hinter alles umziehenden Stadtmauern, überragt von den Türmen und Schiffen der Kirchen. Modell von Ingolstadt. München, Bayerisches Nationalmuseum. Rechts: Niederrheinische Stadt im 15. Jahrhundert. Federzeichnung von 1491. Erlangen, Universitätsbibliothek.

Links: Altstadtrathaus Braunschweig, Gesamtansicht (siehe auch Detailaufnahme Seite 105). – Rechts: Fachwerk-Rathaus von Wolfenbüttel (1590).

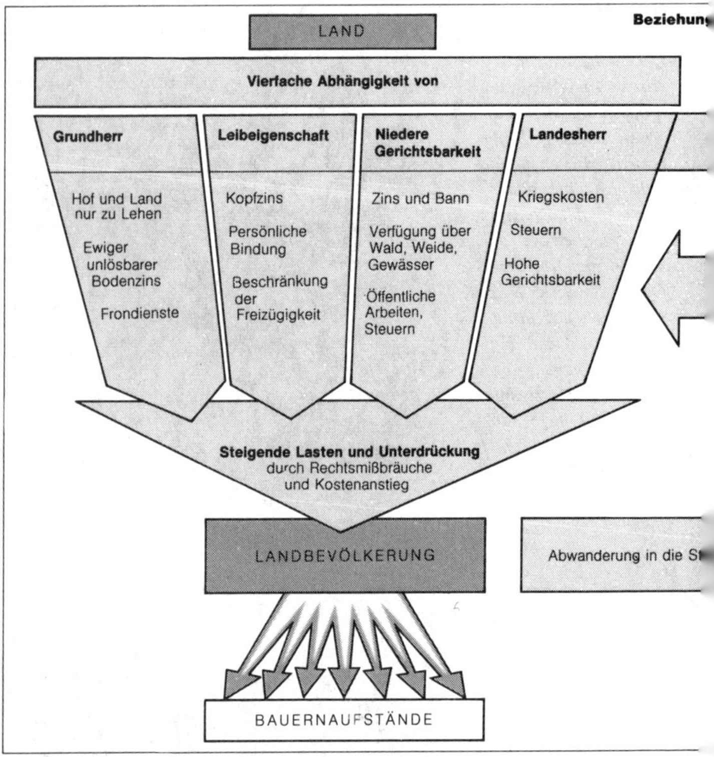

Territorien und Landesherrschaften, Städte und Fürsten

Doch die Städte zogen auch Nutzen aus dem Machtverfall des deutschen Kaisertums, der mit dem Ende der Staufer (1250) einsetzte. Und nicht nur sie: Zahlreiche adelige Herren konnten ihren Machtbereich auf Kosten des Reiches und ihrer schwächeren Nachbarn durch Heirat, Erbverträge oder auch Kriege erweitern. Es gelang ihnen, die oft sehr zerstreuten und zersplitterten Besitzungen und die Rechte, die auf Burgen, Städten oder anderen Besitzungen lagen, zu einer einheitlichen Verwaltungs- und Gerichtsordnung zusammenzuschließen und zentral zu verwalten. Das führte zur Ausbildung einer Vielzahl von Territorien oder Landesherrschaften (siehe auch Seite 75). Das Reich bestand nun als lockerer Bund großer, kleiner und kleinster Territorien fort, deren Zahl 1648 auf 2000 angestiegen war.

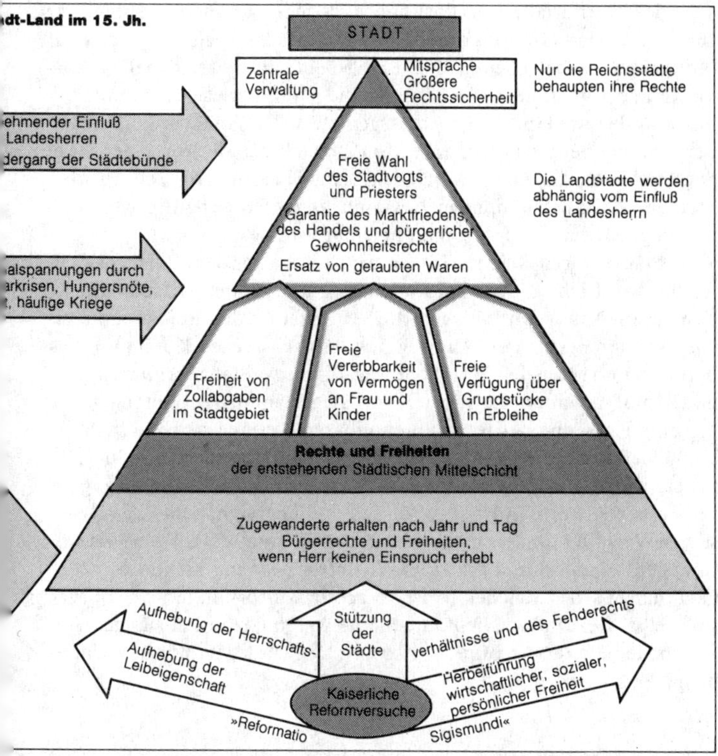

Die Ausdehnungsbestrebungen der Territorialherren mußten zum Konflikt mit den Städten führen, die nicht nur ihre überkommenen Reichsfreiheiten behaupten wollten, sondern selber ihre Hoheitsgewalt über den Umkreis ihrer engen Mauern hinaus auszudehnen suchten. Den besonderen Zorn der Landesherren erregte die Praxis der Städte, auch Bewohnern des Umlandes den Rechtsschutz der Stadt und vielfach die Bürgerrechte zu gewähren. Oft waren diese »Pfahlbürger« ritterliche Herren, die im Kriegsdienst der Städte Unterhalt und Zeitvertreib fanden, manchmal waren es auch Klöster, Stifte, ja ganze Dörfer und Landschaften. Zwar gelang es nur wenigen Städten wie Nürnberg, Ulm oder Hamburg, um die Stadt herum nach der Art kleiner Territorialfürstentümer ein eigenes zusätzliches Territorium aufzubauen, aber eben auch dann, wenn sich ihr Territorium auf das bloße Stadtgebiet beschränkte, stellten die Städte einen Dorn im Flei-

sche der Territorialherren dar: Die städtischen Freiheiten übten eine für die adeligen Grundherren höchst gefährliche Anziehungskraft auf Hörige und Leibeigene aus. Die Landflucht entzog dem Adel Arbeitskräfte und Einnahmen. Gleichzeitig stiegen die Preise, da Handwerk und Handel ihre ländlichen Absatzgebiete meist ohne Konkurrenz anderer Städte beherrschten: eine Monopolstellung, die von jeder Stadt angestrebt wurde. Dies zwang den benachbarten Landesherrn, den Städten Gewinne zukommen zu lassen, an denen er häufig nicht einmal über Steuern und Abgaben beteiligt war.
Viele Städte waren Reichsstädte und als solche nur dem Reich zu Zahlungen verpflichtet. Sehr bald erkannten die Fürsten jedoch, wie sie sich ihren Anteil am wirtschaftlichen Aufstieg der Reichsstädte sichern konnten: auf dem Umweg über ein schwaches Königtum, das politisch und finanziell erpreßbar war. Ihre Loyalität gegenüber Reich und König machten die Fürsten von Zugeständnissen abhängig, die auf eine Preisgabe der reichsunmittelbaren Stellung der Reichsstädte hinausliefen. Städte in ihrer Gesamtheit, häufiger auch einzelne Hoheitsrechte wie städtische Ämter und Steuern wurden vom König an Landesherren verpfändet, also für den Fall übereignet, daß das Reich seinen Verpflichtungen nicht nachkommen konnte. Auf eine Auslösung der Pfänder durch den König zu hoffen, war angesichts des steten Geldmangels des Reiches meist vergeblich, also mußten die Bürger sich selbst freikaufen. Nicht alle Städte waren dazu in der Lage, vielfach bedeutete die Verpfändung so den Verlust der politischen Unabhängigkeit.

Städtebünde und -kriege gegen die Fürsten

Der Widerstand gegen die Bedrohung der Reichsfreiheiten organisierte sich zuerst im Süden und Südwesten, denn hier lag damals der Schwerpunkt der fürstlichen Ausdehnungsbestrebungen. Die gefährlichsten Gegner der oberdeutschen Städte waren die Herzöge von Baiern, die Grafen von Württemberg und die Herzöge von Österreich. Kaiser Karl IV. hatte sich bei den Reichsstädten durch die immensen Wahlkosten für seinen Sohn Wenzel verhaßt gemacht. Im Jahre 1376 schlossen sich deshalb vierzehn oberdeutsche Reichsstädte unter Führung des kriegerischen Ulm zum »Schwäbischen Bund« zusammen, um sich mit Waffen gegen den Verlust ihrer überkommenen Freiheitsrechte zur Wehr zu setzen. Aufforderungen zur Auflösung des Bundes machten auf die Städte keinen Eindruck, auch nicht die Belagerung Ulms durch den Kaiser. Er mußte das Unternehmen wegen des hart-

näckigen Widerstandes der Stadt aufgeben und überließ die Abrechnung mit den Rebellen dem Baiernherzog und den Grafen von Württemberg.
Graf Eberhard II. von Württemberg waren beim Ausbau seiner Landesherrschaft besonders die vielen Reichsstädte in Schwaben hinderlich. Doch ein Heer des Grafen unter der Führung seines Sohnes Ulrich wurde 1377 bei Reutlingen von den Städten geschlagen, der Städtebund gewann an Macht und weitere Mitglieder: Städte in der Schweiz, im Elsaß, am Mittelrhein und in Franken und Baiern schlossen sich ihm an, auch die durch die baierischen Herzöge bedrängten Reichsstädte Nürnberg und Regensburg. Mit dem »Schwäbischen Städtebund« vereinigte sich ein 1381 neu gegründeter »Rheinischer Bund«, der gegen den »Löwenbund«, eine Einigung der verarmten Ritterschaft, antrat. Jeder Zustrom brachte den Städten neue Gegner. Dennoch schlugen sich sogar Herzog Leopold III. von Österreich und der Erzbischof von Salzburg zeitweise auf die Seite der Städte, überaus zweifelhafte Vertreter städtischer Interessen, wie sich versteht.
Der Krieg ging weiter, unterbrochen von Kampfpausen, in denen die Parteien über einen Ausgleich verhandelten. Schließlich schlug Graf Eberhard bei Döffingen die schwäbischen Städte (1388), die rheinischen Städte unterlagen kurze Zeit später den Fürsten und Rittern bei Speyer. Der Krieg wurde durch den »Landfrieden von Eger« beendet, der die Auflösung der Städtebünde erzwang. Der Versuch der Städte, durch militärischen Druck Einfluß auf die Reichspolitik zu gewinnen, war damit gescheitert.
Hauptleidtragende der Städtekriege waren die Leute auf dem Land. »Das Schwabenland war also verheert, daß kaum ein Dorf war zu beiden Seiten, das nicht verbrannt oder beschatzt worden wäre«, berichtet ein Chronist. »Die von Württemberg ritten vor die Städte und verheerten, was sie konnten. Sie hieben das Kraut und die Reben mit den Schwertern ab. Und die Städte taten nichts anderes, als daß sie das Vieh den Herren nahmen und raubten und brannten und die Leute fingen.« Allein in Schwaben sanken fünfzehnhundert Dörfer in Schutt und Asche. Die Städte mit ihren stattlichen Befestigungsanlagen hingegen erwiesen sich als schwer einnehmbar.
Die Kriegführung der Bürger war erbarmungslos. Die mit Sturmleitern anrückenden Feinde wurden von den Mauern und Wällen mit Munition jeder Art bombardiert: Steinen, die aus den Gassen gebrochen wurden, kochendem Wasser, ungelöschtem Kalk oder siedendem Pech, das die Frauen in großen Kesseln bereitstellten. Ein Sturm auf die Stadtmauern, wenn nicht durch List oder Überraschung unterstützt, erforderte so furchtbare Opfer. Die meterdicken, durch Graben

Stadtbefestigungen, Landsknechte, Ritter.
Zeitgenössische Idealdarstellung einer Stadteroberung. Aus: »Triumphzug Kaiser Maximilians« (Maximilians Kriege).

und Wälle geschützten Mauern waren mit den primitiven Belagerungsmaschinen und den schwerfälligen, schlecht bedienbaren Geschützen der damaligen Zeit kaum zu überwinden. Eine Belagerung lohnte meist nicht, da dem Feind die Lebensmittel so schnell ausgingen wie der Stadt und die Söldnerheere nie lange zusammengehalten werden konnten.

Die Reichsstädte: Kein wesentlicher Faktor der Politik mehr

Das ausufernde Fehdewesen und die militärische Sicherung der Stadt und ihrer Zufahrtswege verschlangen Unsummen: Im Kölner Haushalt von 1379, einem Friedensjahr, waren allein 82 Prozent aller Ausgaben nur für die Verteidigung vorgesehen. Damals wie heute finanzierten die öffentlichen Haushalte einen großen Teil ihrer Ausgaben über Schulden. Schulden mußten mit neuen Schulden beglichen werden. Nicht selten führte dies zum Bankrott. Als Konkursverwalter traten meist die benachbarten Territorialherren auf, die so erreichten, was mit Waffen nicht zu erreichen war: Reichsstädte verloren ihre po-

Städtebünde
Rheinischer Städtebund (1254)
Gründerstädte von 1254
Mitglieder des Rheinischen Städtebundes
Hauptorte des Bundes
Schwäbisch-Rheinischer Städtebund (1376–1389)
Mitglieder des Schwäbisch-Rheinischen Städtebundes
Mitglieder des Elsässischen Städtebundes (ES)
Mitglieder des Schwäbischen Bundes und Schweizer Städte (SRS)
Mitglieder des Rheinischen Bundes (RS)
Rittersitze als Mitglieder
Ahaus
Osnabrück
Vreden
Coesfeld
Telgte
Herford
Münster
Beckum
Borken
Lippstadt
Soest
Dortmund
Mühlhausen
Aachen
Köln
Hersfeld
Marburg
Bonn
Alsfeld
Wetzlar
Fulda
Andernach
Münzenberg
Friedberg
Boppard
Limburg
Frankfurt
Gelnhausen
Trimberg
Bacharach
Mainz
Schweinfurt
Bingen
RS
Aschaffenburg
Oppenheim
Alzey
Würzburg
Worms
Windsheim
Steinbach
Nürnberg
Neustadt
Rothenburg
Heidelberg
Speyer
Hornberg
Dinkelsbühl
Wimpfen
Regensburg
Heilbronn
Schwäb. Hall
Weißenburg
Weißenburg
Lauterburg
Nördlingen
Esslingen
Hagenau
Selz
Weil der Stadt
Schwäb. Gmünd
Giengen
Straßburg
Rosheim
Ulm
Reutlingen
Ober Ennheim
Schlettstadt
SRS
ES
Biberach
Rottweil
Colmar
Breisach
Memmingen
Pfullendorf
Freiburg
Kaufbeuren
Mühlhausen
Ravensburg
Kempten
Basel
Konstanz
Lindau
Zürich
St. Gallen
Solothurn
Zug
Luzern
Bern

litische Unabhängigkeit und wurden als Landstädte in die Territorien eingegliedert.
Viele der herrlichen Rathäuser symbolisieren so eine Macht, die die Stadt am Ausgang des Mittelalters gar nicht mehr besaß. So manches Kunstwerk der mittelalterlichen Stadt entstand aus nationalem Bewußtsein. Reichsadler schmücken die Portale der Rathäuser, deren Säle mit überlebensgroßen Kaiserbildern ausstaffiert sind. Im Glokkenspiel auf dem Turm ziehen Kurfürsten huldigend um den thronenden Kaiser, Plastiken auf Brunnen und Säulen verherrlichen die Helden der Reichsgeschichte. Die Städte sahen sich selbst als Träger der Reichseinheit, so zwiespältig und eigennützig ihr Verhalten gegenüber dem regierenden Herrscherhaus auch war. Dennoch ist es den Städten nicht gelungen, ihre wirtschaftliche und kulturelle Macht auch in politischen Einfluß umzumünzen. Zu stark strebten ihre wirtschaftlichen Interessen auseinander. Eine Sonderstellung nimmt der große norddeutsche Städtebund der Hanse (siehe Band 4) ein, da hier gemeinsame Wirtschaftsinteressen, der Schutz und die Ausweitung des Handels, auch im Ausland, immer im Vordergrund standen.
1495 beschloß der Reichstag zu Worms unter Kaiser Maximilian I. (1493–1519) eine Reform der Reichsverfassung. Neben den geistlichen und weltlichen Fürsten berieten die Reichsstädte fortan als eigener Stand mit. Bei der Selbstauflösung des Reiches zwischen 1789 und 1806 gab es noch 51 Reichsstädte, über die Hälfte der Reichsstädte hatte also seine alten Freiheiten verloren. Die Abgesandten der Reichsstädte saßen – gezwungener Maßen geduldet – ganz hinten im Regensburger Reichssaal.

Literatur

Braunfels, Wolfgang: Abendländische Stadtbaukunst, Köln 1977
Hug, Wolfgang (Hrsg.): Geschichtliche Weltkunde, Band 1, Frankfurt 1975
Maschke, Erich: Deutsche Städte am Ausgang des Mittelalters. In: Die Stadt am Ausgang des Mittelalters, Linz 1974
Maschke, Erich/Sydow, Jürgen (Hrsg.): Stadt und Universität im Mittelalter und in der frühen Neuzeit, Sigmaringen 1977
Sayn-Wittgenstein, Franz Philipp zu: Reichsstädte. Patrizisches Leben von Bern bis Lübeck, München 1965
Schmid, Heinz Dieter (Hrsg.): Fragen an die Geschichte, Band 2, Frankfurt 1975
Schmidt, Richard: Deutsche Reichsstädte, München 1957

HEINRICH PLETICHA

Krämer und Kaufherren – Frühe kapitalistische Unternehmer

Kaufleute und Stadtgründungen – Gemeinschaft und Risiko – Ausbildung sozialer Unterschiede – Spezialisierung des Handels – Vermögensverhältnisse der Kaufleute – Die Gilden und ihre Gesetze – Straßen und Verkehrsverhältnisse – Handelsgesellschaften – Der königliche Kaufmann – Aufstieg der Fugger.

Der Händler gehört zu den ältesten Berufen der Menschheit, und wir begegnen ihm am Beginn der Zivilisation im Alten Orient ebenso wie etwa in der germanischen Frühgeschichte. Ob Salz oder Eisen, Bernstein oder Gewürze, zu tauschen oder zu handeln gab es immer und überall von dem Zeitpunkt an, da menschliche Bedürfnisse über die primitive Befriedigung des Lebensnotwendigen hinausgingen.
Und der englische Begriff von den »Merchant Adventurers«, den wagenden Kaufleuten, der für die Kaufmannsgesellschaften des späten Mittelalters geprägt wurde, gilt eigentlich noch viel mehr für jene frühen Händler, die einsam und wagemutig von Hof zu Hof, von Siedlung zu Siedlung, durch Wälder, Sümpfe und Wildnis zogen und im wahrsten Sinne zu Kulturträgern wurden. Mögen sich Wirtschaftshistoriker noch über Umfang und Ausdehnung des frühen Handels streiten, so sind sie sich doch einig, daß diese Männer zu Ahnherren eines Berufsstandes wurden, der wie kein anderer Kultur und Politik der deutschen Städte des Mittelalters bestimmte und beeinflußte: der Kaufmann, früher Vertreter des kapitalistischen Unternehmers.
Doch wäre es falsch, einfach von *dem* Kaufmann oder *dem* Händler zu sprechen; denn kein Beruf weist auch eine so starke Differenzierung und so große soziale Unterschiede auf wie der des Kaufmanns. Das Wort vom »königlichen Kaufmann« ist ebenso allgemein bekannt wie die Namen der Fugger, der Welser oder der Tucher, die nicht nur die Geschicke ihrer Heimatstädte lenkend mitbestimmten, sondern zeitweilig auch mit Hilfe ihrer Vermögen in die Reichspolitik eingriffen. Wer aber weiß schon, was ein Tratschler ist, ein Essigmann oder ein Heringer? Und doch gehören auch solche kleinen Krämer, die von Ort zu Ort zogen und mühsam ihre Waren verhökerten, zu der großen Gruppe der Händler und Kaufleute.

»Schwurbrüderschaft« und Rechtsprechung – Die Gilde der Fernkaufleute

Seit dem Aufblühen der Städte müssen wir unterscheiden zwischen Fernkaufleuten und ortsansässigen Kaufleuten oder, genauer gesagt, den Händlern. Für die Entstehung und Entwicklung der Städte waren gerade die Fernkaufleute von eminenter Bedeutung, hing doch die Gründung einer Stadt oft eng mit der Entwicklung des sogenannten Wîk, der Kaufmannssiedlung nahe einer Burg, zusammen. Erst Burg und Wîk, ergaben gemeinsam ummauert die Stadt.
Solche Fernkaufleute waren oft wochen- und monatelang unterwegs. Wir können den Radius ihrer Unternehmungen in jenen unruhigen Zeiten nur bewundern, dürfen dabei aber nicht übersehen, daß die räumlichen Grenzen zwar sehr weit gespannt, die Umsatzmengen des einzelnen Kaufmanns aber verhältnismäßig gering und auf den Umfang seines mitgeführten Gepäcks beschränkt waren. Man kann nur staunen, wie gering oft der Besitz war, für den die Fernkaufleute immer und immer wieder ihr Leben wagen mußten.
Da es bei den großen Entfernungen und den vielen drohenden Gefahren nicht ratsam gewesen wäre, allein zu reisen, schlossen sich die Kaufleute schon früh in Gruppen zusammen und banden sich vor Antritt der Fahrt durch heilige Eide zu gegenseitiger Unterstützung. Diese »Schwurbrüderschaft« löste sich nach Rückkehr in die Heimat keineswegs auf, sondern blieb das einigende Band, wenn die Männer den Winter im Wîk einer Stadt verbrachten. Seit dem 10. Jahrhundert gingen aus solchen Schwurbrüderschaften dann die ersten Gilden hervor. Sie hielten in der städtischen Gemeinschaft ebenso zusammen wie draußen, und der Feind eines Gildenbruders war der Feind aller anderen. Auch eine eigene Gerichtsbarkeit übte die Gilde über ihre Mitglieder aus. Wenn dabei auch in erster Linie über Beleidigungen und Körperverletzungen verhandelt wurde, so entwickelte sich daraus doch jenes Kaufmannsrecht, das dann später für das Stadtrecht von maßgebender Bedeutung wurde.

Straßen, Märkte, Messen – Domäne vor allem der Einzelhändler

Für diese Kaufleute gab es noch keine Trennung zwischen Groß- und Einzelhandel. Die Unterscheidung der beiden Zweige kam erst mit dem Aufkommen der Messen und der großen Märkte. Schon in dem kurz nach 1100 entstandenen Annolied wird beispielsweise Köln als

»der in der ganzen Welt berühmte Jahrmarkt« erwähnt. Aus ihm ging dann eine der ältesten deutschen Messen hervor, die ihrerseits wieder in enger Verbindung mit den französischen Messeplätzen vor allem in der Champagne stand. Wir vermuten heute, daß die Bewohner solcher Messeorte eine deutliche Trennung zwischen Fern- und Einzelhandel anstrebten und den Verkauf der von den Fernhändlern eingeführten Güter im Ort den ansässigen kleinen Händlern, den Krämern, überließen. Diese Trennung vollzog sich in den großen Städten rascher als in kleinen.

So bestimmten fortan die Einzelhändler das Wirtschaftsleben in den einzelnen Orten. Auch bei ihnen setzte sich seit dem 12. Jahrhundert allmählich eine genossenschaftliche Ordnung durch, und sie schlossen sich schließlich wie die Fernkaufleute in Gilden zusammen. Die sozialen Unterschiede waren hier deutlich ausgeprägt.

Auf der niedrigsten Stufe standen jene *Hausierer,* die mit ihren Waren von Hof zu Hof, von Dorf zu Dorf zogen, Feste, Jahrmärkte und Turnierplätze aufsuchten, im allgemeinen jedoch seltener in die Städte kamen. Die Grenzen zum »Fahrenden Volk« (siehe Seite 151) waren dabei fließend, suchten doch manche von ihnen ihre Waren mit allerhand Gaukeleien an den Mann zu bringen. Doch selbst da gab es noch soziale Unterschiede; denn wir hören vereinzelt von wohlhabenden Hausierern, die vor allem reiche Adelige mit Luxusgütern versorgten.

Die zweite, schon eine soziale Stufe höher stehende Gruppe bildeten die *Höker,* auch Merzler, Pfragner, Tratschler, Gängler, Hücker, Trödler, Hadeler, Hegekramer, Winkerer, Kremper, Kretschmer, Part- oder Wannenkrämer genannt. Sie verkauften gewöhnlich Nahrungsmittel in kleinen Mengen auf dem Markt oder am Straßenrand in primitiven Ständen, in steter Konkurrenz zu den Bauern, die vom Land hereinkamen und ihre Erzeugnisse loszuwerden suchten. Ihre Kundschaft bildeten dementsprechend die Armen der Stadt, die jeden Pfennig umdrehten, bevor sie ihn ausgaben.

Den Gegensatz zu diesen »armen Krämern« bildeten die *»reichen Krämer«,* die ihrerseits wieder das Bindeglied zu den Fernkaufleuten darstellten. Sie schlossen sich in den Gilden zusammen, und oft genug durften in einer Stadt nur ihre Mitglieder den Kleinhandel ausüben. Auch hier war der soziale Bogen weit gespannt, und während die Ärmeren unter ihnen eher den Hökern glichen, näherten sich die Kammer- und Lagerherren in ihrem Ansehen schon den Fernkaufleuten. Auffallend war bei ihnen die starke Differenzierung und Spezialisierung; denn solche Krämer sind keineswegs mit den alten Kolonialwaren- oder Tante-Emma-Läden vergleichbar, die hunderterlei verschiedene Artikel führen, sondern die meisten von ihnen spezialisierten

1516
HF

Klein- und Großhändler, Geschäfte und Kaufhäuser. *Links: Ein sogenannter »Wannenkrämer« preist seine Waren an. Holzschnitt von Hans Frank, 1516. Berlin, Stiftung Preußischer Kulturbesitz. – Links unten: Kaufgewölbe des 16. Jahrhunderts, Holzschnitt von Hans Weiditz aus Cicero, »De officiis«. Augsburg 1531. – Rechts: Fernkaufmann des 15. Jahrhunderts im Reiseanzug (nach dem Lübecker Totentanz von 1463). – Unten: Fleischbank der Knochenhauer. Holzschnitt von 1499 aus »Salomon und Morolf«, Straßburg.*

sich. Man kann heute kaum glauben, welche Unterscheidungen es dabei gab. Hier eine Auswahl:

Butterleute	Häutekäufer	Pfeifenkrämer	
Eiermann	Heringer	Salzer	
Eisenkrämer	Käskrämer	Seidenkrämer	
Essigmann	Kornmann	Stahlmenger	
Federkrämer	Kräutermann	Tändler	
Fischmenger	Lakenkrämer	Tuchgewänder	
Fleischmenger	Ledermann	Vogler	
Ganser	Mehlmann	Waidhändler	
Glaskrämer	Obster	Weinkäufer	(Nach K. Gatz)

Nicht genug mit solchen Unterscheidungen, wie sie uns die – nicht einmal vollständige – Aufzählung gibt, waren häufig die Krämer auch noch an ganz bestimmte Plätze in der Stadt gebunden. So gab es an größeren Orten neben dem Hauptmarkt eigene kleine Spezialmärkte, deren Namen sich heute noch gelegentlich in den Straßenbezeichnungen erhalten haben. Aus Breslau schreibt beispielsweise ein zeitgenössischer Chronist:
»Da ist der Salzmarkt, der Neumarkt und der große Ring. Von hier kommt man auf eine breite große Gasse, der Hühnermarkt genannt, wo Milch, Obst und Gemüse, Wildbret und Geflügel verkauft werden. Alle Marktwaren haben ihre festen Plätze, und diese sind nach den Waren benannt, die dort verkauft werden, wie der Kornmarkt, der Honig- und der Wachsmarkt.«

Kaufhäuser, Gewandhäuser, Kornhäuser und Messehallen

Größere Städte errichteten unmittelbar am Hauptmarkt oder zumindest in dessen Nähe größere Kaufhäuser, die bestimmten Gilden vorbehalten waren, so besonders den Tuchhändlern, doch kennen wir auch Schuh-, Brot-, Schlacht- oder Kornhäuser, wie etwa das um 1500 in Nürnberg erbaute (und heute wieder aufgebaute) Kornhaus. Häufig wurden dort im unteren Stockwerk die billigeren, im oberen aber die kostbaren Waren feilgeboten. Ähnlich wie heute in den Messehallen, teilte man dabei die Stockwerke in kleine Kammern oder Verschläge auf. So hatten im oberen Stock des Lübecker Gewandhauses fünfundsechzig Gewandschneider ihre Plätze. Ein besonders schönes Beispiel für diese Gewandhausbauten besitzt Braunschweig.

Die soziale Rolle der Krämer – Zusammenspiel von Stadt und Gilde

Wenn hier für die innerstädtischen Kaufleute der Begriff »Krämer« gebraucht wird, so ist das keineswegs im Sinne der heutigen Bedeutungsverschlechterung abwertend gemeint, sondern gilt in erster Linie für die Betriebsgröße.
Diese so regsamen Krämerei-Geschäfte wurden durchweg als Familienbetriebe geführt, in denen der Geschäftsinhaber mit einzelnen Familienmitgliedern und höchstens ein bis zwei Gehilfen arbeitete. Wer sich dagegen wirtschaftlich ausbreiten wollte, mußte versuchen, in den lukrativeren Fernhandel umzusteigen. Trotzdem sammelten gerade die »reichen Krämer« oft genug ein für mittelalterliche Verhältnisse recht beträchtliches Vermögen an. So standen beispielsweise 1511 die einundvierzig Krämer von Erfurt mit ihrem Durchschnittsvermögen nach den Junkern und den Waidhändlern (Waid = Färbepflanze) an dritter Stelle der Steuerpflichtigen in der Stadt.
Entsprechend hoch ist auch die Bedeutung der Krämergilden im Gefüge der Stadtgemeinde einzuschätzen. Während in einer Reihe von Städten die verschiedenen Krämer in einer gemeinsamen Gilde zusammengeschlossen waren, gab es anderenorts auch differenzierte Sondergilden oder Zusammenschlüsse nach Größe und Bedeutung der Händler, so beispielsweise in Breslau, wo die großen Betriebe in den »Kaufleuten« zusammengeschlossen waren, denen die »reichen Krämer«, die »Heringer« und »Partkrämer« als weitere Gilden folgten.
Zwischen den Gilden und der jeweiligen Stadtgemeinde bestanden klar umgrenzte Absprachen, in denen Gemeinwohl und Interessen des einzelnen ausgewogen berücksichtigt waren. Die Gilde sorgte für die Bedarfsdeckung und Befriedigung der Gemeinde, und damit sie ihre wichtige Aufgabe erfüllen konnte, gewährte diese ihrerseits den Krämern Schutz und Genossenschaftsrecht und verhalf ihnen damit zur Existenzsicherung; denn in den Gildeordnungen war selbstverständlich in ähnlicher Weise wie in den Zunftordnungen der Handwerker der Gildezwang ausdrücklich verankert, d.h., daß in einer Stadt nur Handel treiben durfte, wer der Gilde angehörte. Dementsprechend schloß die Aufnahme entsprechende Verpflichtungen ein. Vor allem mußte sich das Mitglied der genossenschaftlichen Kontrolle und Überwachung hinsichtlich der Warenqualität, Maß- und Gewichtstreue usw. beugen. Damit hatte der Rat wiederum eine indirekte Überwachungsmöglichkeit, und im Falle von Pflichtverletzungen und Nachlässigkeiten konnte er die Gilde zeitweilig oder für immer sperren und sogar gildenfremde Konkurrenz zulassen.

Warenkontrolle und Lebensmittelüberwachung

Nicht genug damit, suchten die städtischen Behörden darüber hinaus noch durch Satzungen auf den Warenverkauf und vor allem auf die Preisbildung einzuwirken. Städtische Beamte kontrollierten regelmäßig das Warenangebot an den Marktständen. In München gab es um 1300 schon sieben Salzmesser. Sie und ihre Kollegen maßen Salz, Obst, Getreide usw., sogar Weinmessern begegnen wir, die darüber wachten, daß der von den Käufern geforderte Preis auch im rechten Verhältnis zur Qualität des Weinausschanks stand.

Beachtenswert sind bereits im 13. Jahrhundert manche gesundheitspolizeilichen Vorschriften. So heißt es im Dortmunder Stadtrecht: »Wenn einer unter unseren Bürgern auf dem Markt frisches Fleisch oder frischen Fisch kaufen will, soll er zum Verkäufer sagen: ›Wende mir jene Fisch- oder Fleischstücke um!‹ Unter keinen Umständen aber darf er sie mit eigener Hand berühren. Berührt er sie, so muß er ohne Umstände vier Schilling Strafe zahlen.« Oder in Erfurt: »Das Wildbret, das man zu Markte bringt, soll frisch sein. Großes Wildbret und Hasen darf man nur zwei Tage lang feil halten; Rebhühner und Vögel nur einen Tag. Wer lebendige Fische herführt, soll sie auf dem Markt an einem besonderen Ort verkaufen und nur einen Tag feilbieten; tut er es länger, soll man den Fischen ein Zeichen anlegen.«

Gefahren und Belastungen des Fernhandels: Raub, Achsenbruch und Schutzzölle

Die Aristokratie unter den Kaufleuten bildeten die Fern- und Großhändler, die ja, wie eingangs geschildert, auf eine jahrhundertealte Tradition zurückblicken konnten und die auch in den Städten ihre Unternehmen durch Generationen aufgebaut und gefestigt hatten. So gefährlich wie in der Frühzeit, als die Fernkaufleute noch selbst von Land zu Land ziehen mußten, war es für den einzelnen selbst allerdings nicht mehr: er konnte von seiner Schreibstube aus die Geschäfte lenken. Das wirtschaftliche Risiko hatte sich allerdings kaum verringert. Wegen des schlechten Zustands der Straßen, wegen der zahlreichen Wegelagerer und Räuber oder – bei Seetransport – durch Schiffbruch verloren die Kaufleute oft genug ihre Waren. Den Straßen fehlte noch jede feste Decke, und vor allem im Frühjahr wurden sie gewöhnlich in einen Morast verwandelt, in dem die Fuhrwerke leicht steckenblieben oder umkippten, so daß die Waren dann in der Nässe verdarben. Wegelagerer aus allen Schichten, herumvagabundierendes Volk,

gelegentlich auch die Bauern eines Dorfes und nicht zuletzt verarmte Adelige und sogenannte »Raubritter« betrachteten die Kaufleute, die »Pfeffersäcke«, wie man sie verächtlich nannte, als Freiwild und ihre Warenzüge als legitime Beute. Brutalitäten gegenüber den bei solchen Überfällen in Gefangenschaft geratenen unglücklichen Opfern waren dabei geradezu selbstverständlich, und der Neid auf den Reichtum mancher Handelsherren verschaffte Straßenräubern wie Raubrittern in breiten Bevölkerungskreisen noch die entsprechende wohlwollende Popularität – und sogar gelegentlich heimliche Unterstützung.
Zwar suchten die Landesherren einen gewissen Schutz zu gewährleisten, entwickelten dafür aber ein nicht minder wirksames System ›legaler Beraubung‹, indem sie Grenz-, Schutz- und Paßzölle erhoben, zu denen noch Ufer-, Zug-, Tor-, Brücken-, Wagen- und Lastengelder kamen. Suchte ein Kaufmann Zollstellen durch Umweg zu meiden und wurde er dabei ertappt, drohte ihm der Verlust der Ware und des Fuhrwerks durch Beschlagnahme. Die gleiche Strafe galt auch beim sogenannten »Straßenzwang«, der eine bestimmte Route vorschrieb. Auch hier gab es oft feste Vorschriften, besonders wenn eine Straße neu angelegt worden war und sich erst durch entsprechende Mautgebühr rentieren sollte. An derartigen Unternehmen beteiligten sich oft auch die Städte, die eigene Wächter besoldeten und manchmal sogar Ritter in ihre Dienste nahmen, die dann – gegen entsprechende Bezahlung versteht sich – von ihrer Burg aus den Straßenverkehr überwachten und sicherten.
Eine besondere Belastung für die Kaufleute bildete das sogenannte »Stapelrecht«. Danach hatten alle Wagenzüge, die das Gebiet eines bestimmten Marktes berührten, dort auszuladen. Die jeweiligen Güter mußten auf die öffentliche Waage gebracht, am Markt gestapelt, verkauft oder im Ortsbereich auf Fahrzeugen weitertransportiert werden, die den Bürgern gehörten. So erhielten z.B. die Münchner 1322 von König Ludwig dem Baier das Salzstapelrecht. Danach durfte alles zwischen Landshut und den Alpen westwärts geführte Salz nur in München die Isar überschreiten und mußte in der Stadt gestapelt und zum Verkauf niedergelegt werden, wofür die Münchner einen entsprechenden Zoll kassierten.

Frühe Formen des Kapitalismus: Handelsgesellschaften bringen Kapital und Umsatz

Wie sich im frühen Mittelalter die Fernkaufleute zu gemeinsamem Schutz bei ihren Reisen in Gruppen zusammenschlossen, so suchten

Bericht der Großen Ravensburger Handelsgesellschaft 1477
Nach Andreas Sattler

Liebe Freunde, [. . .] euch verlangt mit Recht zu wissen, wie unsere Abschlußrechnung ausgefallen ist. Was uns Gott zu Gewinn gegeben hat, waren 21 Prozent [in drei Jahren], wofür wir dem Allmächtigen Lob und Dank sagen. Ihr werdet das wohl verstehen, denn der Lauf der Welt ist wirklich allenthalben wild und schwer und ungetreu. Der Kaufleute sind mehr als rote Hunde, alle Winkel sind voll, und der Gewinn ist schmal. Wenn man das bedenkt, liebe Freunde, so müssen wir zufrieden sein und hoffen, daß unsere Sachen fortan besser werden, ihr selbst werdet dazu helfen, wie wir zu euch allen das Zutrauen haben. So hoffen wir mit Gottes Hilfe, unsere Sache ebensowohl zu Nutzen zu schieben als andere Leute, denn wir haben einen guten Kredit und sind bis jetzt immer redlich mit unseren Waren umgegangen. Das laßt uns weiterhin so halten, so kann es uns nicht anders denn gut gehen. Ebenso haben wir für den Kauf wie für den Verkauf Kunden, um die mancher viel gäbe. Solche Stege und Wege in Deutsch- und Welschland zu haben, ist kein geringes Kleinod, dazu ein löblich ehrbar Wesen; von keiner Gesellschaft in der Welt hat man je gehört, daß sie so lange und so redlich bestanden habe, schier bei hundert Jahren. Große Almosen und Zierden zur Ehre Gottes hat die Gesellschaft gestiftet und stiftet sie noch alle Tage, und so möge es auch bleiben. Auch sind in unser Land durch die Gesellschaft großes Gut und Reichtum gekommen. Sollte dies aufhören, das wäre, meine ich, wider Gott, Schande und Schaden, es ist so mancher dadurch allenthalben erfreut worden. Darum liebe Freunde, jung und alt, laßt uns das ehrsame Wesen hochhalten, ein jeglicher in seinem Stand, wie es unsere Vorfahren getan haben, dann geht es uns gewiß wohl, wenn wir nur selber wollen.

Aus: Große Rekordanz (d. h. offener Brief) für Genf, Avignon, Barcelona, Saragossa, Valencia und Lyon, verfaßt von Andreas Sattler. Nach A. Schulte (Hrsg): Geschichte der großen Ravensburger Handelsgesellschaft, Bd. III, S. 48 f.
Übertragen von J. Bühler

System einer Handelsgesellschaft

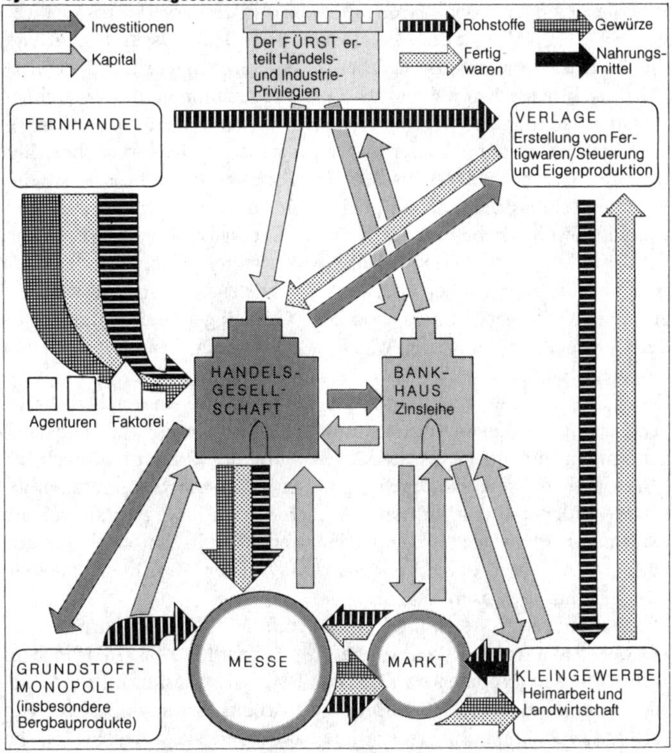

sie nun das wirtschaftliche Risiko aufzufangen, indem sie es verteilten und zu diesem Zweck die sogenannten »Gesellschaften« bildeten. An Interessenten für die einzelnen Unternehmen mangelte es gewöhnlich nicht. Da bei solchen »Gesellschaften« auch kleinste Beträge eingesetzt werden konnten und der Gewinn oft ein Mehrfaches der Einlagen betrug, wurde den Kaufleuten seit dem Spätmittelalter das Geld von allen Seiten angeboten. Der reiche Adelige beteiligte sich ebenso wie der Handwerker oder der Bauer, und selbst das Gesinde legte seine Sparpfennige in den Gelegenheitsgesellschaften an. Selbstverständlich mußte jeder das Risiko mittragen, aber wie bei der Lotterie lockten die Gewinne, und selbst Klöster und Kirchengemeinden konnten sich, wie wir hören, der Versuchung nicht entziehen.

Im Unterschied zu solchen Gelegenheitsgesellschaften, die mit dem Ansehen des unternehmerischen Großkaufmanns standen und fielen und die sich nach jeder Aktion auflösten und dann neu begründet werden mußten, gab es noch die eigentlichen »Handelsgesellschaften«, die auf Dauer und nur von Kaufleuten geschlossen wurden. Sie hielten das eingebrachte Kapital langfristig streng zusammen und versuchten, es nach Möglichkeit in verschiedenen Unternehmen zu vermehren. Der Prediger Johann Geiler von Kaysersberg (1445–1510) berichtet über ihr System: »In der großen Gesellschaft, da sind die Kaufleute miteinander verpflichtet, da legt einer fünfhundert Gulden, einer zweihundert ein. Sie haben ihr Gewerb zu Venedig, zu Lugdun [Lyon], zu Antdorf [Antwerpen] und überall ihre Verwalter. Wenn einer gewinnt oder verliert, so gewinnen oder verlieren alle zusammen, und wenn sie zusammenkommen, so sind etwa 2000 Gulden gewonnen, und ein jeder weiß bei der Rechnung, was ihm gehört nach dem Anteil, den er eingelegt hat.«

Die Zahl der Mitglieder schwankte zwischen zwei und achtzig, gelegentlich wurden auch Angestellte oder Diener eines Kaufmanns aufgenommen, ein durchaus modern anmutendes Prinzip, wonach die Mitarbeiter durch Gewinnbeteiligung enger an ein Unternehmen gekettet werden sollten. Modern war auch die Auffassung, daß sich ein Kaufmann ohne weiteres an mehreren Gesellschaften beteiligen konnte. Wir hören dabei von unterschiedlichen Gewinnen, die zwischen 7 und 40 Prozent lagen.

Die wohl bekannteste Handelsgesellschaft in Süddeutschland war die »Große Ravensburger Gesellschaft«, die von 1380 bis 1530 in dem kleinen Reichsstädtchen nördlich des Bodensees bestand. Ihre Aktionäre achteten darauf, daß Kapital und Arbeitsleistung möglichst eng verbunden blieben. In erster Linie vertrieben sie oberschwäbische Leinwand, und man kann nur staunen, wie sie ihre Verbindungen zu den bedeutendsten Städten Europas knüpften. Das Handelskapital belief sich Ende des 15. Jahrhunderts auf etwa 130000 Gulden, was umgerechnet etwa einer Million Goldmark entsprach!

Die größte Handelsgesellschaft Norddeutschlands war die »Deutsche Hanse«, in der gleichermaßen Städte und einzelne Kaufleute Mitglieder werden konnten. Ihre besondere Struktur und ihr wirtschaftliches und politisches Wirken haben wir schon ausführlich an anderer Stelle kennengelernt (siehe Band 4).

Familienunternehmen – Einfluß in der ganzen Welt

Neben solchen Handelsgesellschaften kamen seit dem 15. Jahrhundert auch die Familiengesellschaften auf, an denen sich nur Mitglieder einer Familie beteiligen durften. Allgemein bekannt sind die Fugger und Welser in Augsburg, die Imhof und Tucher in Nürnberg, aber auch die Blum, Guldenschaf und Schott in Frankfurt gehörten zu ihnen. Verschiedentlich hören wir von gewagten Spekulationen und kühnen geschäftlichen Unternehmen einzelner Kaufleute wie auch der Handelsgesellschaften. Der bekannte Griff der Welser zu Beginn des 16. Jahrhunderts hinüber in die Neue Welt nach Venezuela ist nur ein augenfälliges Beispiel dafür.

Zentren des Handels und Geldverkehrs – Die großen Messeorte

Was für die Krämer die Märkte der Heimatstadt, waren für die Großkaufleute die Messen, die Großmärkte, die an besonders privilegierten Orten zu bestimmten Zeitpunkten abgehalten wurden. Hier handelten die Kaufleute nicht nur mit den Einzelkunden, sondern schlossen auch untereinander meist größere Geschäfte ab. Zu den bedeutendsten Messen des Auslandes zählten die in der Champagne, in Brügge, Antwerpen, Lyon und Genf. In Deutschland wurde seit dem 13. Jahrhundert Frankfurt der wichtigste Messeort. Hier fand regelmäßig eine Herbstmesse statt, die Ludwig der Baier durch eine Frühjahrsmesse erweiterte. Später kamen Köln und Leipzig dazu, und gerade letzteres verstand es, seine Stellung als Messestadt sehr geschickt und rigoros auszubauen. So erlangten die Leipziger um 1500 zwei kaiserliche Privilegien, die allen Städten und Dörfern im Umkreis von 120 Kilometern das Stapelrecht verboten!

Die großen Märkte und Messen wurden selbstverständlich auch zu Zentren des Geldverkehrs, da viele Kaufleute anstelle von Bargeld lieber »Meßwechsel« zogen und einlösten. Daß solche Geschäfte allerdings nicht überall Verständnis fanden, belegt ein Ausspruch Martin Luthers: »Der Wucher sitzt zu Leipzig, Augsburg, Frankfurt und dergleichen Städten und handelt mit Geldsummen. Auf jedem Leipziger Markt nimmt man 30 auf 100 [. . .]«

Auf dem Weg zum kapitalistischen Großunternehmer

Bei den großen Unternehmen wuchs auch das soziale Prestige der Handelsherren, die man wohl richtiger so und nicht mehr als Kaufleute bezeichnen sollte. Das hatte schon Kaiser Karl IV. deutlich erkannt, als er den Lübecker Räten ausdrücklich versicherte, daß sie »Herren« seien. Gewiß gab es auch unter ihnen eine soziale Rang-

JAKOB FUGGER

*Wann immer die Rede von der politischen Macht des großen Geldes im späten Mittelalter ist, fällt sein Name: Jakob Fugger, genannt der Reiche (*1459, †1525), ist in die Geschichte als der Mann eingegangen, ohne dessen Hilfe Karl V. 1519 vielleicht nicht deutscher Kaiser geworden wäre. Mit mehr als 500 000 Gulden (über 20 Mio. Mark) beteiligte er sich an der Bestechung der Kurfürsten!*

Als Jakob, der 1459 in Augsburg geboren wurde, in die elterliche Firma eintrat, waren die Fugger keine Weber mehr wie noch der Großvater, sondern reiche Tuchhändler, die nach neuen Anlageformen suchten: Kapital mußte arbeiten, um Gewinn zu bringen. Erfolgreicher als alle anderen nutzte Jakob diese Einsicht. Zielstrebig betrieb er den Aufkauf in Spanien, Tirol, Kärnten, Ungarn und in Übersee von Kupfer- und Silberminen. Auch der Gewürzhandel brachte ihm große Gewinne. Gleichzeitig verwickelte er die fast stets um Geld verlegenen Kaiser, Fürsten und Päpste in Bankgeschäfte, um seine wirtschaftliche Macht auch politisch abzusichern. Der Kaiser erhob ihn schließlich (1514) in den Reichsgrafenstand und verlieh ihm das alleinige Verkaufsrecht für Kupfer und Silber in Europa! Der Papst überließ den Fuggern den lukrativen Handel mit dem St.-Peter-Ablaß. »Ablaßkrämer und Erzwucherer« beschimpfte man Fugger, und Luther empfahl, man solle den Fuggern »einen Zaum ins Maul legen«. Und doch war Jakob seinen Kritikern in vielem voraus. Nicht nur in der virtuosen Handhabung der neuen Finanzpraktiken, auch in der Kunst, sich bei der Nachwelt ein mildes Urteil zu sichern. Er ist der Schöpfer der ältesten Sozialsiedlung im Reich, der Fuggerei, die bis heute besteht.

Nach einer Legende sollen die Armen der Stadt die einzigen gewesen sein, die ihn begleiteten, als er 1525 zu Grabe getragen wurde. Den Reichen war ihr Geldgeber verhaßt. »Viele sagen, ich sei reich«, bekannte Jakob, »und ich bin reich von Gottes Gnaden.« Schon seine Zeit mißtraute diesem Wort. Für »wuchern« kam in der Umgangssprache das Wort »fuggern« auf. *(C. R.)*

folge, die aber dort begann, wo sie bei anderen aufhörte und hinführte in die Höhen des frühkapitalistischen Wirtschaftssystems. Das zeigte sich schon bei der Zugehörigkeit zu ihren Gilden. Hier fehlte der Beitrittszwang. Die Interessen der Großkaufleute lagen schwergewichtig im Ausland, sie waren nicht mehr angewiesen auf die städtische Gemeinschaft mit ihren Vorzügen, aber auch ihren meist einengenden Nachteilen. Während es den Krämergilden nur um die wirtschaftliche Sicherung im Rahmen des städtischen Gemeinwesens ging, sorgten sich die Großhandelsgilden um die auswärtigen Probleme wie die Sicherung der Handelswege, Bildung von Geleitzügen zu Land und zu Wasser, die Bereitstellung günstiger Einkaufs- und Stapelplätze sowie die entsprechenden Herbergen im Ausland und nicht zuletzt um Kontakte mit Königen und Fürsten, um Privilegien zu gewinnen und die bestehenden Rechte zu sichern und zu verteidigen.

Selbstverständlich suchten solche Gilden auch Einfluß in den heimischen Städten und auf die Stadtregimenter. Deshalb wurden nicht zuletzt die Großkaufleute zu treibenden Kräften bei der Entwicklung der Stadtverfassungen und bei den Kämpfen um die bürgerliche Unabhängigkeit. Oft genug suchten sie mit den patrizischen Familien zu wetteifern, fanden gelegentlich auch Eingang in das städtische Patriziat.

Wo es an politischem Einfluß mangelte, ersetzten sie diesen durch aufwendige Lebensführung. Ihre Häuser zählten zu den schönsten in der Stadt, und häufig genug stößt man in den Schriften bekannter Prediger des Spätmittelalters und der Renaissance auf kritische Worte gegen den Luxus der reichen Kaufherren. »Sie fahren als Narren hinweg und kommen als noch viel größere Narren herwieder in ihren seltsamen und närrischen Kleidern«, wetterte der schon erwähnte Johann Geiler von Kaysersberg. Selbst Könige wurden gelegentlich bemüht, um dem Geltungsstreben mancher Kaufherren nachzuhelfen. So erlaubte 1492 König Maximilian I. ausdrücklich zwei Nürnberger Kaufleuten, samtene Kleider zu tragen.

Der entscheidende Wandel in der Entwicklung des Großkaufmanns setzte im 14. Jahrhundert ein. Die alten genossenschaftlichen Bindungen bröckelten ab und auseinander. Deutlich lösten sich einzelne aus der bisher bestehenden Ordnung. Zu ihnen gehörten die Warendorps und Wittenborgs aus Lübeck, die von Flandern und England bis nach Rußland das Erbe der Hanse antraten. Bei den Wittenborgs wird das Handelsvermögen bereits 1357 auf die für damalige Verhältnisse horrende Summe von umgerechnet etwa einer Million Mark geschätzt! In Rostock waren es die Tölner, in Hamburg schwang sich Vicko van Geldersen zu einem der bedeutendsten norddeutschen Kaufherren auf, in

Regensburg trieben die Runtingers einen ansehnlichen Großhandel zwischen Süddeutschland und Holland, die Nürnberger Familien Imhof und Tucher wurden bereits mehrfach erwähnt. Sie alle wurden schließlich übertroffen von der Familie Fugger, die mit dem 1459 geborenen Jakob Fugger, dem Reichen, den Gipfel wirtschaftlicher Macht und ein dementsprechendes Ansehen erreichten. Aus dem königlichen Kaufmann war der Großunternehmer im modernen Sinn geworden.

Literatur

Gatz, Konrad: Kauffahrer, Krämer und Handelsherren, Hannover 1949

Hamann, Günther: Der Eintritt der südlichen Hemisphäre in die europäische Geschichte. Die Erschließung des Afrikaweges nach Asien vom Zeitalter Heinrichs des Seefahrers bis zu Vasco da Gama, Wien 1968

Steinhausen, Georg: Kaufleute und Handelsherren in alten Zeiten, Düsseldorf 1970

Wagenführ, Horst: Handelsfürsten der Renaissance, Stuttgart 1957

WERNER DETTELBACHER

Handwerker und Zünfte – Meister, Lehrlinge und Gesellen

Bruderschaft, Zwangsgenossenschaft und Zunft – »Harnischgeld« oder »Reise« – Begehrte Meisterwitwen – Spezialisierung des Handwerks – Konfrontation mit den Patriziern – Vom Lehrling zum Meister – Bürgegeld und Lossprechung – Der blaue Montag – Vom »goldenen Boden des Handwerks«.

Schon Karl der Große hatte die Verwalter der Königshöfe angewiesen, tüchtige Handwerker zu gewinnen, vor allem Grob-, Gold- und Silberschmiede, Schuster, Drechsler, Zimmerleute und andere geschickte Leute, um auf den Höfen möglichst unabhängig zu werden. Genauso handelten die größeren Grundherren, vor allem die Klöster. So verfügte die Abtei Corvey an der Weser zu Beginn des 9. Jahrhunderts über Bäcker, Brauer, Pergamentbereiter, Schwertfeger und Walker, dazu über je vier Zimmerleute und Maurer, sechs Grobschmiede und fünf Schuster. Diese Handwerker waren zwar frei in ihrer Berufsausübung, aber in der Regel Hörige, die den Herrendienst nicht verlassen konnten.

Bruderschaften freier Handwerker in den Städten

Erst als sich im 11. und 12. Jahrhundert größere Städte entwickelten, deren Messen und Wochen- wie Tagesmärkte für Absatz sorgten, zogen Handwerker in die Knotenpunkte an den Handelsstraßen. Wer seinem Grundherrn entlaufen war, aber Jahr und Tag unangefochten in der Stadt gelebt hatte, wurde von ihr geschützt.

Bald schlossen sich die Handwerker einer Gattung zu religiösen Bruderschaften zusammen, um gemeinsam Gottesdienste, Patronatsfeiern, Taufen und Beerdigungen zu begehen. Eine Trierer Aufzeichnung um 1220 nennt an solchen Bruderschaften die für Schmiede, Fleischer, Krämer, Kürschner, Bäcker, Leineweber, Wollenweber, Gerber, Schuhmacher, deren Meister verpflichtet waren, für den Bischof Boten- und Stafettendienste zu leisten.

Der große Aufschwung der Städte und damit ihrer Handwerker setzte

Handwerkliche Symbole und Kennzeichen.
Ältestes Bäckersiegel der Stadt Berlin. Holzschnitt, entstanden um 1440.
Berlin, Stiftung Preußischer Kulturbesitz.

im 12. Jahrhundert ein, gefördert durch die stürmische Entwicklung von Handel und Verkehr, dem endgültigen Übergang der Natural- zur Geldwirtschaft. Vor allem auch die Italien- und Kreuzzüge brachten neue Waren, Techniken und Bedürfnisse von der Stahlhärtung bis zur Damastweberei, die beide aus Damaskus kamen. Als immer mehr Handwerker ausgebildet wurden, kam es zu einem gefährlichen Konkurrenzkampf, den die Bruderschaften zu beenden trachteten, denn nach ihrer christlichen Auffassung sollte keiner nach hohem Gewinn streben, aber auch nicht verhungern. Ihr Ziel war ein ›gediegenes‹ Auskommen.

Zunftzwang zum Nutzen der Stadt

Um die Zahl der Meister zu begrenzen, wurde fortan nicht nur der Nachweis einer soliden Ausbildung verlangt, sondern die Zahl der Meister pro Stadt begrenzt, je nach Größe des Absatzgebietes auf zwölf, 24 oder mehr. Da auch das Stadtregiment an werkgerechter, geprüfter Arbeit und an der Haftung des Meisters bei Schäden interessiert war, drang es auf Satzungen und Zunftzwang, auf Zugehörigkeit der Handwerker zu einer ihre Mitglieder ›kontrollierenden‹ Zunft: Schon die erste urkundlich sicher bezeugte Zunft, die der Fischhändler zu Worms (1106/07), kennt den Zunftzwang, die Unterwerfung des Meisters unter die Zunftgesetze, deren Verletzung mit Geldstrafen,

aber auch mit Ausstoßung aus der Zunft geahndet werden konnte, was der Vernichtung der Existenz gleichkam. Denn der Zusammenhalt der Zünfte im Reich sorgte dafür, daß ein Zunftverstoßener in keiner Stadt mehr eine Werkstatt eröffnen konnte.
Die straffe Ordnung machte sich für die ›zünftigen‹ Handwerker bezahlt, denn nur die Zünfte bzw. deren Meister erhielten das Vorrecht, in der Stadt ihre Produkte verkaufen zu dürfen, was erstmals 1157 den Schuhmachern in Magdeburg verbrieft wurde.

Eigene Gerichtsbarkeit

Der Stadtherr vergab aber an die Zwangsgenossenschaften auch gewerbe- und sittenpolizeiliche Befugnisse. Unter Vorsitz des Zunftmeisters richteten alle Mitglieder – bei größeren Innungen (Einigungen) ein Ausschuß »im Handwerk« (feierlicher Sitzung) – über Pfuscharbeit, Materialschwindel, aber auch über Verschwendung, Müßiggang, Völlerei und Ehebruch der Meister, Gesellen und Lehrlinge. Als Sühne wurde die Prügelstrafe bevorzugt. Selten waren die Verhandlungen öffentlich, wie bei Maurern und Steinmetzen am Straßburger Dom, wo der Obermeister unter einem Baldachin zu Gericht saß. Die Sitzungen, »das Handwerk«, fanden in den Zunftstuben statt, später in eigenen Zunfthäusern, deren prächtige barocke Nachfahren in Brüssel einen Eindruck des handwerklichen Wohlstands vermitteln.

Die Zünfte – Diener auch des Stadtregiments

Die strenge Leitung der Zünfte kam dem Stadtherrn zugute, denn er konnte sie zum Wacht- und Wehrdienst an den einzelnen Mauerabschnitten verantwortlich einsetzen. Bei einem Kriegszug waren allerdings nicht alle Zünfter zur »Reise« verpflichtet; bei großer Entfernung waren sie in der Regel befreit. Harnisch und Schwert hatte jeder Meister selbst anzuschaffen oder ein Harnischgeld zu zahlen. Besonders gut gerüstet waren z. B. die Schiffer in Straßburg, traten sie doch mit eisernen Hüten, Halskragen, Panzern und Handschuhen an und waren mit Spieß oder Hellebarde oder Streitaxt oder Schwert bewaffnet. Eingesetzt wurden die Zünfte auch gegen Aufstände, bei Tumult und Brand. Selbst zur Steuerschätzung ihrer Mitglieder wurden die Obermeister herangezogen, kannten sie doch den Umsatz ihrer Kollegen ziemlich genau, der ein bestimmtes Maß nicht überschreiten konnte, weil die Zahl der Lehrlinge und Gesellen streng festgelegt war.

Der Überblick wurde dem Zunftmeister zusätzlich durch die Tatsache erleichtert, daß die meisten Zunftgenossen in Gassen und Stadtvierteln beisammen wohnten. So hausten Gerber und Büttner (Böttcher; Schäffler) wegen ihres Wasserbedarfs an Flüssen und Bächen, die Bäkker und Bader aber in den Vorstädten oder vor der Mauer, weil bei ihnen öfters Brände ausbrachen.

Privilegien und Entgegenkommen

Als Gegengabe für solche Zuverlässigkeit genehmigte das Stadtregiment in der Regel die Erblichkeit der Zunftzugehörigkeit für die einzelnen Familien. Schon bei der Fischhändlerzunft zu Worms ruhte das Erbrecht bei 23 Familien. Die Meistersöhne waren auch sonst bevorzugt; sie durften im Betrieb des Vaters ausgebildet werden oder bei Freunden und es wurde ihnen nur eine verkürzte Wanderzeit zugemutet. Ja, vielfach erließ man ihnen die Wanderzeit ganz.
In manchen Städten durfte die Witwe des Meisters die Werkstatt weiterführen, wenn nur unmündige Kinder im Hause waren, oder sich mit der Wiederverehelichung Zeit lassen. Der berühmte Bildschnitzer Tilman Riemenschneider kam durch die Heirat einer Goldschmiedswitwe an einem Tag zur Meisterwürde, einer Werkstatt, zum Bürgerrecht und zu Stiefkindern in Würzburg.

Durch neue Techniken weitere handwerkliche Spezialisierung

Neue Techniken und neue Bedürfnisse führten zu einer Spezialisierung und damit auch zu neuen Zünften in den größeren Städten, was geschickten Gesellen die einmalige Gelegenheit bot, zu Meisterwürden aufzusteigen. Zur stärksten Spezialisierung und Differenzierung kam es im Bereich der Metallbearbeitung. Die Schmiede hatten sich früh schon in Eisen-, Kupfer-, Gold- und Silberschmiede geteilt, nun lösten sich von den Huf- und Waffenschmieden die Schlosser und von diesen wieder die Bogner (Armbruster) und Lötschlosser. In der handwerksreichen Stadt Nürnberg gab es als weitere Äste des eisenverarbeitenden Handwerks die Klingenschmiede (Messerer), Schwertfeger, Panzermacher (Plattner), Helmschmiede, Sporer, Nagel- und Pfannenschmiede. Später kamen, um die Prachtliebe und den verfeinerten Geschmack zu bedienen, die Zinngießer, Elfenbeinschneider, Maler und Bildhauer hinzu, in Nürnberg Ende des 15. Jahrhunderts Zirkel-

Frühe Darstellung handwerklicher Berufe.
»Wollenweber« mit typischem Werkzeug: Schiff, Schere und Messer. Holzschnitt aus Stephanus »Boek van dem Schakspele«, Lübeck.

schmiede, Kompaß- und Uhrmacher sowie Stempelschneider, die auch jene zahlreichen Typen schnitten, die der rasch verbreitete Buchdruck benötigte.

Kampf um Einfluß und Macht im Stadtregiment

Die selbstbewußten, auch wohlbewaffneten Zünfte wollten verständlicherweise auch an der Stadtherrschaft beteiligt werden, gingen also gegen das Patriziat vor, das sich aus adeligen Grundbesitzern, Ministerialen und vermögenden Fernkaufleuten gebildet hatte, aus den alten »Geschlechtern« also, die inzwischen versippt und verschwägert waren. Nürnbergs Patriziat konnte bis zum Ende seiner Herrschaft 1803 den Einfluß der Zünfte zurückweisen oder doch so beschränken, daß er bedeutungslos in der Stadtpolitik blieb. Zumeist holten sich die Zünfte, wenn sie ihre Mitsprache erzwingen wollten, blutige Köpfe, so 1301 in Magdeburg, wo nach ihrer Niederlage zehn Aldermänner

Der Knochenhauer-Aufstand in Lübeck 1384
Chronik von Lübeck

Im Jahre 1384 wurde die Stadt Lübeck von außen und von innen verraten; von innen durch etliche Zünfte, die Hauptleute waren Heinrich Paternostermacher, Godecke Wittenborch und Nikolaus von der Wisch, zwei Knochenhauer, die zwei Bäcker Heinrich Kalavelt und Hermann von Minden, sowie Arnd von Soest, ein Kürschner. Diese hatten sich wohlweislich viele aus ihren Zünften herausgesucht, die ihnen behilflich sein sollten, und zwar hatten sie folgendes vor: Wenn am Sankt-Lamberts-Tag [17. September] zwischen der neunten und zehnten Stunde morgens der ganze Rat sich versammelte, so sollten vierzig mit Schwertern im Krug zu Oldevere zusammenkommen, auf das Rathaus ziehen und den Rat, und was an Dienern vor dem Hause sei, schlagen. Die anderen sollten aufpassen, ob sonst jemand Widerstand leisten wolle, den sollten sie davon abhalten. Inzwischen sollte man des Kürschners Haus auf dem Klingenberge anstecken und brennen lassen, damit die Leute dorthin liefen und die Verschwörer den Rat mit Gemach schlagen könnten. Ferner sollte der Brand für die Hofleute, die sich draußen versammelt hatten, das Zeichen sein, daß sie den Verschwörern zu Hilfe kämen und das andere Volk in der Stadt überwältigten. [. . .]
Am Donnerstag vor Sankt-Lamberts-Tag wurde der Rat gewarnt [. . .], er ließ die Kaufleute und ihre Freunde vorladen und sie wissen, wohin die Fahrt gehen sollte und fragte sie, wie sie sich zu ihm stellen wollten. Sie antworteten, sie wollten [. . .] ihm mit Leib und Gut helfen. So wappneten sich Ratmannen und Kaufleute und ritten in ihrem Harnisch und schirmten ihre Stadt [. . .], sie ließen Heinrich Paternostermacher greifen und in des Büttels Haus legen. Der bekannte sich sofort schuldig und erklärte, er wolle nichts aussagen; der Büttel fand ihn dann tot, er hatte sich in seiner Verzweiflung selber gewürgt. [. . .] Kalavelt und Hermann von Minden wurden ergriffen. Kalavelt bekannte sofort. Als er vor Gericht gebracht wurde, sagte er genau, wie sie die Sache anfangen wollten. Die beiden wurden geschleift und auf das Rad gesetzt. [. . .]
[Ein Teil der Verschwörer konnte entkommen, einige wurden ergriffen, verurteilt und hingerichtet.]
Dann mußten alle Zünfte einzeln vor den Rat kommen und bei allen Heiligen schwören, daß sie der Stadt treu sein wollten. [. . .] Viele, die zuvor ein böses Wort gesprochen, mußten die Stadt verschwören, und die Weiber und Kinder der Gerichteten mußten alle, groß und klein aus der Stadt. Den Fleischhauern wurde die Zunft verboten und alle Buden abgebrochen, denn der Rat wollte um des Verrates willen nicht mehr so viel Fleischhauer haben. Dann begnadigte er sie wieder und wählte aus ihnen die, die den besten Ruf hatten, und machte eine neue Zunft mit neuem Recht, wie sie fortan mit ihrer Zunft die Dinge halten sollten.
[Als die Kaufleute dann den Zünften die Wiederbestätigung aller alten Rechte abschlugen, wappneten sich beide Parteien heimlich.]
Am folgenden Sonntag [. . .] kamen die Herren von Lübeck und die Bevollmächtigten beider Parteien in das Kloster Sankt Katharinen und verhandelten den ganzen Tag, ohne zu essen und zu trinken, bis [. . .] die Uhr vier schlug. Als die

Bevollmächtigten der Zünfte vernahmen, daß das Volk sich so mächtig gegen sie gewappnet habe, tat ihnen die Sache leid, und sie wurden umgänglicher als vorher, sie folgten dem Willen des Rates [. . .] und stimmten allem zu, was dort verhandelt wurde. Es wurde ausgemacht, daß die Zünfte die Eide lösen und fortan keinen Bund mehr gegen den Rat machen sollten. Jeder sollte bei seinem alten Recht bleiben; die Knochenhauer sollten der Stadt zu Lande und zu Wasser, wie es gerade nötig sei, mit zwanzig Berittenen dienen. Das versprachen die Knochenhauer. [. . .]
Am Montag Mittag sollte die Versöhnung vollzogen werden, und die Bevollmächtigten sollten mit den Bürgern und den Knochenhauern vor das Rathaus kommen. Da gab es aber Zwietracht durch unnütze Worte. Die Leute begannen auf die Straße zu laufen und sich zu wappnen; die Knochenhauer begannen [. . .] von beiden Seiten vom Rathaus fortzulaufen. Als die Herren dies hörten, ließen sie die Knochenhauer zurückrufen und in eine Kammer des Rathauses gehen, bis sie in den Straßen hätten ausrufen lassen, daß man den Harnisch ablegen und vor den Stufengang des Domes gehen sollte, dort wolle man die Versöhnung vollziehen. Dann zogen die Herren mit den Bürgern zum Dom, und alles Volk, das diesen Frieden hören wollte, lief hinterher. Dort las man allen Leuten laut den Brief vor, in dem alles stand, was abgemacht worden war, dann stimmten der Rat und die Knochenhauer zu [. . .] damit gingen sie in Frieden Gottes nach Hause.

Aus: Chroniken deutscher Städte. Lübeck II, S. 345 ff.
Übertragen von J. Bühler

Zünfte

(von mhd. Zumft: »was sich ziemt«, Regel)

Zünfte sind die Organisation der selbständigen Handwerker vom Hochmittelalter bis ins 19. Jahrhundert, auch Gilden, Gaffeln, Ämter oder Einungen genannt.

Zunftzwang:	*Obwohl sich die Zünfte in den Städten freiwillig bildeten, wurden sie von der Obrigkeit mit Beitrittszwang belegt, der neben den handwerklichen auch den nichthandwerklichen Berufen (auch Notaren, Musikanten, Bettlern, Dirnen) galt.*
Freimeister, Bönhasen und Störer	*hießen die wenigen selbständig Gewerbetreibenden.*
Zunftordnung:	*Von den Zünften festgelegte Arbeits- und Ausbildungspläne für Lehrlinge, Gesellen und Meister. Arbeitszeit, Zahl der Lehrlinge und Gesellen, deren Rechte und Pflichten gegenüber dem Meister, Lehr- und Wanderzeit, Qualitätsmaßstab für Gesellen- und Meisterstücke, Regelung und Beschreibung der Warenqualität. In*
Zunftbüchern (Rollen oder Schragen)	*waren die Rechte, Pflichten und Privilegien der Zünfte festgelegt und von der jeweiligen Obrigkeit (Kaiser, Stadt oder Landesherr) bestätigt und in kostbaren Zunftladen aufbewahrt. Das*
Zunfthaus (Gewandhaus)	*war der Mittelpunkt des geselligen Lebens. Hier wurden auch die Zunftfahnen, kostbare Trinkgefäße, Leichentücher und andere Symbole der Gemeinschaft verwahrt. – Die Durchsetzung des*

(Obermeister) auf offenem Markt verbrannt wurden. Die Zünfter Straßburgs wurden 1308 nach mißglücktem Aufstand geächtet oder ausgewiesen; erst 1332 konnten sie sich einen Anteil an der Stadtregierung erzwingen. In Köln ließen die »Geschlechter« 1371 nicht nur 33 Weber hinrichten, sondern tags darauf alle Häuser und – trotz Asylrechts – auch Kirchen und Klöster durchsuchen, ertappte Aufständische entweder hinrichten oder mit Frau und Kindern aus der Stadt jagen; das Weberzunfthaus wurde niedergerissen. Erfolgreich waren die Zünfte 1330 in Speyer, 1368 in Augsburg, erreichten in Ulm 1327 gar das Übergewicht, so daß der Rat vom Bürgermeister und von acht Zunftmeistern gewählt wurde.

Besonders lange wurde in Bischofsstädten gerungen, so z.B. im fränkischen Würzburg.

Produzenteninteresses	*stand im Mittelpunkt zünftiger Politik: Ausschaltung stadtfremder Konkurrenz, Behauptung der wirtschaftlichen Position gegenüber Stadtrat und anderen Zünften. Daneben kümmerten sich die Zünfte allerdings auch um soziale (Altersversorgung, Witwen), politische, militärische (Stadtverteidigung) und religiöse Belange.*
Aufnahmebedingungen	*waren ehrliche Geburt und Herkunft, guter Ruf und ein bestimmtes Vermögen (Lehrlinge hatten Lehrgeld zu zahlen!).*
Zunftkämpfe:	*Nach erbitterten Auseinandersetzungen im Spätmittelalter erreichten die Zünfte die Aufnahme ihrer Meister in den Stadtrat. Dem Konflikt lagen Interessengegensätze zu den Patriziern (Kaufleuten) zugrunde; diesen kam es aus Absatzgründen auf möglichst billige Produktion an, weshalb sie schon früh die Produktion aufs Land verlegten und mit billigen, unzünftigen Handwerkern arbeiteten.*
Gesellenaufstände	*waren häufig, weil Meistersöhne bei der Besetzung von Meisterstellen bevorzugt wurden.*
Im 19. Jahrhundert	*fallen in Deutschland die Zunftschranken, denn das stark abschließende System (Begrenzung der Meisterzahlen und Verbot »freier« Konkurrenz) erweist sich als überholt. Viele Gesellen sind arbeitslos, emigrieren – oft ein unruhiger Faktor, vor allem in der Nähe des revolutionären Frankreich! Im 20. Jahrhundert entstehen neue Formen berufsständischer Organisationen: die Innungen.*

Dort unterboten die Handwerker der Klöster und Domherrnhöfe die Preise der Zünfte, was ihnen leicht fiel, da sie weder städtische Steuern zahlen, noch Wacht- und Kriegsdienst leisten mußten.
In den österreichischen Erblanden hatte schon Rudolf von Habsburg 1278 alle Innungen abgeschafft; Herzog Rudolf IV. verbot sie 1364 erneut als »gemeinschädlich«.

Nur die wenigsten konnten Lehrlinge werden

Die trotz aller Belastung begehrte Meisterwürde war nur über eine Lehr- und Gesellenzeit zu erreichen. Die Aufnahme als Lehrling in einen Meisterbetrieb war an drei Bedingungen geknüpft. Der Lehrling

Ausgestorbene Berufe – einst von hoher Bedeutung. *Panzerhemdenmacher. Zeitgenössische Darstellung aus dem »Hausbuch der Mendelschen Zwölfbrüderstiftung«. Nürnberg, Stadtbibliothek.*

mußte männlichen Geschlechts sein, denn die Aufgaben der Mädchen und Frauen lagen in Küche, Keller und Kinderstube. Rare Ausnahmen waren die Garn- und Goldspinnerinnen in Köln, die jährlich einen Meister und eine Meisterin wählten, und jene wenigen Frauen, die bei der Zunft der Gewandschneider, Beutelmacher und Wappenstikker zu Köln, bei den Paternostermachern (Herstellern von rosenkranzähnlichen Gebetsschnüren) in Lübeck, den Bäckern und Gewandschneidern in Frankfurt/Main und den Webern in Basel, die sogar Nonnen aufnahmen, geduldet waren.
Mutterstelle vertrat an den Lehrlingen die Frau des Meisters. Sie

sorgte für das Essen und die Unterkunft, die ja auch den ledigen Gesellen im Haus des Meisters gewährt wurde. Nicht einmal die Hälfte der Alt-Gesellen nämlich konnte einen eigenen Haushalt begründen, es sei denn, seine Frau verdingte sich als Taglöhnerin oder Haushaltshilfe, um die kargen Einnahmen aufzubessern.
Zweite Bedingung für eine Lehrstelle war das christliche Bekenntnis, denn die Zünfte waren ja religiöse Bruderschaften geblieben, deren Mitglieder an allen Jahrtagen, Kindstaufen, Hochzeiten, Bestattungen und der Armensorge teilzunehmen hatten. So wurden nicht nur Juden vom Handwerk ausgeschlossen, sondern auch die Kinder fahrender Leute, die keiner Pfarrei angehörten und kaum Gottesdienste besucht hatten.
Die dritte Forderung verlangte eheliche und freie Geburt. Nur von einem im ehelichen Bett gezeugten Sohn konnte man ein sittlich einwandfreies Leben erwarten, nicht von den Bankerten (auf der Ofenbank gezeugten Kindern des Hausgesindes). Drastisch klar verlangten die Zunftstatuten der Schuster in Frankfurt/Main 1355, daß keiner einen Bastard lehren solle.
Nach einem Sprichwort sollten die Handwerker so rein sein, als wenn Tauben sie gelesen hätten. Wurde die uneheliche Geburt erst nach der Einstellung aufgedeckt, so wurde der Heimlichtuer nicht nur fristlos entlassen, es wurden auch die Meister anderer Städte vor ihm gewarnt. In Straßburg weigerten sich Kandelbindergesellen (Zinngießer) einem der ihren, der auf die Walz (Wanderschaft) ging, den Abschiedstrunk zu gewähren, weil sein Vater unehelich geboren war; das verwunderte den um Stellungnahme gebetenen Rat zu Nürnberg sehr, denn seine Handwerker nahmen auch Findelkinder auf. Unfrei geboren galt, wer als Sproß von Zöllnern, Stadtknechten und Nachtwächtern völlig abhängig im Herrendienst stand. Unehrlich (ohne Ehre) waren die Schäfer, die als kräuter- und geheimniskundig galten, die Scharfrichter und Schinder, die daher nicht in der Stadt wohnen durften, da sie Blut vergossen oder mit Kadavern zu tun hatten. (Siehe auch Seite 147.) Rot- und Weißgerbergesellen durften sich mit Recht wehren, Hunde- oder Katzenfelle zu verarbeiten, denn die galten als »unrein« und waren dem Schinder verfallen. Der Galgen wurde stets von der ganzen Zunft aufgerichtet, damit nicht ein Zimmermann seine Ehre einbüßte.

»Prügelknabe« des Meisters und der Gesellen

Durch ein Testat seines Pfarrers, später durch einen ausführlichen Geburtsbrief wurde der Lehrling der Zunft vorgestellt und, wenn ein

Platz frei war, in einem feierlichen Zeremoniell »angenommen« (aufgedungen). Versprechen mußte er, die Lehrjahre (vier bis sechs in der Regel) auszuhalten, nicht zu entlaufen, sich nicht von Kunden und Gesellen verhetzen zu lassen und dem Meister nichts zu entwenden. Sein Einstandsgeld wurde von den Anwesenden »für den guten Willen« vertrunken. Der Vater oder Vormund des Lehrlings mußte aber nicht nur die Gasterei zahlen, sondern auch monatlich ein Lehrgeld, denn der Junge lernte ja einen Beruf und hatte feste Aussicht auf einen Arbeitsplatz, weil die Zahl der Lehrlinge und Gesellen beschränkt war. Nur bei gefährlichen Berufen, z. B. bei Dachdeckern, Steinschneidern und Schweinestechern verzichtete man auf das Lehrgeld. Mit dem Eintritt in die Werkstatt gingen die väterlichen Rechte auf den Meister über, der in der Regel nicht mit Prügeln sparte, wenn der als Laufbursche und Hausknecht eingesetzte Anfänger sich ungeschickt erwies. Aber vielfach reagierten auch die Gesellen die Erlebnisse der eigenen Lehrzeit am Neuling ab. So kam es gerade im ersten Lehrjahr vielfach zur Flucht der zehn- bis zwölfjährigen »Prügelknaben«. Um die Flucht zu verhindern, forderten die Meister vom Vater oder Vormund ein Bürgegeld, das dem Meister verfiel, wenn der Lehrling entwich. War jedoch der Meister an der Flucht schuld, weil der Schutzbefohlene lebensgefährlich geschlagen oder auf Hungerration gesetzt worden war, so konnte der Lehrling bei einem anderen Meister auslernen.

Die »Wanderschaft«

Das Lossprechen des Lehrlings zum Gesellen, das auch eine Leidenszeit beendete, wurde mit großer Feierlichkeit, aber auch allerlei Nekkereien begangen, wovon das »Gautschen« bei Setzern und Druckern heute noch eine schwache Vorstellung gibt. Die meisten Zünfte verlangten nun, daß der junge Geselle auf die »Walz« (»Wanderschaft«) ging, um bei Meistern in der Fremde »einzusprechen«, Aushilfe zu leisten und dabei Erfahrungen zu sammeln. Dabei sollten »Stümper und Hudler« ausgeschieden werden. Der »Schuhmacher und Poet dazu« Hans Sachs (*1494) aus Nürnberg walzte von 1511 bis 1517 und »sprach ein« in Regensburg, Passau, Braunau/Inn, Ötting, Burghausen, Ried, Wels, Salzburg, Reichenhall, München, Landshut, Würzburg, Frankfurt/Main, Koblenz, Köln und Aachen. Als ein Meister in München ihm den Rock für Wein pfändete, löste die Mutter ihn wieder aus.

Bevor der wandernde Geselle um Arbeit nachsuchte, ging er in die Schenke, in der sich die Altgesellen trafen, gab dort seine Habseligkeiten in Verwahrung, versprach dem (Herbergs-)Wirt ein guter Sohn zu sein, weder zu raufen, noch mit dem Messer zu stechen und gab dem sogenannten »Zuschickgesellen« ein Trinkgeld zum Willkomm. Der, von den Gesellen als Vertrauensmann aufgestellt, lief nun von Werkstatt zu Werkstatt in strenger Reihenfolge und besorgte dem Zugewanderten Arbeit für Tage oder Wochen. Mehr als ein halbes Jahr litt man fremde Gesellen nicht.

Karge Gesellenjahre

Diese Selbsthilfe der Gesellenschaft war in Deutschland stärker als in anderen Ländern ausgeprägt und konnte den Meistern manches Vorrecht abtrotzen, so den »blauen Montag« (meist nur den Montagvormittag), den die Gesellen häufig im Bad verbrachten. Sie entschädigten sich so etwas für die lange Arbeitszeit, die sommers in der Regel von 5 bis 19 Uhr, winters von 7 bis 18 Uhr dauerte. Noch heute erinnert das »Sechseläuten« in Zürich, ein Frühlingsfest am dritten Montag im April, daran, wann einst die Sommerzeit mit Arbeitsschluß um 18 Uhr begonnen hatte. Sparte der Meister an der Beleuchtung, so waren die sechs Arbeitstage der Woche im Sommer länger, dafür im Winter kürzer.

Die ledigen, im Meisterhaus wohnenden Gesellen erhielten Morgensuppe, Mittagsmahl und Vesper während der Arbeitspausen, die an die zwei Stunden herankamen. Mitunter wurde die Werkstatt am Samstag zwei Stunden früher geschlossen und der Lohn ausbezahlt. Lehrlinge und Gesellen konnten sich weigern, statt Geld Produkte der Werkstatt in Kauf zu nehmen. Meist gaben die Meister, um geschickte Kräfte zu halten, zusätzlich wöchentlich ein Badegeld und zweimal im Jahr ein Kleidergeschenk, passenderweise vor den Kündigungsterminen. Beide Seiten konnten sich nach sechs Monaten Mindestdauer trennen, wobei 14 Tage vor Ostern oder Michaeli (29. September) zu kündigen war. Unterm Jahr konnte jeder Geselle mit acht Tagen Frist kündigen, wenn er im Lohn verkürzt wurde oder das Essen unzureichend war.

Wohnte der Geselle beim Meister, so war er dessen Hausdisziplin unterworfen. Steten Ärger gab es wegen der Sperrstunde, von den Meistern auf 21 oder 22 Uhr festgelegt, auch dann, wenn eine Gesellenschenke stattfand. Kam ein Geselle zu spät, so mußte der Meister nicht mehr öffnen, was dazu führte, daß der vor der Tür Wartende als Nachtschwärmer oder Radaubruder bis zum Morgengrauen arretiert wurde. Diese und viele andere Schikanen führten die Gesellen zu Bünden zusammen, denen die Geistlichen gewogen waren. Sie überließen ihnen Altäre, Kapellen und Grablegen, gewannen dadurch nicht nur Stifter von Kerzen und Paramenten, eifrige Teilnehmer an Prozessionen und Andachten, sondern auch eine Bruderschaft, die sich um ihre armen, kranken und verstorbenen Mitglieder rührend kümmerte. Nur in Nürnberg und Freistadt/Mühlviertel, wo keine Zünfte geduldet wurden, waren Gesellenbruderschaften verboten.

Manchmal streikten die Gesellen auch, so die Bäckerknechte in Colmar mit Pausen von 1495 bis 1505, doch ging es ihnen nicht um Lohn und Arbeitszeit, sondern um das Vorrecht, bei der Fronleichnamsprozession das Allerheiligste mit ihren Kerzen begleiten zu dürfen – ein Recht, das Gesellen der Grautucher, Karcher (Kärrner; Fuhrleute) und Bader an sich gerissen hatten.

Gemeinsam war Meistern und Gesellen nicht der »goldene Boden des Handwerks«, auf dem standen nur die Meister, wohl aber der Stolz und das Selbstbewußtsein, Produkte zu liefern, die gediegen und beständig waren, nach allen Regeln und Techniken entstanden, weder auf Material- oder Wertschwindel beruhten, noch als Wegwerfware den Käufer narrten. Selbst die Künstler des späten Mittelalters, ob Wolgemuth oder sein Schüler Albrecht Dürer, ob Veit Stoß oder Tilman Riemenschneider und viele andere, hatten zuvor harte Lehrlings- und Gesellenjahre absolviert und blieben in der Regel als Meister ihrer Zunft am Werke.

Literatur

Kelter, Ernst: Die Wirtschaftsgesinnung des mittelalterlichen Zünftlers, Leipzig 1932

Luther, Rudolf: Gab es eine Zunftdemokratie?, Berlin 1968

Mummenhoff, Ernst: Der Handwerker in der deutschen Vergangenheit, Leipzig 1901

Wege, Erich: Die Zünfte als Träger wirtschaftlicher Kollektivmaßnahmen, Stuttgart 1930

Wissel, Rudolf: Des alten Handwerks Recht und Gewohnheit, 2 Bde., Berlin 1971

HEINRICH PLETICHA

Verfemte Berufe – »Unehrliche Leute«

Abseitsstellung verschiedener Berufe – Der gefürchtete Henker – Der gefährliche Schinder – Müller und Leinweber – Abseits bis ins Grab – Gaukler und Spielleute – Der Weg zur Ehrlichkeit – Bettlerplage – Liber vagatorum – Die Ärmsten der Armen.

Der alte Kinderreim »Kaiser, König, Edelmann, Bürger, Bauer, Bettelmann« deutet zwar die gesellschaftliche und soziale Rangleiter im Heiligen Römischen Reich treffend genug an, schließt aber eine ganze Gruppe jener Ärmsten aus, die nicht mehr zur städtischen oder dörflichen Gemeinschaft gehörten, obgleich man ihrer Dienste überall und jederzeit dringend bedurfte. Es waren Menschen, auf die selbst der ärmste Handwerker oder Bauer noch verächtlich herabblickte, weil sie doch zu den »unehrlichen Leuten« gezählt wurden. Dabei hat diese Bezeichnung nichts mit »unehrlich« im modernen Sinn zu tun, sondern drückt vielmehr die Rechtlosigkeit dieser Menschen bzw. Berufe, ihre Abseits- und Outcaststellung aus.
Die soziologischen, rechts- und religionsgeschichtlichen Wurzeln solcher Verfemung reichen weit zurück in die Antike und die germanische Zeit. Im Mittelalter waren die Formen bereits erstarrt, ließ sich manchmal schon gar nicht mehr so richtig feststellen, warum ausgerechnet bestimmte Berufe als unehrlich galten. Bei einigen kann man es noch verstehen, wie etwa bei den Scharfrichtern, den Abdeckern (Wasenmeistern) oder den Totengräbern. Warum aber Leinweber, Bader, Müller oder sogar Schornsteinfeger, unsere heutigen Glücksbringer, zu den verfemten Berufen gerechnet wurden, ist von der Forschung bis heute nicht ganz befriedigend geklärt worden.

Gefürchtet, aber gut bezahlt: der Scharfrichter

Verfemt und zugleich gefürchtet wie kaum ein anderer in der mittelalterlichen Stadt war der Scharfrichter. Wenn er in seinem leuchtend roten Mantel durch die Gassen ging, wichen ihm die Menschen scheu

aus; denn schon die Berührung mit ihm konnte böse Folgen haben. Ein Basler Handwerker, der in der Trunkenheit mit dem Scharfrichter gezecht hatte, wurde von seinen Zunftgenossen daraufhin gemieden. Sie ließen ihn nicht mehr arbeiten, und der Unglückliche nahm sich schließlich das Leben. Solche allgemeine Ablehnung mochte den Scharfrichter wenig kümmern, da er im Gegensatz zu manchen anderen ehrlichen Berufen ein erstaunlich gutes Einkommen hatte. In München beispielsweise erhielt er einen festen Wochenlohn von 50 Pfennigen, und da jede seiner Handreichungen besonders bezahlt wurde, verdiente er bei der Brutalität des damaligen städtischen Strafvollzugs viel mehr als etwa ein städtischer Baumeister oder ein Schulrektor. (Der Pfennig war eine Silbermünze von etwa 0,5–1,5 g Gewicht.) Fürs Erhängen oder Enthaupten bekam er 60 Pfennige, fürs Ohrabschneiden, Blenden, Zungenausreißen oder Armabhauen bis 120 Pfennige, fürs Verbrennen sogar ein Pfund Pfennige. Dazu kamen noch die verschiedenen Nebeneinnahmen, galt er doch vielfach und nicht zu Unrecht als heilkundig, erfahren vor allem im Gliedereinrenken, weshalb man ihn nachts heimlich zu Mensch und Tier holte. Und schließlich verdiente er noch an manchem merkwürdigen »Heilmittel«, wie etwa den Hirnschalen der Gehenkten, dem »Armsünderfett«, den Splittern des Armsünderstäbchens, das der Richter über dem Verurteilten brach, und den unter dem Galgen sprießenden Wurzeln, den Alraunen, die gegen Fieber und Viehseuchen helfen sollten.
Aber sein Beruf war auch gefährlich; denn die Volkswut richtete sich rasch gegen ihn, wenn er seine Tätigkeit ungeschickt ausübte. Aus Wien und Prag hören wir, daß der Scharfrichter von der aufgebrachten Menge erschlagen bzw. auf Befehl des Rates selbst hingerichtet wurde, weil er das Haupt des Verurteilten nicht mit einem Streich abgeschlagen hatte. In München mußten angeblich die neuen Scharfrichter verschiedentlich ihr blutiges Handwerk erstmals an ihrem Vorgänger versuchen. 1321 wurde der Münchner Scharfrichter gehängt, 1381 enthauptet, 1422 wurden einem die Augen ausgestochen und die Zunge herausgerissen. Solches Vorgehen hing allerdings auch damit zusammen, daß die Scharfrichter meist rohe Gesellen waren und sich leicht zu Gewalttaten hinreißen ließen.

Wichtig für alle – aber unehrlich: der Schinder

Dem Henker fast gleich kam der Abdecker oder Schinder. Manchmal rangierte er sogar noch unter ihm, weil er weniger gefürchtet wurde und bei ihm der Schimmer des Unheimlichen wegfiel. Obzwar sein

***Hinrichtung durch den Henker.** Zeitgenössische ›Romanillustration‹ aus dem 1517 erschienenen »Theuerdank« Maximilians I. Das Versepos wurde von Burgkmair, Schäufelein und Beck mit 118 Holzschnitten ausgestattet.*

Handwerk das schmutzigste war, das die Stadt kannte, so war es doch aus sanitären Gründen von größter Wichtigkeit. Er tötete die erkrankten Tiere, zog gefallenem Vieh die Häute ab und räumte die Kadaver weg. In manchen Städten mußte er auch noch die Kloaken räumen. Merkwürdigerweise war es für den ehrbaren Bürger noch gefährlicher, sich dem Schinder zu nähern als dem Henker. Wer nur dessen Pferd oder den Karren berührte, wurde selbst sofort unehrlich und »des Handwerks nicht mehr fähig«. Tötete ein Bürger etwa seinen alten Hauskater oder den Hofhund und verscharrte das Tier, wurde er gleichermaßen unehrlich. Wir hören einmal, daß ein Leinewebergeselle, der im Dunkel versehentlich einen Hund totgetreten hatte, daraufhin aus der Zunft ausgeschlossen wurde. Noch im Reichstagsabschied von 1731 heißt es ausdrücklich, daß kein Handwerker für unehrlich gelten solle, der einen Hund oder eine Katze tötet und das Aas anrührt. Im gleichen Reichstagsabschied wird dem Abdecker auch ein altes Recht abgesprochen. Bis dahin durfte er nämlich jedem Bürger, der selbst ein Tier getötet hatte, sein Messer in den Türpfosten rammen. Der so Gekennzeichnete und gleichzeitig Beschimpfte mußte sich durch eine beträchtliche Summe lösen. Entfernte er selbst das Messer, galt er für immer als unehrlich.

Bader, Schornsteinfeger, Müller, Leinweber

Konnte man beim Henker und beim Abdecker noch zu einem gewissen Maß verstehen, daß sie wegen ihres Gewerbes zu den unehrlichen Leuten gerechnet wurden, so ist die Verfemung bei einer Reihe anderer Berufe jedoch nicht einzusehen. Zu ihnen gehörten beispielsweise die Bader, die ursprünglich auf die gleiche Stufe wie die Henker gestellt wurden. Sie arbeiteten, wie der Namen ja deutlich genug sagt, in den Badestuben, die es selbst in den kleinsten mittelalterlichen Städten gab, und die von den Bürgern beiderlei Geschlechts gern besucht wurden. Dort sorgten sie nicht nur für die Bereitstellung der Bäder, sondern übernahmen auch das Kopfwaschen und das Haarschneiden, sowie das als Allheilmittel so beliebte Schröpfen und Aderlassen, renkten Glieder ein, behandelten Wunden und zogen Zähne. Wenn sie auch mit solchen wichtigen Tätigkeiten zu den Ahnen unserer modernen Chirurgen oder der Zahnärzte gehörten, so war es wahrscheinlich die beliebte und berüchtigte Badeerotik, die sie in Verruf brachte und in die Nähe der »Frauenwirte« rückte!

In manchen Orten wie etwa in Klosterneuburg, in Bamberg und in Nürnberg mußten die Bader zumindest zeitweilig auch die Geschäfte des Kamin- und Schornsteinfegers übernehmen. Damit hängt vielleicht zusammen, daß auch diese – wenn auch nicht überall – zu den unehrlichen Berufen gezählt wurden. Viel häufiger dagegen geschah das mit ihrem weißen Gegenstück, dem Müller. Hier mögen die Gründe der Zuordnung rechtlicher Natur gewesen sein, und der Begriff der Unehrlichkeit nähert sich am ehesten unserer heutigen Bedeutung; denn häufig waren Bürger und Bauern schlecht auf die Müller zu sprechen, sagten ihnen Betrügereien und dunkle Geschäftspraktiken nach. »Neben jeder Mühle steht ein Sandberg«, lautet ein altes deutsches Sprichwort, und ein anderes besagt ebenso deutlich: »In der Mühle ist das beste, daß die Säcke nicht reden können.« In der Sage galten die Müller häufig als Hexenmeister, und die abseits der Städte und Dörfer an einsamen Stellen gelegenen Mühlen hatten als Schauplätze von Raub und Mordtaten einen schlechten Ruf. 1577 erhielten die Müller überhaupt erst einmal das Zunftrecht, aber selbst bis 1700 blieb ihnen als äußeres Zeichen des Makels die Auflage, daß sie beim Errichten der Galgen helfen mußten.

Diese Tätigkeit teilen sie mit den Leinewebern, deren Ruf auch nicht besser war. »Die Leinweber haben eine schöne Zunft, am Galgen oben haben's ihre Zusammenkunft« heißt es abfällig in einem alten Lied, das dann fortfährt: »Der Leinweber schlachtet alle Jahr' zwei Schwein, das eine ist gestohlen, das andere nicht sein.« Solchen schlechten Ruf hatten die armen Teufel keineswegs verdient, aber die Kollektivverleumdung hielt sich hartnäckig über Jahrhunderte hinweg, ohne daß sich irgendeine stichhaltige Begründung dafür geben ließe.

Es fällt immer wieder auf, daß die braven Bürger jede nur erdenkliche Möglichkeit suchten, um die Angehörigen solcher verfemter Berufe zu demütigen. Der Zwang, den Galgen aufrichten zu müssen, ist nur ein Beispiel für diese intolerante Gehässigkeit. Sie ging sogar über das Grab hinaus, wie ein bekanntgewordener Fall noch aus dem Jahr 1705 beweist, als sich in Parchim Angehörige der Schusterzunft, die normalerweise dort die Leichen zu Grabe trugen, weigerten, der verstorbenen Tochter eines Ratsdieners diesen letzten Dienst zu erweisen, weil ihr Vater ähnlich wie die Büttel als unehrlich galt. Es bedurfte der Intervention des Herzogs von Schwerin, um die Angelegenheit zu bereinigen.

Rechtlos und diffamiert: das »Fahrende Volk«

Wenn man schon gegen seßhafte Leute und einfache Handwerker voreingenommen war, wie mußte man sich da erst gegen Herumvagabundierende, gegen Bettler oder die sogenannten »Fahrenden Leute« verhalten! Zu letzteren gehörten die Gaukler und Spielleute im weitesten Sinne, alle jene großen und kleinen Künstler und Scharlatane, die Taschenspieler, Seiltänzer, Possenreißer, Akrobaten, die Sänger und Musikanten, die von Ort zu Ort zogen und gegen Geld ihre Künste vorführten. Die Sänger und Musikanten dürfen dabei allerdings nicht mit den Minnesängern des hohen Mittelalters verwechselt oder gleichgesetzt werden, die ja überwiegend aus dem Ritterstand kamen oder wie Gottfried von Straßburg angesehene Bürger waren.

Bei dem »Fahrenden Volk« lassen sich die Anfänge des Berufs und mit ihnen die Wurzeln der Verfemung bis in die griechische Antike zurückverfolgen. Diese Diffamierung hielt sich hartnäckig bis in die Neuzeit und wurde endgültig erst nach der Französischen Revolution beseitigt.

Zur gesellschaftlichen Diffamierung kam noch wie bei allen Unehrlichen die Rechtlosigkeit. So fanden sie beispielsweise nirgends Rechts-

***Fahrendes Volk.** Im Troß großer Heere zogen oft Hunderte von nicht seßhaften Menschen – Fahrendes Volk, Dirnen, Diebe, Bettler –, aber auch Frauen und Kinder der Landsknechte mit. Aus: »Triumphzug Kaiser Maximilians I.«.*

schutz, wenn sie unterwegs beraubt wurden. Im Schwäbischen Landrecht heißt es ausdrücklich »Spielleute und allen denen, die Gut für Ehre nehmen, denen gibt man eines Mannes Schatten vor der Sonne«. Das heißt, wenn jemand einem Spielmann Buße zu leisten hatte, dann mußte er vor eine sonnenbeschienene Wand treten, und der Spielmann durfte nicht ihn selbst, wohl aber den Schatten an der Wand an den Hals schlagen. Solche Bestimmungen galten auch für Bürger und Adelige, die sich, was durchaus vorkam, dem verachteten Gewerbe zuwandten. Dann wurden sie nicht nur persönlich rechtlos, sondern verloren auch jedes Anrecht auf das väterliche Erbe.
Umgekehrt bot sich für die Spielleute aber auch die Möglichkeit, ehrlich zu werden, wenn sie in die Dienste eines großen Herrn oder einer Stadt traten. Im Spätmittelalter durften sie sich sogar zu zunftähnlichen Genossenschaften zusammenschließen.
Eine ähnliche Sonderstellung nahmen auch die herumvagabundierenden Kleriker ein, die zwar die Weihen erhalten hatten, aber keine Pfarrstelle fanden und daher wie die Spielleute von Ort zu Ort zogen.

Es waren tüchtige und gerissene Burschen unter ihnen. Manche fanden im Gefolge geistlicher oder weltlicher Fürsten Zuflucht wie etwa der »Erzpoet« bei dem Kölner Erzbischof Rainald von Dassel. Andere krochen bei reichen Prälaten unter und halfen ihnen bei der Verwaltung ihrer Pfründen, manche ergatterten doch noch die ersehnte Pfarre und manche endeten in der Gosse. Das Volk zählte sie nicht zu den Unehrlichen, wohl aber wurden sie zeitweilig für rechtlos erklärt.

Bettler und Aussätzige

Die niedrigste Schicht der »Fahrenden Leute« bildeten die Bettler. Arme, Kranke und Krüppel aller Art bevölkerten im Spätmittelalter in großer Zahl die Landstraßen, die Städte und die Dörfer. In einer Zeit, in der für Notleidende nicht oder nur gelegentlich durch wohltätige Stiftungen gesorgt wurde, galt für sie nur das Gesetz des Überlebens. Viele von ihnen waren unverschuldet in bittere Not geraten, andere wieder erblickten in der Bettelei ein billiges und bequemes Gewerbe, mit dem man die Leute betrügen und wenigstens einigermaßen seinen Lebensunterhalt verdienen konnte. Wer wollte oder konnte hier die Grenzen ziehen und Unterschiede treffen? Die – meist von nur wenigen Wohlhabenden regierten – Städte mußten sehen, wie sie am besten mit der Bettlerplage fertig wurden. Allerdings waren Mildtätigkeit und Unterstützung Sache des einzelnen, und die Behörden kümmerten sich nur dann um die Armen, wenn es zu viele wurden. Als probates Mittel bewährte sich, nur noch Einheimischen das Betteln zu erlauben; Fremde aber wurden aus den Mauern verwiesen. Diese seltsame Methode sozialer Fürsorge funktionierte über Jahrhunderte hinweg. Oft wachten eigene Bettelvögte, meist einfache Leute, die selbst nicht viel besaßen, über die Ausführung der strengen städtischen Verordnungen. Da sie eine Art Büttel- oder Gerichtsdienerfunktion ausübten, wurden sie oft selbst den unehrlichen Berufen zugerechnet.
Mit welchem Volk sich solche Vögte manchmal herumschlagen mußten, beweist wohl am besten das »Liber vagatorum«, das erstmals im 15. Jahrhundert erschien, sich vor allem im 16. und 17. ziemlicher Verbreitung erfreute und für das sogar Martin Luther unter dem Titel »Von der falschen Bettler Büberei« ein Vorwort schrieb. Es zählt die verschiedenen Praktiken und Betrügereien der Bettler auf, und man staunt bei der Lektüre heute noch über deren Einfallsreichtum, lernt aber auch verstehen, daß die in ihrer Mehrheit nicht sehr wohlhabenden Bürger zwar bereit waren, das von der Kirche geforderte Opfer zu bringen und sogenannte Elendsherbergen einzurichten, im allgemei-

»Bettler-Tricks« und Betrügereien
Aus dem »Bettlerorden« – Um 1500

Von den Klenknern: Das sind die Bettler, die auf allen Meßtagen vor den Kirchen sitzen mit bösen gebrochenen Schenkeln, einer hat keinen Fuß, der andere keinen Schenkel, der dritte keine Hand oder keinen Arm. Einige haben Ketten bei sich liegen und sprechen, sie seien unschuldig gefangen gelegen, und sie haben gewöhnlich einen Sankt Sebastian oder einen Sankt Leonhard bei sich stehen, um derentwillen sie mit jämmerlicher Stimme bitten und fordern. Das ist dreifach gefoppt, denn dem einen ist sein Schenkel oder sein Fuß im Gefängnis abgefeilt worden um böser Sachen willen. Dem andern ist seine Hand abgehauen worden im Krieg, beim Spiel oder um einer Metze willen. Mancher aber verbindet seinen Schenkel, seinen Arm mit Binden und geht auf Krücken, und ihm fehlt so wenig wie anderen Menschen.
Zu Schlettstadt saß ein Bettler vor der Kirche. Derselbe hatte einem Dieb am Galgen seinen Schenkel abgehauen und hatte ihn vor sich hingelegt und seinen guten Schenkel aufgebunden. Er geriet nun mit einem anderen Bettler in Streit, der lief fort und sagte alles einem Stadtknecht. Sobald jener den Stadtboten bemerkte, entwischte er und ließ den bösen Schenkel liegen und lief zur Stadt hinaus, daß ihn ein Pferd kaum hätte einholen können. Er wurde bald darauf zu Achern an den Galgen gehängt und der dürre Schenkel des Diebes neben ihn.
Von den Zickissen: Es gibt Blinde, wenn die in eine Stadt kommen, so verbergen sie ihre Kugelhüte und sprechen zu den Leuten, sie seien ihnen gestohlen worden oder sie hätten sie verloren, und so sammelt einer zehn oder zwanzig Kappen, die er hernach verkauft. Etliche Blinde sind geblendet um ihrer Missetat oder Bosheit wegen. Etliche Blinde sind vor zehn Jahren oder mehr geblendet worden. Diese nehmen dann Baumwolle und machen sie blutig und binden dann ein Tüchlein über die Augen und sagen, sie seien Kaufleute oder Krämer gewesen und in einem Wald von den bösen Leuten geblendet worden, und sie seien drei oder vier Tage an einem Baum gestanden, und wären nicht ungefährliche Leute gekommen, so hätten sie verderben müssen.

Aus: Liber Vagatorum (»Der Bettlerorden«) – erstmals Ende des 15. Jhs. in Basel gedruckt.
Gekürzt nach der Übertragung v. J. Scheible u. H. Thiele

nen sich aber gar nicht erst um Unterscheidungen bemühten, sondern die Bettler in Bausch und Bogen ablehnten und sie kurzerhand zu den unehrlichen Leuten rechneten.

Obwohl wir auf der Leiter der Armut und des Elends Sprosse um Sprosse tiefer gestiegen sind, haben wir mit diesen Bettlern doch immer noch nicht die unterste erreicht. Ganz unten, bei den Ärmsten der Armen in der mittelalterlichen Gesellschaft, begegnen wir wieder den ehrlichen Leuten, jedoch einer Gruppe, die völlig ausgeschlossen war aus jeder Gemeinschaft. Dem Henker war noch ein gesonderter Sitz in der Schenke geblieben, dem Bettler ein Platz auf den Kirchenstufen, völlig ausgeschlossen aber aus jeder Gemeinschaft waren die Aussätzigen oder Leprakranken, wie wir heute sagen würden. Wir kennen die grauenerregenden Bilder von zerfressenen Gesichtern und abgefaulten Gliedern nur noch aus den Leprastationen der tropischen Länder, aber sie waren auch einmal bei uns zu Hause und von furchtbarer Selbstverständlichkeit. In den mittelalterlichen Städten bildete der Aussatz eine Geißel Gottes, war gleichermaßen gefürchtet bei Armen wie bei Reichen; denn wer davon befallen war, wurde ausgestoßen aus jeder Gemeinschaft. Waren ein Mann oder eine Frau am Aussatz erkrankt, dann geleitete man den Unglücklichen noch einmal mit der ganzen Gemeinde in die Kirche. Kniend hörte er die Messe, die letzte, an der er teilnehmen durfte. Dann reichte ihm der Priester das geweihte Lazarus- oder Leprosenkleid, eine einfache Kutte, dazu Handschuhe, eine hölzerne Trinkschale, einen Speisekorb und eine Klapper, mit der er Nahende warnen mußte. Dann führte man ihn in feierlicher Prozession unter Totengesängen hinaus vor das Tor, wo abseits von den anderen Häusern das Leprosenhaus oder oft auch nur eine einfache Hütte stand, in der er fortan leben mußte. Man streute ihm Erde auf das verhüllte Haupt und verbot ihm feierlich jeden Umgang mit Gesunden. Nur durch Gebet und Almosen blieb man mit ihm verbunden. Familienmitglieder durften bestenfalls das Essen in die Nähe der Hütte stellen – dem Kranken aber blieb nichts anderes, als auf seinen Tod zu warten.

Literatur

Danckert, Werner: Unehrliche Leute. Die verfemten Berufe, Bern 1963
Hampe, Theodor: Fahrende Leute in der deutschen Vergangenheit, Leipzig 1902

Das der kunig von vngern / auch der gro
Connestabel von franckenrich darzů der
hertzog von Burgunn vnd ander fürs
vß gezogen / wider die vngloubigen zug

ROLAND VOCKE

Die Regierungszeit Friedrichs III. und Maximilians I.

Das Konzil von Basel und Kaiser Friedrich III. – Das Erbe des Ladislaus Postumus – Das burgundische Reich und die burgundische Heirat Maximilians I. und das Ringen um die Reichsreform – Karl VIII. und Ludwig XII. von Frankreich greifen nach Italien – Burgund unter Karl dem Kühnen – Maximilian I.: ritterlicher Kaiser in einer Umbruchszeit – Zeit der Landsknechte und neuen Feuerwaffen – Maximilian I. reibt seine Kräfte im Kampf um Italien auf – Seine finanzielle Schwäche – Die erfolgreiche Heiratspolitik der Habsburger – Der selbständige Weg der Schweizer – Türkengefahr – Die Reichsverfassung im Hoch- und Spätmittelalter – Reichsidee, Königtum, Kurfürsten, Städte – Reichstage und Reformen – Die Gesellschaft im Spätmittelalter – Frühkapitalistische Wirtschaftsentwicklung – Die Literatur im Spätmittelalter – Die Entwicklung der Naturwissenschaften – Die Revolution des Buchdrucks – Rechtsgefühl und Rechtsprechung – Vom Sachsenspiegel zum Römischen Recht.

Bedrohung durch die Türken.

»Kriegszug nach Ungarn« und Kämpfe gegen die vordringenden Türken (Mitte). Spiezer Chronik des Diebold Schilling d. Ä. Bern, Burgerbibliothek.

In den Monaten vom Tod des deutschen Königs Albrecht II. am 27. Oktober 1439 bis zur Wahl seines Nachfolgers Friedrich III. am 2. Februar 1440 nahm das seit 1431 in Basel tagende allgemeine Konzil eine neue, höchst dramatische Wendung.
Durch eine erfolgreiche Mischung aus Starrsinn und diplomatischem Geschick und mit Hilfe des Nikolaus von Kues (siehe Porträt rechts) hatte es Papst Eugen IV. (1431–1447) schließlich fertiggebracht, die Kirchenversammlung zu spalten und die mehr ihm geneigten Teile des Konzils von der Gruppe der radikalen Kirchenreformer zu trennen und zum Verlassen des Konzils zu bewegen. Er selbst berief ein Gegenkonzil nach Ferrara (1438), später nach Florenz (1439), bei dem es nicht mehr um die dem Papste überaus lästigen Fragen der Kirchenreform, sondern um die Frage einer Union mit der griechischen Kirche ging.
Seit Jahrhunderten hatten die Päpste diese Wiedervereinigung und die Unterwerfung der Ostkirche angestrebt; jetzt, in dem Augenblick, da Konstantinopel von den Türken tödlich bedroht war, zeigte sich der Kaiser von Konstantinopel, Johannes VIII. Palaiologos, geneigt, eine Union der christlichen Kirchen ins Auge zu fassen. Aber: der Abschluß der Verhandlungen in Florenz 1439 rettete zwar nicht Konstantinopel vor den Türken, steigerte jedoch in weiten Teilen Europas das Ansehen des Papsttums beträchtlich.

Der letzte Gegenpapst der Geschichte: Felix V.

Ungeachtet oder trotz dieser Entwicklung verhärtete sich die Haltung der in Basel verbliebenen, reformerischen Konzilsteilnehmer. Die Versammlung – 39 Prälaten und etwa 300 sonstige Kleriker – setzte Eugen IV., da er das allgemeine Konzil mißachtet habe, kurzerhand als Ketzer und Häretiker ab und wählte an seiner Statt den ehemaligen Herzog Amadeus von Savoyen. Die Wahl erfolgte am 5. November 1439, wenige Tage nach dem Tod des deutschen Königs Albrecht II. Dieser neue Papst, Felix V., wie er sich nannte, war der letzte Gegenpapst der Geschichte. Aber die Zeit, in der man mit einem Gegenpapst erfolgreich weltliche oder kirchliche Politik machen konnte, war endgültig vorüber.
Mit Schrecken erinnerte man sich lange im christlichen Europa an die Zeit des großen Schismas, der Kirchenspaltung, die die Christenheit so lange zerrissen hatte und die man in Konstanz nur mit Mühe überwunden hatte.

NIKOLAUS VON KUES (CUSANUS)

Im Winzerort Kues gegenüber Bernkastel/Mosel wurde 1401 dem wohlhabenden Schiffsmann Johann Crypffs (Krebs) ein Sohn Nikolaus geboren, den die Eltern zum Geistlichen bestimmten. Zeitlebens war er stolz auf Herkunft und Geburtsort. Als man ihm später einen adeligen Vater andichten wollte, bestand er auf seinem bürgerlichen Wappen, dem Krebs. Seine religiöse Unterweisung erhielt er in einem Kloster in Deventer. Dorthin stiftete er die »Bursa Cusana« für arme, aber begabte Studenten. Die dort im Kloster geübte Verbindung von Predigt, Dienst am Nächsten und humanistischen Studien haben Nikolaus Krebs ein Leben lang begleitet. Zunächst ging er zum Studium der Rechte nach Heidelberg und Padua, dann nach Köln zu dem der Theologie. 1427 wurde er Stiftsdekan von St. Floris in Koblenz, bald Sekretär und Kanzler des Erzbischofs von Trier, mit dem er am Konzil zu Basel teilnahm. Sein diplomatisches Geschick wurde bald in vielen Streitfällen gesucht, zumal er auch mächtige Freunde hatte. So konnte er einen Zwist zwischen Spanien und England beilegen, verhandelte aber vergeblich mit den Hussiten über den Laienkelch. Die Lehre seiner Reformschrift »De concordantia catholica« negierte das Konzil 1433. Er schloß sich daher Papst Eugen IV. an, der ihn nach Byzanz entsandte. Dort lernte er den Islam, östliches Christentum und Astronomie kennen. Zurückgekehrt, versuchte er in seinen Schriften die Gegensätze der mystischen, scholastischen, neuplatonischen und anderen Lehren auf höherer Ebene zu versöhnen. 1448 erhob ihn Nikolaus V. zum Kardinal und übertrug ihm 1450 das Bistum Brixen. Hier wurde der Reformator, Denker und Wissenschaftler bald isoliert; Herzog Sigmund von Tirol vertrieb ihn, nahm ihn 1460 fest und entließ ihn erst, als Nikolaus ihm alle Städte und Burgen des Hochstiftes Brixen übergeben hatte.

Bis zu seinem Tode 1464 lebte Krebs als Generalvikar in Rom, ein Universalgelehrter, der sich auch um die Kalenderreform und das vatikanische Salzmonopol zu kümmern hatte. Sein Leib ruht in S. Pietro in Vincoli, sein Herz in Kues.

(W. D.)

Verzicht auf Reformen Der Kaiser arrangiert sich mit Papst Eugen IV.

Den Kampf zwischen den Baslern und ihrem Papst einerseits und Papst Eugen IV. andererseits entschieden schließlich nicht innerkirchliche Kräfte, sondern die weltlichen Mächte; und deren Interessen deckten sich schon seit längerer Zeit nicht mehr mit den Zielen der Reformer von Basel, am wenigsten mit den Zielen der noch sehr zahlreich versammelten, revolutionär gesinnten niederen Kleriker.

England und Frankreich hatten ihre kirchenpolitischen Ziele erreicht und sahen keine Veranlassung, sich von Papst Eugen IV. loszusagen; in Spanien und Italien fand Eugen praktisch uneingeschränkte Anerkennung. Nur einige deutsche Fürsten traten offen auf die Seite des Gegenpapstes Felix. Viel hing in dieser Situation von der Haltung des neugewählten deutschen Königs Friedrich III. aus dem Hause Habsburg ab (1440–1493).

Aber Friedrich III. war kein Mann schneller Entschlüsse. Jahrelang dauerten die Verhandlungen, und immer wieder schob der König die Entscheidung hinaus. Erst im September 1445, also sechs Jahre nach der Wahl des Gegenpapstes Felix V., konnte man die Verhandlungen abschließen: Es kam zu einem Ausgleich zwischen Friedrich III. und Eugen IV. Friedrich erkannte Eugen als Papst an und erhielt dafür nicht unbeträchtliche Zugeständnisse, besonders bei der Besetzung kirchlicher Stellen in seinen eigenen habsburgischen Territorien. Seine Bereitschaft, sich bei den Fürsten des Reiches für die Anerkennung Eugens IV. einzusetzen, wurde mit der Aussicht auf Romzug und Kaiserkrönung belohnt. Allerdings mußte sich Friedrich III. mit diesen Plänen noch bis zum Jahr 1452 gedulden.

Mit diesen begrenzten, nur den eigenen dynastischen Interessen dienenden Erfolgen gab sich Friedrich III. zufrieden, während er die Interessen des Reichs, zu dessen Oberhaupt er bestellt war, preisgab. Das »Wiener Konkordat« von 1448, das die künftigen Beziehungen zwischen Reich und Kurie regeln sollte, stärkte die weltliche Macht des Papstes schlechthin, stabilisierte seine Stellung im Reich und machte alle Reformansätze von Basel zunichte. Immerhin eröffnete es einzelnen Reichsständen die Möglichkeit, in direkten Abmachungen mit der Kurie eigene, allerdings ebenfalls territorial begrenzte Sonderregelungen auszuhandeln. Erfolgreich waren hier z.B. Brandenburg und Sachsen, wo sich die Kurie zu erheblichen Zugeständnissen bei der Stellenbesetzung und bei der Verwaltung kirchlicher Güter bequemen mußte: erste Ansätze eigenständiger Landeskirchen.

Daß sich Friedrich III. nach langem Zaudern für Papst Eugen IV. ent-

Spottbild auf Kaiser und Papst.
Allegorie der politischen Lage zur Zeit Friedrichs III. Einblattholzschnitt um 1475–1485. Wien, Österreichische Nationalbibliothek/Albertina.

schied, war zum guten Teil das Werk zweier hervorragender Berater. Der eine, Kaspar Schlick (ca. 1396–1449) aus Eger, stand seit den Tagen des Kaisers Sigismund im Dienste der deutschen Könige und hatte es als erster Laie zum königlichen Kanzler gebracht. Der andere, Enea Silvio Piccolomini (1405–1464) aus der Gegend von Siena, hatte als Sekretär am Konzil von Basel teilgenommen, ehe er in die Dienste König Friedrichs III. trat. Übrigens waren beide, Enea Silvio noch mehr als Schlick, hochgebildete Humanisten. Enea Silvio wurde für sein reiches literarisches Schaffen vom König sogar zum Dichter gekrönt. Nach einer steilen Karriere in der kirchlichen Hierarchie bestieg er 1458 als Pius II. den Stuhl Petri.

Ein Sieg der Fürsten

Angesichts der allgemeinen Entwicklung hatte das Restkonzil in Basel keine Chance mehr, gehört zu werden. Der deutsche und der französische König drängten zum Ausgleich mit der Kurie und erreichten schließlich, daß der Gegenpapst Felix V. zurücktrat und daß die Kirchenversammlung den neuen Papst Nikolaus V., den Nachfolger Eugens IV., anerkannte. Dann ging das Konzil von Basel endgültig auseinander (25. April 1449).

So hatte das Papsttum und damit das ›monarchische Prinzip‹ nach außen hin einen eindeutigen und praktisch endgültigen Sieg über die konziliare Bewegung mit ihren ›republikanischen‹ Bestrebungen davongetragen.

Der Sieg hatte aber seine bedenklichen Seiten: denn er war mit Hilfe der weltlichen Mächte errungen und führte, da diese Hilfe ihren Preis hatte, auch zur Stärkung der weltlichen Mächte. Diese Stärkung kam allerdings in Deutschland, anders als in den westeuropäischen Staaten, nicht der königlichen Zentralgewalt zugute, sondern der landesherrlichen Herrschaft in den Einzelterritorien. Dort spielte sich in Zukunft auf engem Raum der alte Kampf zwischen weltlichen und geistlichen Ansprüchen ab, nicht mehr im Ringen zwischen Kaiser und Papst. Die Landesherren, namentlich in den größeren Staaten, waren fortan bestrebt, die Diener der Kirche zu Beamten der Fürsten herabzudrücken; die Landesherren griffen jetzt gerne nach dem reichen Kirchengut, lange vor der Reformation; und die Landesherren suchten in ihren Territorien die geistliche Gerichtsbarkeit zu beschränken. Sie sind es, die aus dem Zeitalter der Konzilien als Sieger hervorgingen, während sich im Volk, das weithin Reformen erwartet hatte, Enttäuschung und Verbitterung verbreiteten.

Friedrich III. – König und Kaiser im Dienste Habsburgs

Wir erinnern uns: das Heilige Römische Reich hatte seit dem 2. Februar 1440 einen neuen König, den Habsburger Friedrich III. Nach dem frühen Tod König Albrechts II. war er, noch jung an Jahren (* 1415), zum Senior des Gesamthauses Habsburg geworden, allerdings nicht Herr über alle habsburgischen Länder. Er selbst verfügte nur über das Erbe seines Vaters, Herzog Ernsts von Innerösterreich (Steiermark, Kärnten, Krain). Als Familienoberhaupt war er aber Vormund zweier jüngerer Verwandter, deren Erbe seiner eigenen Stellung Gewicht verlieh. Da war zunächst der Herzog Sigmund von Tirol, der Sohn Herzog Friedrichs IV. »mit der leeren Tasche«. Herzog Sigmund sollte allerdings bald volljährig werden. Interessanter war die Vormundschaft über Ladislaus Postumus, den nachgeborenen Sohn König Albrechts II. Bei der Thronbesteigung Friedrichs III. lag Ladislaus

FRIEDRICH III.

Friedrich III., als Herzog von Österreich Friedrich V., aus dem Hause Habsburg, wurde 1415 als ältester Sohn des Herzogs Ernst des Eisernen († 1424) von Österreich und der Zimburga von Masowien geboren. Von seinem Vater erbte er Steiermark, Kärnten und Krain. Als er 1440 als Nachfolger seines Vetters Albrecht II. zum deutschen König gewählt wurde, war er, der Familienälteste, auch Vormund von Albrechts II. Sohn Ladislaus Postumus (1440) und verfügte damit nominell über dessen Erbe Böhmen, Ungarn und Ober- und Niederösterreich. In dem gleichzeitig entbrennenden Streit zwischen dem Konzil von Basel und Papst Eugen IV. trat er gegen ansehnliche Zugeständnisse auf die Seite des Papstes und trug damit zum Ende der konziliaren Bewegung bei. Er war der letzte deutsche König, der in Rom zum Kaiser gekrönt wurde (1452); in Rom heiratete er auch Eleonore von Portugal.*

Auffallend waren seine Scheu vor Entscheidungen und seine Tatenlosigkeit in der Reichspolitik. So hielt er sich für mehr als 25 Jahre ganz dem Reich fern (1444–1471) und lebte zurückgezogen in seiner eigenen Welt in Österreich. Seine Untätigkeit, die von Zeitgenossen auch Pflichtvergessenheit gescholten wurde, führte schließlich dazu, daß ihm die Kurfürsten seinen Sohn Maximilian als Römischen König an die Seite stellten (1486). So ergebnislos die über 50jährige Regierungszeit für das Reich auch war, so verheißungsvoll war Friedrichs Wirken für sein Haus. Durch die vorsichtig und geduldig betriebene Hauspolitik, vor allem aber durch die Verheiratung seines Sohnes Maximilian mit der Erbin von Burgund (1477), legte er den Grund für den Aufstieg Habsburgs. Friedrich starb 1493 nach einer Beinamputation. *(R. V.)*

Deutsche und europäische Geschichte in Daten

	Deutsches Reich	Ausland
1440–1493	Friedrich III. deutscher König	
1441		Portugiesen stoßen auf erste afrikanische Neger. Beginn des Sklavenhandels
1442		Alfons V. von Aragonien erobert Neapel
1443	Größte Ausdehnung Burgunds	
1444		Sieg der Türken über ungarisches Heer bei Warna
1445	Gutenberg: Druck mit beweglichen Lettern	
1448	Wiener Konkordat: Verzicht Friedrichs III. auf kirchliche Reformen	
	Utraquistenführer G. Podiebrad erobert Prag	
1449	Pest in Deutschland	
1450 ff.	Früh- und Hochrenaissance in Italien, Spätgotik und Frührenaissance in Deutschland. Flandern und Italien Fernhandelszentren	
1452	Kaiserkrönung Friedrichs III.	
1453	Österreich Erzherzogtum	Eroberung Konstantinopels durch Türken
	Flucht gebildeter Griechen nach Italien befruchtet die Entwicklung des Humanismus	
1454	Thorn löst sich vom Deutschen Orden. Selbständig unter polnischer Hoheit	
1455	Neumark vom Orden an Brandenburg verkauft	
1457	Friedrich III. erbt Ober- und Niederösterreich	
	Polen erobert Marienburg, die Königsbesitz wird. Sitz des Deutsch-Ordenshochmeisters nach Königsberg verlegt	
1458	G. v. Podiebrad böhmischer König bis 1471	
	Matthias I. Corvinus König von Ungarn bis 1490	
1460	Schweizer erobern Thurgau	
1466	Sieg Kasimirs IV. von Polen über Deutschen	

		Orden (2. Thorner Friede: Pommerellen, Kulm, Ermland, Marienburg polnisch, Ostpreußen unter polnischer Lehnshoheit. Danzig selbständig)	
1467–1477			Karl der Kühne, Herzog von Burgund
1469–1492			Lorenzo il Magnifico (Medici): Renaissanceblüte in Florenz (Botticelli, Michelangelo u. a.)
1472	Regiomontanus beobachtet die Laufbahn des Halleyschen Kometen		Krim türkisch
1473	Gründung der Universität Trier		
	Fugger und Habsburger schließen Geschäftskontrakt		
1474		Verzicht Habsburgs auf die bisher verlorenen Schweizer Gebiete (»Ewige Richtung«)	
1476	›Bauernaufstand‹ des »Pfeifers von Niklashausen«		
1477		Sieg der Schweizer bei Nancy über Karl den Kühnen, der fällt	
		Heirat Maximilians (I.) mit Maria von Burgund. Niederlande an Habsburg	
	Gründung der Universität Mainz		Der Moskauer Großfürst Iwan III. unterwirft Nowgorod
1479			Vereinigung Kastiliens und Aragóns unter Isabella und Ferdinand.
1480			Überwindung der Mongolenherrschaft in Rußland durch Iwan III. seit 1462.
1481			Einführung der Inquisition in Spanien
1485	Teilung des Wettiner Hauses in Ernestiner und Albertiner		Schlacht von Bosworth bringt in England das Haus Tudor an die Macht
	Eroberung Wiens durch Corvinus		

(*22. Februar 1440) noch in den Windeln. Sein künftiges Reich, das ihm König Friedrich III. erhalten sollte, umfaßte Böhmen, Ungarn und Ober- und Niederösterreich.
Die Wahl König Friedrichs III., die nach kurzem Zögern einiger Kurfürsten einstimmig ausfiel, leitete eine mehr als fünfzigjährige Regierungszeit ein, die längste in der deutschen Geschichte überhaupt, allerdings auch eine der schwunglosesten. Schon die Zeitgenossen tadelten in teilweise sehr scharfer Form die Untätigkeit und Pflichtvergessenheit Friedrichs und die Gleichgültigkeit angesichts der Türkennot und anderer Heimsuchungen der Bevölkerung seiner Lande. Dagegen werden aber auch seine Friedensliebe und seine von Frömmigkeit gespeiste Mildtätigkeit anerkannt.
Glatt und ohne nennenswerte Schwierigkeiten ging der Romzug über die Bühne. Da Friedrich III. ohne militärischen Aufwand durch Oberitalien zog, regte sich auch kein Widerstand. Am 19. März 1452 empfing er aus der Hand von Papst Nikolaus V. die Kaiserkrone und ist damit der letzte deutsche König, der in Rom durch einen Papst gekrönt wurde. In Rom wurde er auch mit der portugiesischen Prinzessin Eleonore getraut.
Ob Friedrich III. je ein echtes Verständnis für die Aufgaben hatte, die ihm aus seinem hohen Amt erwuchsen, kann bezweifelt werden. Für Außenpolitik und Reichspolitik hatte er nur insoweit Interesse, als sie der Mehrung der Macht Habsburgs dienten. Dieses Ziel aber verfolgte er mit zäher Beharrlichkeit, mit Unnachgiebigkeit und im unerschütterlichen Glauben an die künftige Größe seines Hauses. So wurde auch vielfach seine Devise A E I O U im Sinne großer Zukunftserwartungen Österreichs gedeutet: Austriae est imperare orbi universo – Alles Erdreich ist Österreich untertan. Merkwürdigerweise behielt er mit diesen Erwartungen, sollten sie wirklich von ihm stammen, recht – trotz aller Untätigkeit und scheinbarer Wirkungslosigkeit seiner Regierungsjahre.

Kriege, Fehden, territoriale Konflikte – Das Reich zur Zeit Kaiser Friedrichs III.

Der Größe des »Hauses Habsburg«, wie man in dieser Zeit den Gesamtbesitz des Hauses Habsburg zu bezeichnen begann, opferte Friedrich III., den wir von jetzt an Kaiser Friedrich nennen wollen, auch die Interessen des Reichs.
Wie erinnerlich, begnügte sich dieser Habsburger schon beim Ausgleich mit Papst Eugen IV. mit den Zugeständnissen für Österreich,

***Europäische Könige im Habsburgerreich.** Darstellung der Könige Ferdinand von Spanien, Ladislaus von Ungarn, Albrecht II. und Albrecht I. im »Triumphzug Kaiser Maximilians I.« (1516–1518).*

während er die Belange des Reiches überging. Etwa um die gleiche Zeit unternahm er den Versuch, einen Konflikt zwischen Zürich und Schwyz auszunutzen und als Partner Zürichs die alten habsburgischen Besitzungen in der Schweiz wiederzugewinnen. Als dieses Unternehmen scheiterte, scheute er sich nicht, verwahrloste französische Söldnerhaufen, die sogenannten Armagnaken (Armagnacs) in seinen Dienst zu stellen und gegen die Schweiz einzusetzen. Ihr Anführer, der französische Kronprinz, verfolgte dabei seine eigenen Pläne, die auf die Westgrenze des Reiches zielten.
Der Schweizer »Bund der acht alten Orte« erlag zwar den Armagnaken in der Schlacht bei St. Jakob an der Birs (1444); aber angesichts des verzweifelten Mutes, mit dem die Eidgenossen fochten, zogen die Franzosen sengend und mordend durchs Elsaß ab. Die Westgrenze des Reiches wurde nachhaltig geschwächt; die Eidgenossenschaft aber ging trotz der verlorenen Schlacht gestärkt und selbstbewußter aus dem Konflikt hervor.
Im gleichen Jahr (1444) scheiterte auf einem Reichstag in Nürnberg

der halbherzige Versuch, eine Reichsreform in Angriff zu nehmen. Damit verlor Kaiser Friedrich III. auf lange Sicht jedes Interesse an den Angelegenheiten des Reichs. Er kehrte nach Österreich zurück und erschien im Westen erst 27 Jahre später wieder, weil er wegen der sich abzeichnenden Türkengefahr Geld brauchte.

Gewiß verzichtete Kaiser Friedrich III. damit praktisch auf jede Eingriffsmöglichkeit in die sich anbahnenden Konflikte im Reich. Es wäre aber ungerecht, allein den trägen Herrscher anzuklagen. Seine eigentliche Machtbasis (Innerösterreich) war schmal und überdies dadurch gefährdet, daß sein Bruder Albrecht IV. von Österreich unangenehme Ansprüche stellte. An die Anwerbung eines modernen Söldnerheeres aber, das Kaiser Friedrich allein Respekt verschaffen konnte, war nicht zu denken, solange der bedrückende Mangel an Geld anhielt. Zur Behebung dieser mißlichen Situation gingen die Habsburger, auch Kaiser Friedrich III., dazu über, das Salzmonopol an sich zu reißen und die Salzbergwerke Österreichs zu verstaatlichen, ein Prozeß, der allerdings erst im 17. Jahrhundert abgeschlossen werden konnte.

Als Folge der schwachen Kaisermacht wurde das Reich zum Tummelplatz ehrgeiziger Herren, die das längst unzeitgemäße Fehderecht nutzten, um ihre Macht auf Kosten unterlegener Nachbarn auszubauen. Einen besonderen Platz unter den streitbaren Fürsten der Zeit nahm Markgraf Albrecht Achilles von Brandenburg-Ansbach aus der Familie der Zollern ein. Er versuchte, seine verhältnismäßig bescheidenen und zerrissenen Lande im Fränkischen zu erweitern und das alte Herzogtum Franken in neuer Form wieder erstehen zu lassen. Doch diese Pläne scheiterten schließlich am Widerstand der Nachbarn, der fränkischen Bistümer, der Reichsstadt Nürnberg und der Wittelsbacher. Kaiser Friedrich III. beobachtete zwar das Geschehen aus der Ferne, ließ den Dingen aber ihren Lauf. Eingreifen wollte oder konnte er nicht, obwohl Markgraf Albrecht Achilles stets die Sache des Kaisers vertrat. Später allerdings fiel dem energischen Markgrafen eine bedeutende Machterweiterung zu, als er die anderen Besitzungen seines Hauses, die Markgrafschaft Kulmbach (Bayreuth) und die Mark Brandenburg, unter seiner Herrschaft sammelte (1464 bzw. 1470). Damit waren die Grundlagen für den späteren Aufstieg des Hauses Hohenzollern bereitet.

So verzehrten und verzettelten bedeutende Fürsten – und Albrecht Achilles war nicht der einzige – in kleinen Unternehmungen ihre Energien und die Kräfte ihrer Staaten, während der Kaiser, scheinbar unberührt, seine eigenen, vor allem dem »Hause Österreich« dienenden Pläne erwog.

Wahl eines »Römischen Königs«

Der Groll über die Untätigkeit Kaiser Friedrichs III. führte endlich dahin, daß man im Lager der Kurfürsten mit dem Plan umging, dem Kaiser einen »Römischen König« an die Seite zu geben oder gar an seine Stelle zu setzen – so bezeichnete man seit Lothar von Supplinburg den deutschen, noch nicht zum Kaiser gekrönten König gemeinhin. Bezeichnenderweise wurden als Kandidaten der böhmische König Georg Podiebrad und der burgundische Herzog Karl der Kühne genannt (um 1460), der eine aus einer tschechischen Dynastie, der andere aus einer französischen. Die beiden Kandidaturen zerschlugen sich zwar, und die Frage eines Römischen Königs verschwand zunächst aus der Diskussion. Statt dessen erschöpften sich Kaiser und Fürsten in endlosen Verhandlungen über die längst fällige und immer wieder verschobene Reichsreform, über Türkenhilfe und etwaige kaiserliche Zugeständnisse an die Landesherren, die Friedrich III. beharrlich ablehnte. Vielleicht erhofften sich die Kurfürsten neue Impulse und größeren Reformeifer bei Kaiser Friedrichs jungem Sohn Maximilian (* 22. März 1459). Ihn wählten sie am 16. Februar 1486 in Frankfurt einstimmig zum »Römischen König« und damit praktisch zum Nachfolger seines Vaters. Der alte Kaiser Friedrich nahm die Wahl hin; ob sie ihm zu diesem Zeitpunkt willkommen war, ist umstritten; jedenfalls räumte er dem Sohn kein Mitspracherecht in Reichsfragen ein.
Doch hatte Maximilian, nunmehr Römischer König, seine eigenen Sorgen und Nöte in den Niederlanden, wo ihm neun Jahre zuvor durch seinen Ehevertrag mit Maria von Burgund eine bedeutende Macht, aber auch große Aufgaben zugefallen waren (siehe auch Seite 181). Zunächst einmal genoß er glückliche Tage in Frankfurt und auf der Fahrt nach Aachen, wo der Erzbischof von Köln im Dom die feierliche Königskrönung mit den altehrwürdigen Reichsinsignien vornahm (9. April 1486). Dann zog Maximilian weiter in die Niederlande. Kaiser Friedrich III. erreichte dank seiner Scheu vor Entscheidungen etwas, das seit Jahrhunderten keinem deutschen König mehr gelungen war: er erlebte die Wahl seines Sohnes zum Nachfolger.

Erbe in Böhmen und Ungarn

Die Fähigkeit Kaiser Friedrichs III., untätig bleiben und allen Widrigkeiten zum Trotz auch leiden zu können, bewährte sich vor allem auf dem Feld, auf dem die Entscheidungen über die künftige Größe seines Hauses fielen. Wir erinnern uns an die Devise A E I O U.

Eine Beschreibung Deutschlands im Jahre 1453
Aus der Feder des Aeneas Silvius Piccolomini

Daß das Aussehen Deutschlands und die Werke der Gesittung bei weitem vortrefflicher sind als ehedem, wer wüßte das nicht! Denn überall sehen wir wohlbestellte Fluren, Neuland, Weinberge, Park- und Blumenanlagen, Obstgärten auf dem Lande und um die Städte, Gebäude voll Verfeinerungen: die lieblichsten Landhäuser, Burgen auf Bergeshöhen, feste, mit Mauern umgürtete Plätze, die glänzendsten Städte [...].
Nichts Prachtvolleres und Schmuckreicheres findest du in ganz Europa als Köln. Es ist ausgezeichnet durch seine Kirchen und Bauwerke, hervorragend durch seine Bevölkerung, berühmt durch seinen Reichtum, mit Bleidächern versehen, durch Pfalzen geschmückt, mit Türmen befestigt. Auch die alte Stadt Mainz, mit prächtigen Kirchen, privaten und öffentlichen Gebäuden geziert, hat nichts, was man tadeln könnte, außer der Enge der Straßen. Obgleich Worms nicht sehr umfangreich ist, kann ihm niemand große Anmut absprechen. Auch Speyer, das volkreich und mit großartigen Gebäuden geziert ist, wird niemand mißachten, in seinem Dome ruhen nicht wenige Kaiser. Argentina aber, Straßburg, zeigt solchen Glanz und Schmuck, daß es nicht ohne Grund seinen Namen trägt [die Römer nannten es »Argentoratum« d.h. Silberstadt]. Es gleicht Venedig, indem es von vielen Kanälen durchschnitten ist, auf denen Schiffe in fast alle Straßen fahren, doch ist es gesünder und lieblicher, da Venedig salzige und übelriechende, Straßburg aber süße und klare Wasser durchströmen. Die bischöfliche Kirche, Münster genannt, prachtvoll aus behauenen Steinen erbaut, steigt als großartiges Kunstwerk empor. Auch andere Kirchen der Heiligen und Mönchsklöster sind dort, glänzend durch Größe und Pracht, sowie ein ausgezeichnetes Rathaus und Gebäude der Bürger und Priester, die zu bewohnen Könige sich nicht schämen brauchten.
Die Schwaben haben jenseits der Donau viele Städte, doch die Königin von allen ist Ulm, eine mächtige und überaus schmucke Stadt. Die Baiern auf der anderen Seite der Donau bewohnen Eichstädt und Amberg und Neumarkt und nicht wenige andere Städte, in denen viel Feinheit und viel Glanz herrschen.
In Österreich sind mehrere Städte nennenswert, alle aber überstrahlt Wien. Hier sind Paläste, für Könige geeignet, und Kirchen, die Italien bewundern könnte. Unter diesen ist der Stephansdom bewundernswerter, als wir es mit Worten ausdrücken können. Als einst die Gesandten der Bosnier diesen Turm betrachteten und die kunstvolle Arbeit bestaunt hatten, meinten sie, dieser Turm habe mehr gekostet, als man brauche, um das Königreich Bosnien zu kaufen. Wir übergehen den Glanz und die Geräumigkeit der Privatgebäude, unter denen sich nicht wenige durch besondere Pracht auszeichnen. Übrigens liegt Wien außerhalb des alten Deutschland im neuen Deutschland. Aber auch das alte Deutschland ist berühmt durch die herrlichsten Städte und Plätze. Im Osten, an der Oder, liegt Breslau, aus Ziegelsteinen erbaut, nicht minder schön als mächtig; seinen Bischofsitz nannte man einst den goldenen. Im Preußenlande ragt Danzig durch seinen Ruf hervor, mächtig zu Land und zu Wasser. Zieht sein Volk ins Treffen,

so soll man nicht weniger als 50 000 Krieger hinausführen. Zahlreiche Schiffe seiner Kaufleute segeln auf dem Baltischen Meer. Am Ozean findet man nicht weniger der Erwähnung würdige Städte, alle jedoch übertrifft Lübeck, mit den höchsten Gebäuden und den schmuckreichsten Kirchen ausgestattet. In Franken am Main liegt Frankfurt, ein gemeinsamer Handelsplatz der Nieder- und Oberdeutschen. Wenn es auch größtenteils aus Holz gebaut ist, so schmücken es doch mehrere steinerne Paläste.
Will man daher die Wahrheit sagen, so ist keine Nation in Europa, deren Städte besser eingerichtet sind oder einen erfreulicheren Anblick bieten als die deutschen. [. . .]
Hieraus ergibt sich, daß die Nation nicht arm ist; denn die Armen können keine großartigen Gebäude errichten. Und wenn Reichtum da ist, wo Kaufleute sind, dann sind die Deutschen sehr reich; denn der größte Teil von ihnen ist im Streben nach Gewinn dem Handel ergeben und durchstreift weithin fremde Länder.
Wie groß ist ferner bei Fürsten und Bürgerschaft die Erfahrung in den Waffen, wie groß die Übung darin, wie groß die Zucht des Gemeinwesens! Die in Deutschland geborenen Knaben lernen früher reiten als sprechen, abgehärtet gegen Kälte und Hitze, werden sie von keiner Anstrengung überwältigt [. . .].
Die Vielheit der Fürsten wird von den Weisen verworfen. Ihr Deutschen habt eure Freude daran. Denn obgleich ihr den Kaiser als euren König und Herrn anerkennt, scheint seine Herrschaft nur von eurer Gnade abzuhängen. Seine Macht ist nichtig. Ihr gehorcht nur soweit, wie ihr wollt. Weder Städte noch Fürsten geben dem Kaiser, was ihm gehört. Er verfügt über keine Abgaben und keinen Schatz. Jeder will seiner Sache Leiter und Schiedsrichter sein, daher wüten unter euch die häufigen Zwistigkeiten und beständige Kriege, aus denen Raub, Brand und Mord und tausend Arten von Unheil entstehen, wie es notwendig da eintreten muß, wo mehrere Häupter herrschen. Denn wie sollen sie anderen gebieten, wenn sie sich selbst nicht zu beherrschen verstehen. Keine Stadt, kein Volk, keine Nation hat jemals die Herrschaft über eine andere für die Dauer behalten, wenn sie sich selbst nicht vorher unter eine Herrschaft gestellt hatte.
Wenn ihr Deutschen dem erhabenen Kaiser Friedrich III. so untertan wäret, wie eure Vorfahren dem ersten Karl gehorchten, so würde unzweifelhaft der ehemalige Ruhm zu euch zurückkehren, da ihr an Männern, Pferden, Waffen und Kriegserfahrung nicht minder reich seid als die Alten. Wenn ihr aber die frühere Höhe wieder erreichen wollt, so nehmt die früheren Tugenden, die früheren Sitten wieder an, setzt die Tapferkeit der Lässigkeit entgegen, die Freigebigkeit dem Geiz, die Regsamkeit der Untätigkeit, die Gerechtigkeit der Unbilligkeit. Und was vor allem notwendig ist: zieht die Einheit der Spaltung vor. Und eurem Oberhaupt, dem geistlichen wie dem weltlichen, erzeiget die Ehren, den Gehorsam, die jedem von ihnen gebühren. Wenn ihr dies tut, werdet ihr ohne Zweifel den alten Namen wieder erlangen.

Aus: De ritu, situ, moribus et conditione Germaniae (Von der Art, Lage, den Sitten und der Beschaffenheit Deutschlands) des Aeneas Silvius Piccolomini. Bearbeitet und gekürzt nach der Übersetzung von Ch. E. Krämer

Wie schon früher gezeigt, hatte Friedrich III. nach dem Tod König Albrechts II. als Familienoberhaupt die Vormundschaft über dessen Sohn Ladislaus Postumus übernommen. Das Erbe umfaßte die Königreiche Böhmen und Ungarn und dazu das heutige Ober- und Niederösterreich. Dieses reiche Erbe aber festzuhalten, zu nutzen und zu bewahren, dazu fehlte es dem Vormund wiederum an Tatkraft und Entschlossenheit. So mußte er es hinnehmen, daß ein Großteil des ungarischen Adels den Säugling Ladislaus als König ablehnte und an seiner Statt 1440 den polnischen König Wladislaw III. (für Ungarn Wladislaw I.) krönen ließ.

König Wladislaw I. (für Ungarn) übernahm alsbald entschlossen die brennendste Aufgabe nicht nur des ungarischen Volkes, sondern aller christlichen Völker in Mittel- und Osteuropa. Er rüstete zu einem Krieg gegen die Türken, die sich, obwohl die Mauern von Konstantinopel noch standhielten, bereits weithin zu Herren des Balkans gemacht hatten. Im Bund mit dem Siebenbürger Woiwoden Johann Hunyadi errang er zunächst auch bemerkenswerte Erfolge. Als er aber, übrigens unter Bruch eines feierlich beschworenen Waffenstillstands, über die Donau vorrückte, trat ihm 1444 bei Warna Sultan Murad entgegen und zerschmetterte sein Heer. König Wladislaw fiel und machte damit sozusagen Platz für den kleinen Ladislaus, den die Ungarn nunmehr als König anerkannten. Johann Hunyadi wurde für den vierjährigen König zum Verweser des Reiches eingesetzt.

So tatenlos wie Kaiser Friedrich III. die Ereignisse im Südosten Europas bis hin zum Fall Konstantinopels (1453) verfolgte, so tatenlos sah er auch der Entwicklung in Böhmen zu. Dort setzte sich der Führer der nationaltschechischen Adelspartei, Georg von Podiebrad (Poděbrad) und Kunštát, durch. Zwar griff er zunächst noch nicht nach der böhmischen Krone, deren rechtmäßiger Inhaber, der Knabe Ladislaus, bei seinem Onkel und Vormund Kaiser Friedrich III. lebte; aber er erreichte, daß er 1452 auf zwei Jahre zum Verweser des Königreichs Böhmen gewählt wurde.

Im selben Jahr 1452 erzwang schließlich eine österreichische Adelsopposition im Bund mit Johann Hunyadi von dem eben aus Rom zurückgekehrten, frischgekrönten Kaiser Friedrich III. die Herausgabe seines Mündels Ladislaus, so daß dieser, nun gerade zwölf Jahre alt, nominell die Regierung in Ungarn und in seinen österreichischen Landen antreten konnte. Ein Jahr darauf wurde er auch zum König von Böhmen gekrönt, nachdem er Georg Podiebrad auf weitere sechs Jahre zum Statthalter ernannt hatte. Somit war Ladislaus Postumus im Alter von 13 Jahren König von Böhmen, König von Ungarn und Herzog von Ober- und Niederösterreich; die eigentliche Herrschaft aber

***König schon mit dreizehn Jahren.** Nur vier Regierungsjahre waren dem jungen Ladislaus Postumus, König von Böhmen und Ungarn, gegönnt. Gemälde von 1460. Wien, Kunsthistorisches Museum.*

übten die Statthalter aus. Noch ehe der junge König wirklich die Regierung ausüben konnte, starb er am 23. November 1457 in Prag an der Pest.

Bereits im nächsten Jahr setzten sich in Böhmen und Ungarn die wahren Machthaber durch. Georg Podiebrad wurde zum König von Böhmen, Matthias Corvinus, der Sohn des inzwischen verstorbenen Johann Hunyadi, zum König von Ungarn gekrönt. Nur einige wenige ungarische Magnaten entschieden sich 1459 für Kaiser Friedrich III., der fortan zwar auch den Titel eines Königs von Ungarn trug, ohne daß er den Versuch machte, sich durchzusetzen. Der Titel blieb eine vage Verheißung für die Zukunft – mehr bedeutete er im Augenblick nicht.

Die österreichischen Länder aus der Hinterlassenschaft des Ladislaus Postumus fielen an das Haus Habsburg zurück, aber außer Kaiser Friedrich bewarben sich noch zwei andere Anwärter um das Erbe, nämlich der Bruder des Kaisers, Albrecht VI., und der Herzog Sigmund »der Münzreiche« von Tirol. Herzog Sigmund ließ sich mit Geld abfinden, aber zwischen Kaiser Friedrich und seinem Bruder

Die Österreicher belagern 1452 Kaiser Friedrich III. in Wiener Neustadt
Bericht des Aeneas Silvius Piccolomini

[Am 27. August 1452] begaben sich die Österreicher in den Gesichtskreis der Stadt und spähten nach einem Platz aus, an dem sie ihr Lager aufschlagen konnten. Mit Stolz zeigten sie ihre gewaltige Kriegsmacht, rückten im offenen Feld in geschlossenen Reihen unter lautem Hörnerklang und Rufen der Mannschaften bald auf diese, bald auf jene Seite und gaben durch Winke und Zurufe zu erkennen, daß sie über die Belagerten spotteten. Ein kleiner Trupp der Kaiserlichen unternahm einen Ausfall, da sie sich aber der Masse der Feinde nicht gewachsen sahen, wagten sie gar nicht, sich auf ein Nahgefecht einzulassen, sondern beschossen den Gegner aus der Entfernung mit Pfeilen und Geschützkugeln. Ein Sachse jedoch, ein Mann vom Adel, der mehr kühn als vom Glück begünstigt war, wurde durch sein scheues Pferd von den Seinigen getrennt. Als er sich umdrehte und glaubte, sie würden ihm folgen, fand er sich inmitten der Feinde. Unentschlossen, was er tun sollte, verhielt er ein paar Augenblicke, als er jedoch merkte, daß er von niemandem erkannt worden war, gab er seinem Pferd die Sporen, tat so, als ob er einer der Feinde wäre und auf die Kaiserlichen losstürmen wollte. Da aber wurde er erkannt [. . .] und weil man ihn nicht mehr im Laufen einholen konnte, überschüttete man ihn mit Pfeilschüssen. Dadurch wurde er schwer verwundet, gelangte zwar zu den Seinigen zurück, war aber nachher in diesem Krieg nicht mehr kampffähig. [. . .]Wiederum kamen die Österreicher mit ihrem gesamten Heer auf der Seite, die nach Wien liegt, in den Gesichtskreis der Stadt, ordneten sich in Treffen und unternahmen unter fürchterlichem Geschrei der Mannschaften und lautem Hörnerklang einen Anlauf. Die Kaiserlichen, die gehofft hatten, die Hohlwege vor der Stadt halten zu können, wurden gleich beim ersten Angriff zersprengt. So gewaltig war der Ansturm der Feinde, daß sie weder durch Schwertstreiche noch durch Pfeilregen, noch durch die Steine der Geschütze oder andere Geschosse abgehalten werden konnten, auf einem schmalen und sumpfigen Weg bis zum Tor der Stadt vorzudringen. Nur mit Mühe wurde dieses Tor selbst verteidigt [. . .].

[. . .] In die Vorstadt einzudringen, war dem Feind verhindert worden, dafür bemächtigte er sich aber einer nahe am Tor gelegenen Mühle, die nicht sorgfältig genug bewacht worden war. Hier, bei der Kirche des heiligen Markus, errichteten sie auch eine Verschanzung und stellten Geschütze in der Richtung auf das Tor auf. Tausend Schritt dahinter legten sie das Lager an. Von den Mauern der Stadt aus konnte man bequem ihre Zelte und das ganze Heer sehen. Die waffentragenden Mannschaften wurden auf 12 000 geschätzt, die Reiterei aber kaum auf 4 000. [. . .] Das Heer vermehrte sich aber jeden Tag, da wie gewöhnlich alles zusammenströmte, die einen wegen des Soldes, die anderen als Zuschauer. Gekämpft wurde indessen ausschließlich an dem einen Tag vom frühen Morgen bis zur 12. Stunde ernst und äußerst hitzig, später wurde der Kampf lässiger. Denn nachdem das Tor geschlossen war, blieben bloß noch die Geschütze in Tätigkeit. Beständig wurden von den Geschützen aus der Stadt und in die Stadt Steine geschossen, doch kamen dadurch innerhalb der Mauern nur drei ums Leben, durch

Pfeilschüsse wurde eine ziemliche Anzahl verwundet, jedoch keiner getötet. Von den Feinden fielen viele, da die Geschütze auf sie, die sich in ungedeckter Stellung befanden, feuerten. Beim ersten Zusammenstoß waren auch zwei mit Geschützen bestückte Wagen vor dem Tor gewesen, die Steine bis zur Größe eines Menschenkopfes warfen. Als der Feuerwerker die geschlossene Schar der bewaffneten Feinde herannahen sah, gab er sofort Feuer und schoß vier Steine zugleich in den dichtesten Haufen. Dann aber lenkte er die Deichsel der Wagen um und zog sich in die Stadt zurück. Da konnte man Waffenstücke durch die Luft fliegen sehen, zugleich auch wie Köpfe und Arme abgerissen wurden und die verstümmelten Leiber der Menschen mit den Pferden hinstürzten, ein entsetzlich grausiges Schauspiel. Als einer am Nachmittag gerade seinen Kameraden begraben wollte, wurde er unversehens von dem Stein eines Geschützes getroffen, als er die Arme vorstreckte, um Erde mit der Hacke auf die Leiche zu werfen, und verlor beide Hände. In der oben erwähnten Mühle töteten die Steinkugeln so viele, daß der dort vorbeifließende Bach von ihrem Blut ganz rot gefärbt wurde. Böhmen [. . .] hielten diesen Punkt, und ihre Hartnäckigkeit war so groß, daß sie, obwohl sie ihre Kameraden neben sich fallen sahen, lieber sterben wollten, als ihn aufzugeben.

Als Eizinger [der Hauptmann der Österreicher] sah, daß der Kampf nachließ, fürchtete er, die Wiener könnten in ihrer Schlauheit dem Vorhaben untreu werden, sobald sie merkten, daß die kriegerischen Unternehmungen wenig glücklich abliefen. Deshalb schickte er Boten nach Wien, die melden mußten, des Kaisers Geschütze seien genommen, die Vorstadt sei in ihren Händen und viele der Feinde seien gefallen. Man schenkte ihnen Glauben, Trompeter sprengten durch die ganze Stadt und ermahnten das Volk, voll guten Mutes zu sein. [. . .]

In Neustadt waren alle in ängstlicher Spannung, innerhalb der Mauern war alles von Entsetzen erfüllt, draußen steigerte sich die drohende Haltung der Feinde. Wer in der Stadt Getreide gekauft hatte, verbarg es, allgemein verweigerte man die nötigsten Lebensmittel. Auf dem Markt gab es kein Brot mehr zu kaufen, die Weinschenken wurden geschlossen. Auf allen Gesichtern spiegelte sich Entsetzen, einer jammerte dem andern etwas vor. Man verwünschte den Krieg und schalt auf die Unordnung. Alle hielten sich für verloren. Was in den Vorstädten war, wurde in die Stadt gebracht, wenn etwas nicht schnell genug weggeschafft werden konnte, wurde es der Plünderung preisgegeben. Die Weiber erfüllten alles mit ihrem Geschrei. Als daher der Erzbischof und seine Suffragane [Bischöfe] die gefährliche Wendung erkannten, begaben sie sich zu den Feinden hinaus und erhielten eine eintägige Waffenruhe. [Im Anschluß daran wird nach einer Unterredung des Kaisers mit den Belagerern der Frieden ausgehandelt.]

Aus: Historia Friderici III. Imperatoris (Geschichte Kaiser Friedrichs III.) von Aeneas Silvius Piccolomini (Enea Silvio de Piccolomini – * 1405, † 1464, ein bedeutender Humanist, war 1442 Sekretär der Hofkanzlei Friedrichs III., wurde dann Bischof, Kardinal und 1458 als Pius II. Papst). Kollar 380–84. Nach der Übersetzung von Th. Ilgen

kam es nach anfänglichen Verhandlungen zum offenen Kampf. Im Bund mit den aufständischen, unzufriedenen Bürgern von Wien, an ihrer Spitze der Viehhändler Wolfgang Holzer, schloß Albrecht die kaiserliche Familie in der Wiener Hofburg ein und belagerte sie dort zweieinhalb Monate. Angeblich gerieten die Belagerten so sehr in Bedrängnis, daß sie schließlich Hunde und zahme Vögel verspeisen mußten, um ihren Hunger zu stillen.
Am Ende war es niemand anderes als König Podiebrad von Böhmen, der den Kaiser und seine Familie aus ihrer schmählichen Situation befreite.
Unter dem Hohn des Wiener Volkes verließ Kaiser Friedrich III. mit den Seinen die Stadt und zog nach Wiener Neustadt, wo man sie gerne aufnahm (Dezember 1462). Kaiser Friedrich dürfte aufgeatmet haben, als ein Jahr nach diesen Vorgängen sein Bruder Albrecht VI. ohne Erben starb. Kaiser Friedrich III. kehrte nach Wien zurück, wo man sich über seine Ankunft diesmal sehr freute: Albrecht VI. hatte sich nämlich als strenger und grausamer Herr erwiesen, der auch seinen ehemaligen Verbündeten Wolfgang Holzer nicht schonte, als er wieder mit Kaiser Friedrich Verbindung aufzunehmen suchte. Er ließ ihn vierteilen und in Stücke hauen.
Nach dem Tod Albrechts VI. war nun der gesamte habsburgische Besitz bis auf Tirol wieder in einer Hand vereinigt: in der Kaiser Friedrichs III.

Böhmische und ungarische Wirren
Ungarnkönig Matthias Corvinus besetzt Wien

Indessen war die Stellung von König Podiebrad in Böhmen nicht mehr so unangefochten stark wie 1460, als er sich sogar mit der Absicht trug, die Römische Königskrone oder eine Statthalterschaft im Reich anzustreben. Er scheiterte letztlich an den ungelösten Spannungen zwischen den böhmischen Kalixtinern (siehe Seite 59), deren Führer er war, und der unversöhnlichen Haltung der katholischen Kirche. Papst Pius II. (1458–1464) betrieb mit Erfolg 1466 die Absetzung des angeblichen Ketzers; König Matthias Corvinus von Ungarn war gerne bereit, die Absetzung gewaltsam zu erzwingen. König Podiebrad suchte und fand Unterstützung beim polnischen König Kasimir II., dessen Sohn Wladislaw er auch zu seinem Nachfolger bestimmte. Nach dem Tod König Podiebrads einigten sich die beiden Anwärter auf die Krone Böhmens, indem sie das Königreich teilten und 1471 jeder den Titel eines Königs von Böhmen annahm.

PIUS II.

Ein zeitgenössisches Münzbild zeigt Papst Pius II. als kräftigen Mann mit derben, ungemein energischen Gesichtszügen, die eigentlich nur wenig von der Intelligenz dieses feinsinnigen und hochgebildeten Humanisten ahnen lassen.
Enea Silvio (latinisiert Aeneas Silvius) Piccolomini, wie sein bürgerlicher Name lautete, stammt aus einem verarmten Adelsgeschlecht. Er wurde 1405 in Corsignano (dem später nach ihm benannten Pienza) bei Siena geboren und wuchs in ärmlichen Verhältnissen auf. Als Sekretär eines Kardinals nahm er seit 1432 am Konzil von Basel teil, wo er neben seiner beruflichen Tätigkeit ausreichend Zeit fand, sich gründlichen humanistischen Studien zu widmen. 1442 wurde er Sekretär der Hofkanzlei Kaiser Friedrichs III., dessen Biographie er später verfaßte. Seine niederen kirchlichen Weihen erhielt er erst 1446, doch dann begann sehr rasch sein Aufstieg zu geistlichen Würden; denn schon ein Jahr später wurde er dank der Protektion des Kaisers Bischof von Trient, 1450 Bischof von Siena, und 1456 erhielt er die Kardinalswürde. Ein Jahr darauf wurde er in einem dramatischen Konklave zum Papst gewählt. Sosehr Pius II. sich als Laie in der Politik auszeichnete, so bedeutend er als Humanist, Gelehrter und Schriftsteller war und so profiliert er auch als Kirchenfürst noch hervortrat, so farblos blieb er eigentlich in den sechs Jahren seines Pontifikats. Immerhin gelang ihm, im Frieden von Wiener Neustadt zwischen Kaiser Friedrich III. und König Matthias Corvinus zu vermitteln und so den Habsburgern den Zugang zur Herrschaft in Ungarn zu ebnen. Sein großes Ziel war ein Kreuzzug gegen die Türken, an dessen Spitze er sich selbst stellen wollte, doch verhinderte sein Tod am 15. August 1464 die Durchführung des Vorhabens. Gregorovius, der kritische Historiker, urteilt über ihn: »Sein Leben als Papst war fleckenlos; er war mäßig, mild, menschenfreundlich und nachsichtig, man liebte ihn.« *(H. P.)*

Energisch und erfolgsgewohnt – Gefahr für den Kaiser.
König Matthias Corvinus von Ungarn.
Oberitalienische Porträtarbeit von 1490. Wien, Kunsthistorisches Museum.

König Matthias Corvinus gab sich mit diesem Erfolg nicht zufrieden. Nicht nur, daß er Ungarn, wie schon sein Vater Johann Hunyadi, gegen die Türken verteidigte, während Kaiser Friedrich III. nicht einmal seine Erblande zu schützen vermochte; angesichts der Hilflosigkeit des Kaisers konnte es Matthias Corvinus schließlich sogar wagen, nach den habsburgischen Erblanden selbst zu greifen und große Teile, darunter auch Niederösterreich, Kärnten und Steiermark, an sich zu reißen. Selbst Wien wurde im Jahre 1485 erobert und zur Hauptstadt des neuen Großreichs gemacht. Wieder blieb Kaiser Friedrich III. völlig untätig und flüchtete sich, obwohl er innerlich tief getroffen war und bitteren Haß gegen Matthias Corvinus trug, in vage Zukunftshoffnungen. So lehnte er angeblich auch jedes Eingreifen seines Sohnes Maximilian, kriegerisch oder diplomatisch, ab, weil er den baldigen Tod des ungarischen Königs vorauszusehen glaubte. Er selbst soll sich nach einem halbherzigen Versuch, das Verlorene zurückzuerobern, damit begnügt haben, König Matthias Corvinus zu bitten, sein Tiergehege und seine Anpflanzungen in Wiener Neustadt zu schonen.

Wie kläglich sich der Kaiser in dieser demütigenden Lage auch verhielt, mit der Ahnung vom baldigen Tod Matthias' Corvinus hatte er tatsächlich einen Blick in die Zukunft getan. Matthias Corvinus starb am 6. April 1490; ob durch einen Giftanschlag seiner ehrgeizigen Frau, die, wie behauptet wird, an eine Verbindung mit dem jugendlich-ritterlichen Kaisersohn Maximilian dachte, mag dahingestellt bleiben. Maximilian, der »Römische König«, eilte auch alsbald herbei; aber nicht, um die Königin Ungarns zu heiraten (denn er plante zu dieser Zeit eine andere politische Heirat mit Anna von der Bretagne), sondern um mit bewaffneter Hand die habsburgischen Ansprüche zu sichern. Mit einem kleinen Heer eroberte er Wien und die habsburgischen Erblande zurück und drang tief nach Ungarn vor. Aber seine Hoffnungen auf die Krone Ungarns zerschlugen sich. Die ungarischen Stände zogen es vor, statt des energischen Habsburgers Maximilian den schwächlichen König Wladislaw von Böhmen nun auch zum ungarischen König zu wählen (15. Juli 1490). Alles, was Maximilian am 7. November 1491 im Frieden von Preßburg erreichen konnte, war die Zusicherung des ungarischen und, auf weitere Sicht, des böhmischen Erbes für den Fall, daß Wladislaw ohne männlichen Erben bleiben sollte – wieder eine Verheißung für die Zukunft, wie sie Kaiser Friedrich III. schon 1459 erhalten hatte.

Das Herzogtum Burgund
Ein Zwischenreich von der Nordsee bis ins Rhônetal

Nicht um vage Zukunftshoffnungen, sondern um die Festigung und Sicherung längst errungener Positionen ging es indessen im Westen des Reiches, wo dem Kaisersohn Maximilian, wie früher schon erwähnt, ein großes Erbe zugefallen war. Um die Zusammenhänge näher zu erläutern, müssen wir zurückblättern und etwas weiter ausholen.

Während sich die deutschen Könige, namentlich die Habsburger und die Luxemburger, vornehmlich dem Ausbau ihrer Hausmacht im Osten des Reiches widmeten, bot der Westen das Bild territorialer Zerrissenheit und militärischer Schwäche. Dieser Zustand forderte einen eroberungslustigen Nachbarn zu Übergriffen heraus. Dieser Nachbar war zunächst nicht Frankreich, das seit der Mitte des 14. Jahrhunderts durch den Hundertjährigen Krieg mit England voll beansprucht war, sondern Burgund. Seit 1364 hatten die Herzöge von Burgund aus einer Nebenlinie des französischen Herrscherhauses der Valois zielstrebig und rücksichtslos einen Staat zusammengefügt, der sich beiderseits

der deutsch-französischen Sprachgrenze und auf Kosten Frankreichs und Deutschlands ausbreitete; ein künstliches, aber staatlich wohlorganisiertes Gebilde von hoher Wirtschaftskraft, das französische Kronlehen und deutsche Reichslehen umfaßte. Besonders Herzog Philipp der Gute († 1467) hatte den burgundischen Staat zu einer achtungsgebietenden und für die Nachbarn furchterregenden Großmacht erweitert, deren Territorien schließlich von der Nordsee (den heutigen Niederlanden und Belgien) über Luxemburg bis in die Bourgogne und fast bis zum Genfer See reichte. Sprichwörtlich war der Reichtum der burgundischen Herzöge, der es ihnen erlaubte, ihren Hof zum Schauplatz verschwenderischer Feste und zum Mittelpunkt einer Spätblüte raffinierter ritterlich-höfischer Kultur zu machen, die in ganz Europa Bewunderung fand. Besonders berühmt wurde das »Fasanenfest von Lille« (1454), das seinen Namen von einem reich geschmückten Fasan hatte, dem eine besondere Rolle zugedacht war: Beim Festmahl wurde zunächst eine riesige Pastete aufgetischt, die ein Orchester von 20 Musikern enthielt. Dann trat, begleitet vom Hofriesen in türkischer Tracht, die »Dame Eglise«, d.h. die Kirche, auf, die den Fall Konstantinopels (1453) beklagte und zur Befreiung der Stadt aufrief. Herzog Philipp der Gute, sein Sohn Karl der Kühne und die Festteilnehmer gelobten nun bei Gott, Unserer Lieben Frau und beim Fasan den Kreuzzug wider die Türken, beließen es aber bei dieser feierlichen Szene. Der Kreuzzug fand nicht statt. Auch die Verhandlungen mit dem Kaiser und dem Papst über die Türkengefahr zerschlugen sich; sie hoben aber das Ansehen Burgunds und seines Herzogs.
Herzog Philipp der Gute war Realist genug, um zu erkennen, daß Ehre und handfester Gewinn mit wesentlich geringerem Aufwand und geringem Risiko in unmittelbarer Nachbarschaft zu holen waren. Ihm schwebte letzten Endes außer einer Heiratsverbindung mit dem Kaiserhaus ein burgundisches Königtum oder, noch besser, die Würde des Römischen Königs und damit die Nachfolge im Kaisertum vor. Aber Friedrich III., wie immer vorsichtig und einer Entscheidung abgeneigt, wollte von solchen Plänen nichts wissen – zunächst noch nicht.

Burgund unter Herzog Karl dem Kühnen – Weitreichende dynastische Pläne

Herzog Karl der Kühne (1467–1477), Sohn und Nachfolger Philipps des Guten, setzte die Expansionspolitik seines Vaters fort, kühn, tollkühn und rücksichtslos, aber auch mit dem Blick auf eine Verbindung mit dem Kaiserhaus.

Kaiser Friedrich III. hatte wohl selbst schon in seinen geheimsten Plänen mit dem Gedanken an eine Familienverbindung mit Burgund gespielt. Als es immer wahrscheinlicher wurde, daß Herzog Karl der Kühne außer seiner Tochter Maria keine weiteren Kinder mehr haben sollte, nahmen die Pläne, den Kaisersohn Maximilian mit der reichen Erbin von Burgund zu verloben, konkrete Formen an.

Im Herbst 1473 trafen sich Kaiser Friedrich III. und Herzog Karl der Kühne in Trier. Auch Maximilian, damals 14 Jahre alt, war mit dabei. Er verstand sich gut mit dem Herzog, dessen mächtige, kriegerische Erscheinung ihm imponierte. Er erhielt als Geschenk eine burgundische Kriegsordnung, die vielleicht seine späteren kriegerischen Neigungen mit prägte. Im übrigen hatte er auch Freude an der höfischen Kultur, die Karl der Kühne entfaltete.

Die Verhandlungen gingen allerdings nur zäh voran. Herzog Karl der Kühne stellte Forderungen nach territorialem Gewinn und nach Rangerhöhung, die Kaiser Friedrich III. teils nicht erfüllen wollte, teils nicht erfüllen konnte. Verstimmung brachte der Prunk, mit dem die Burgunder auftraten. 400 Wagen mit Kostbarkeiten hatte Herzog Karl nach Trier bringen lassen; kein Wunder, daß man im burgundischen Lager über den ärmlichen Aufzug der Kaiserlichen spottete. Immerhin rüstete man im Dom von Trier bereits für die Krönung Karls des Kühnen zum König von Friesland; da brach der Kaiser die Verhandlungen jäh ab und verließ überraschend Trier; wie der Klatsch behauptete, ohne seine Rechnungen bezahlt zu haben. Das Scheitern der Verhandlungen war wohl auf den Widerstand der deutschen Fürsten zurückzuführen, aber auch auf das Zaudern des Kaisers, der dem ungestümen Burgunder mißtraute.

Wie ungestüm und rücksichtslos er sein konnte, das bewies Karl der Kühne im nächsten Jahr, als er im Zusammenhang mit einem Streit um das Erzbistum Köln in das Reich einbrach. Die Empörung war so allgemein, daß sich Kaiser und Reich zum Reichskrieg aufrafften. Der heroische Widerstand der Bürger von Neuß zwang das burgundische Heer samt seiner berühmten Artillerie schließlich zur Umkehr (1475).

Noch einmal schien der Stern Karls des Kühnen heller zu leuchten, als er nämlich im gleichen Jahr, da er die Schlappe von Neuß erlitt, das Herzogtum Lothringen überrannte und die Hauptstadt Nancy gewann. Kaiser Friedrich III. ließ ihn gewähren, obwohl Lothringen nominell Teil des Reiches war, denn er hatte erreicht, wonach er vor allem trachtete. Karl der Kühne hatte nämlich der Verlobung seiner Tochter Maria mit dem Kaisersohn Maximilian seine offizielle Zustimmung erteilt. Somit mußte Lothringen ohnehin früher oder später mit dem gesamten burgundischen Erbe an Habsburg fallen.

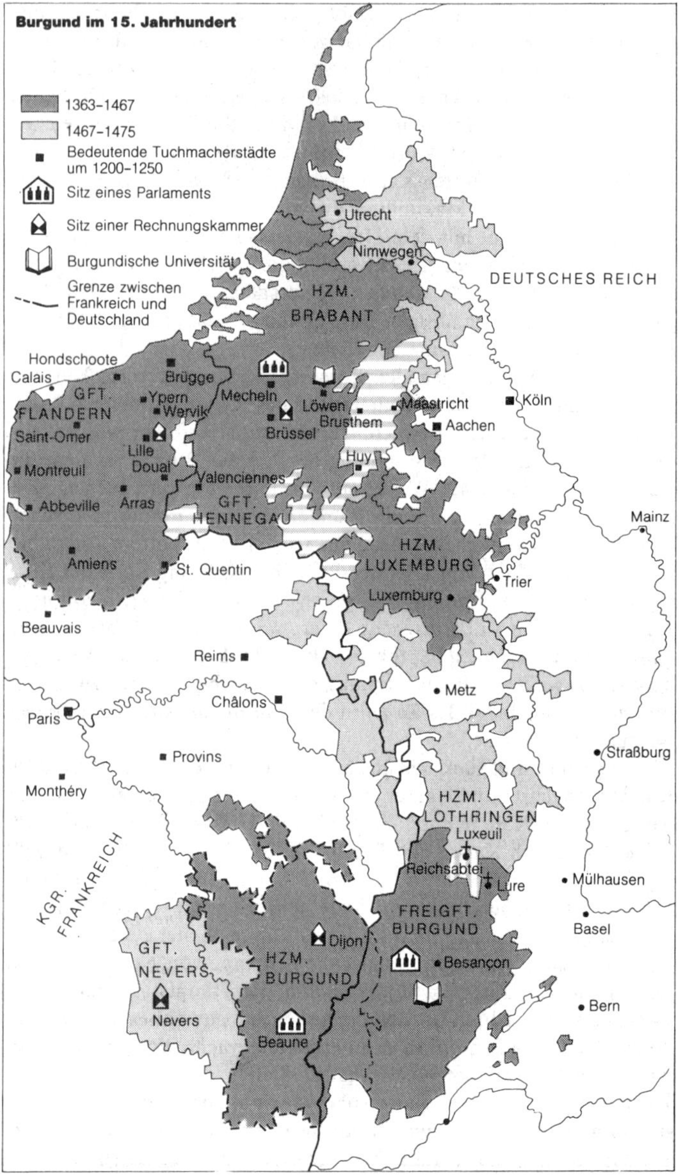
Burgund im 15. Jahrhundert
1363–1467
1467–1475
Bedeutende Tuchmacherstädte um 1200–1250
Sitz eines Parlaments
Sitz einer Rechnungskammer
Burgundische Universität
Grenze zwischen Frankreich und Deutschland
Utrecht
Nimwegen
DEUTSCHES REICH
HZM. BRABANT
Hondschoote
Calais
Brügge
GFT. FLANDERN
Ypern
Wervik
Mecheln
Löwen
Maastricht
Köln
Brusthem
Aachen
Brüssel
Saint-Omer
Lille
Douai
Huy
Montreuil
Valenciennes
Abbeville
Arras
GFT. HENNEGAU
Mainz
HZM. LUXEMBURG
Amiens
St. Quentin
Trier
Luxemburg
Beauvais
Reims
Metz
Châlons
Paris
Straßburg
Provins
Monthéry
HZM. LOTHRINGEN
Luxeuil
KGR. FRANKREICH
Reichsabtei
Lure
Mülhausen
FREIGFT. BURGUND
Basel
Dijon
GFT. NEVERS
HZM. BURGUND
Besançon
Bern
Nevers
Beaune

KARL DER KÜHNE

Karl der Kühne wurde 1433 als einziger Sohn Phillips »des Guten«, Herzog von Burgund, und Isabellas von Portugal geboren. Er genoß eine ungewöhnlich gute Erziehung, die besonders sein historisches Interesse weckte. Zeit seines Lebens war Karl auch ein Freund aller Künste, vor allem der Musik, die an seinem Hof besonders gepflegt wurde. Der Beiname »der Kühne« täuscht insofern, als Karl schon von Jugend an eher tollkühn-draufgängerisch, dazu unbesonnen, jähzornig und auch roh war, Eigenschaften, mit denen er sich viele Feinde schuf, allen voran seinen Vetter, König Ludwig XI. von Frankreich.

Bald nachdem Karl der Kühne die Regierung selbst übernommen hatte (1467), wurden seine weitausgreifenden Pläne sichtbar, die auf eine Wiederherstellung des alten karolingischen Lothringen zwischen Frankreich und dem Deutschen Reich zielten. Sein Instrument war ein stehendes Heer, das beste im damaligen Europa. Die Mittel nahm er aus den reichen Einkünften, die er aus den niederländischen Städten zog.

Seit 1468 weitete er seinen Staat auf Kosten der schwächeren Nachbarn, vor allem an der Westgrenze des Deutschen Reiches im Elsaß und am Oberrhein, aus. Um Frankreich in Schach zu halten, knüpfte er Beziehungen nach England. Seinen Wunsch, die Königswürde zu erlangen, sollte ihm Kaiser Friedrich III. erfüllen. Dafür bot er die Vermählung seines einzigen Kindes, seiner Erbin Maria, mit dem Kaisersohn Maximilian an.

Die gewaltsame und grausame Ausbreitung der burgundischen Macht nach allen Richtungen vereinigte alte und neue Feinde gegen den Herzog. Das Ende brachte der Konflikt mit den Eidgenossen, denen er in zwei verlustreichen Schlachten unterlag. Sein letztes Aufgebot wurde unter den Mauern von Nancy zusammengehauen (5. Januar 1477). Er selbst fiel. *(R. V.)*

Burgund zerbricht – Der Sieg der Schweizer über Karl den Kühnen

Der ungeheure Machtzuwachs des Hauses Habsburg im Westen war greifbar nahe; sehr nahe sogar, denn nun begann der Stern Burgunds sehr rasch zu sinken: Die Schweizer hatten es gewagt, die Truppen Karls des Kühnen in einem Gefecht zu überrumpeln. Ruhiges Abwägen und leidenschaftsloses Kalkül waren dem burgundischen Herzog nie gegeben, von jetzt an aber wurde seine Politik von unvernünftigem Haß und von Rachsucht diktiert.
Nach der Eroberung der Stadt Grandson am Neuenburger See ließ er einen großen Teil der Verteidiger hängen oder ertränken. Diese Greuel spornten den Mut der Eidgenossen an. Am 1. März 1476 stellten sie sich bei Grandson dem berühmten burgundischen Heer zur Schlacht und brachten ihm eine katastrophale Niederlage bei. Den Siegern fielen außer Hunderten von Geschützen und Fahnen ungeheure Schätze aus dem Privatbesitz Karls des Kühnen in die Hände, darunter sein Hut, sein Schwert und sein Petschaft. Vielleicht noch verheerender als die unmittelbaren militärischen Folgen der Schlacht waren die politischen. Der Ruhm des burgundischen Heeres und seines Herzogs war dahin, die Gegner Karls des Kühnen hoben allenthalben die Köpfe und faßten Mut, als der Gefürchtete zu wanken begann.
Das Ende ist rasch erzählt. Noch im gleichen Jahre brachten ihm die Eidgenossen bei Murten eine zweite fürchterliche Niederlage bei, und am 5. Januar 1477 stellte sich Karl der Kühne mit den Trümmern seines Heeres unter den Mauern von Nancy zu einer letzten Schlacht. Sein bescheidenes Aufgebot wurde zusammengehauen; er selbst fiel, verzweifelt fechtend, im Getümmel der Schlacht, vielleicht ein Opfer gedungener Mörder. Erst zwei Tage später zog man seinen nackten, von Hunden und Wölfen angefressenen Leichnam aus einem vereisten Tümpel; sein Gesicht war von einer Hiebwunde fast bis zur Unkenntlichkeit entstellt. Die Feinde Karls des Kühnen jubelten.

Die burgundische Heirat Maximilians – Habsburg wird Großmacht – Beginn der Konfrontation mit Frankreich

Gedrückt war die Stimmung in Gent, wo die Erbin des burgundischen Reiches, die kaum zwanzigjährige Maria, die Nachricht von Nancy empfing. Umgeben von untreuen Ratgebern, ohne Heer, ohne Geld und unerfahren in allen Regierungsgeschäften, mußte sie vor allem die nächsten Schritte des französischen Königs Ludwig XI. fürchten, der

der gefährlichste, weil verschlagenste und berechnendste Gegner ihres Vaters gewesen war. Ohne Schwierigkeiten besetzte er eine Reihe von Gebieten, die an Frankreich grenzten; und um das ganze Erbe Karls des Kühnen zu gewinnen, erwog er sogar eine Heirat zwischen dem damals siebenjährigen französischen Kronprinzen Karl und Maria von Burgund.

Doch Maria wies dieses Ansinnen zurück und hielt an der Verlobung mit Maximilian fest. Er war der einzige, der ihr im Kampf mit Frankreich und mit den Aufrührern im eigenen Land helfen konnte.

Im Sommer 1477 machte sich der Kaisersohn Maximilian auf den Weg in die neue, ihm völlig unbekannte Welt der niederländischen Städte. In Gent erwartete ihn die Braut, und am 19. August fand die Hochzeit statt. Zeitgenössische Berichterstatter wissen, daß die beiden sofort Gefallen aneinander fanden, obwohl sie aus ganz verschiedenen Welten kamen – sie aus der reichen und hochkultivierten Umgebung des burgundischen Hofes, er aus den bescheidenen, altväterlichen Verhältnissen, die am Kaiserhof zu Wien herrschten. Übrigens konnten sie sich zunächst nicht einmal richtig verständigen, denn Maximilian sprach das Französische und das Niederländische nur recht unvollkommen. Wie aber die Chronisten berichten, soll sie unter allerlei Scherz und zu beiderseitigem Vergnügen ihn schon bald ihre Sprachen gelehrt haben. Die ursprünglich rein politisch gedachte Verbindung wurde zu einer überaus glücklichen, wenn auch nur kurzen Ehe. Vor allem aber war und blieb diese Ehe ein politisches Ereignis ersten Ranges, das die bisherigen Machtverhältnisse in Europa veränderte und den Aufstieg des Hauses Habsburg begründete.

Mit dieser Wendung der Dinge wollte sich am wenigsten der französische König Ludwig XI. abfinden, denn er mußte eine Umklammerung durch die sich abzeichnende Großmachtbildung befürchten. In unablässigen Kriegen suchte er Maximilian finanziell zu erschöpfen. Auch der vielgefeierte Sieg Maximilians bei Guinegate (1479) brachte keine grundsätzliche Wendung, er begründete aber Maximilians Ruf als Heerführer und festigte sein Ansehen bei den Niederländern.

Zur Festigung seiner Stellung trug auch nicht wenig die Geburt seines Sohnes Philipp bei (*22. Juli 1478), der später den Beinamen »der Schöne« erhielt und spanischer König und Vater zweier Kaiser werden sollte. Ihm folgte am 10. Januar 1480 eine Schwester, Margarete, der ebenfalls ein bewegtes, bedeutendes und an Höhen und Tiefen reiches Leben beschieden war.

Da trat ein Ereignis ein, das nicht nur das familiäre Glück Maximilians zerstörte, sondern auch seine politische Stellung beträchtlich gefährdete. Maria stürzte bei der Falkenjagd so unglücklich vom Pferd, daß sie am 27. März 1482 an den Folgen des Unfalls verstarb. Zwar hatte sie wenige Tage vor ihrem Tod ihre Kinder zu Gesamterben und Maximilian zum Vormund gemacht, aber für die niederländischen Stände war Maximilian ein Fremder. Sie verbündeten sich mit Frankreich und zwangen ihn, sein Töchterchen Margarete als Verlobte des französischen Kronprinzen an den französischen Hof zu schicken und ein paar blühende Provinzen als Mitgift dazuzugeben (1482). In den folgenden Kämpfen, in denen ohne klare Fronten alle möglichen alten Gegensätze der burgundischen Ländermasse ausgefochten wurden, ging der Reichtum der Niederlande zugrunde. Das Ende kam erst, als die Parteien erschöpft waren. Die mächtigen Städte Brügge und Gent unterwarfen sich und akzeptierten Maximilians Vormundschaft über seinen Sohn Philipp (1485).

Im folgenden Jahr wurde, wie bereits berichtet, Maximilian zum »Römischen König« gewählt und in Aachen gekrönt. Die Hoffnung, der Glanz der Krone werde die Niederlande blenden und einem Krieg gegen Frankreich geneigt machen, trog. Man wollte endlich Frieden, man wollte eine Minderung der Steuerlasten, und man wünschte die fremden Beamten und Soldaten aus dem Lande.

Die allgemeine Unzufriedenheit führte schließlich dazu, daß die Bürger von Brügge König Maximilian in ihre Stadt lockten und gefangensetzten. Von seinem Gefängnis aus mußte er mit ansehen, wie seine Räte öffentlich gefoltert und zum Tode verurteilt wurden. Er selbst hatte allerlei Grobheiten hinzunehmen, und vorübergehend sah es so aus, als wolle ihn die Stadt sogar an Frankreich ausliefern. In dieser Situation raffte sich Kaiser Friedrich III., damals immerhin schon ein guter Siebziger, zur Tat auf. Unter großer Anteilnahme der Fürsten versammelte er ein Heer und erzwang im Mai 1488 die Freilassung seines Sohnes Maximilian.

Ein vorläufiger Friede mit Frankreich gab Maximilian die Möglichkeit, sich den ungarischen Problemen, die nach dem Tod von König Matthias Corvinus (†1490) der Lösung harrten, zuzuwenden (siehe auch Seite 179).

Maximilians neue Heiratspläne – Krieg mit Frankreich

In diesem Kapitel war schon einmal kurz von der Werbung Maximilians um die Hand der Herzogin Anna, der Erbin der Bretagne, die Rede: Es war ein abenteuerlicher Plan, an der fernen Atlantikküste angesichts der feindseligen Haltung Frankreichs, dessen König seit 1483 Karl VIII. war, eine neue habsburgische Position aufbauen zu wollen.

Gegen den Rat des alten Kaisers Friedrich III. wurde im Dezember 1490 die Ehe in Stellvertretung geschlossen.
Da Karl VIII. von Frankreich diese neue reiche Heirat des Habsburgers nicht zulassen wollte und aus Gründen der Selbsterhaltung und Sicherung Frankreichs auch nicht zulassen konnte, rückte er mit einem Heer in der Bretagne ein, um auf diese Weise sehr nachdrücklich auch um die Hand der reichen Braut zu werben. Anna von der Bretagne hielt an ihrer Ehe mit Maximilian, den sie nie gesehen hatte, zunächst getreulich fest. Dem aber fehlte es an einem Heer, während Karl VIII. von Frankreich genügend Truppen hatte, um Anna in ihrer Hauptstadt Rennes zu belagern. Die militärische und politische Lage, dazu die Argumente ihrer Ratgeber waren stärker als die Bindungen einer nur in Stellvertretung geschlossenen Ehe. Anna löste sich von Maximilian und willigte schließlich in die Ehe mit dem buckligen Karl VIII. von Frankreich ein: eine politische Niederlage und eine persönliche Kränkung Maximilians. Die Niederlage des Kaisersohns war um so unerträglicher, als durch diese Heirat auch die Verlobung seiner Tochter Margarete mit Karl VIII. gebrochen wurde. Schwer trug Maximilian an dem »Brautraub von Bretagne«.
Im Kampf gegen seinen Rivalen vertraute er viel auf die öffentliche Meinung, die er durch Flugschriften, Erzeugnisse der jüngst erfundenen Buchdruckerkunst, zu beeinflussen suchte. Das Volk stand zwar mit seiner Meinung und Sympathie hinter ihm; aber was half das, wenn die Fürsten sich zurückhielten.
Doch Maximilian war in den langen Jahren des niederländischen Krieges und bei dem kurzen, erfolgreichen Feldzug in Ungarn zum Krieger geworden. Aus eigenen Mitteln stellte er ein Heer zusammen und drang nach Frankreich vor, bis Karl VIII. sich schließlich zu Verhandlungen bereit fand. Im Frieden von Senlis (23. Mai 1493) gab er Margarete ihrem Vater Maximilian zurück und dazu den größten Teil ihrer Mitgift. So stand Maximilian am Ende eines – mit Unterbrechungen – rund fünfzehnjährigen Kampfes zwar nicht als strahlender Sieger da, aber als erfolgreicher Fürst. Die persönliche Beleidigung, die man ihm mit dem »Brautraub von Bretagne« zugefügt hatte, vergaß er allerdings nicht.

Das Ende Kaiser Friedrichs III.

Im Sommer 1493 legte sich Kaiser Friedrich zum Sterben nieder, nachdem die Amputation des linken Beines notwendig geworden war. Noch zuletzt soll er bemerkt haben, daß sich das Reich fortan auf ei-

Deutsche und europäische Geschichte in Daten

	Deutsches Reich	Ausland
1486	Maximilian I. deutscher König	
1487		Bartolomeo Diaz in Afrika am Kap der Guten Hoffnung (Seeweg nach Indien)
1488	Gründung des »Schwäbischen Bundes« zur Sicherung des Landfriedens (Fürsten, Ritter, Städte)	
1489	Reichsstädte mit Vertretern ständig auf den Reichstagen	
1490		Wladislaw V. von Böhmen als W. II. König von Ungarn
1491	Habsburger Erbvertrag mit Böhmen und Ungarn	
1492		Eroberung von Granada durch Spanien. Ende der Reconquista
	Entdeckung Amerikas (Kuba und Haiti) durch Kolumbus	
1493	Tod Kaiser Friedrichs III.	
1493–1519	Maximilian I. deutscher Kaiser	
1493	Erster »Bundschuh«-Bauernaufstand im Elsaß	Vertrag von Tordesillas: Teilung der Neuen Welt zwischen Spanien und Portugal
1494		Herrschaft Savonarolas in Florenz
1495	Reichstag von Worms: »Ewiger Landfriede«	
1496	Habsburger kommen durch Einheirat in den Besitz der spanischen Krone	
1497	Messerecht für Leipzig	Judenverfolgungen in Spanien
1499	»Schwabenkrieg«. Die Schweiz löst sich im »Frieden von Basel« aus dem Reichsverband	

		Mailand von Frankreich besetzt
1500	Aufblühen des deutschen Humanismus und der Frührenaissance	
		Entdeckung Brasiliens und Inbesitznahme durch Portugal
1501		Kämpfe um Neapel (Frankreich/Spanien)
1502	Bauernaufstand des Joß Fritz in Speyer	
1505		Ende der Mongolenherrschaft in Persien
1508	Maximilian I. erwählter Kaiser	
1509	Fugger finanzieren Krieg gegen Venedig	
1512	Reichstag in Köln: Neue Reichseinteilung (10 Kreise, Reichssteuer, Reichsheer, Reichstag)	
		Kopernikus' »Commentariolus« – Grundlagen seines neuen Weltbildes
1514	Bauernaufstand »Armer Konrad« in Württemberg	
1515		Schweiz erklärt Ewige Neutralität nach Niederlage bei Marignano gegen Franz I. von Frankreich Mailand französisch besetzt
1517	Bauernaufstand am Oberrhein	
	Thesenanschlag Luthers. Beginn der Reformation	
1518–1531		Zwinglis Reformation der Schweiz
1519	Tod Maximilians I.	
1519–1556	Karl V. deutscher Kaiser	
1519–1521		Erste Erdumseglung durch Magalhaes
1521		Eroberung des Aztekenreichs durch Cortez
1524	Bauernkrieg von Stühlingen und Waldshut	
1525	Großer Bauernkrieg	

nem Bein bewegen müsse. Aber so weit kam es nicht mehr. Am 19. August starb der Kaiser im achtundsiebzigsten Jahr seines Lebens und nach dreiundfünfzig Regierungsjahren an den Folgen der Operation.
Es waren ereignisreiche und verheißungsvolle Jahrzehnte gewesen, aber auch Jahrzehnte der Auflösung und des Machtverfalls des Kaisertums. Es liegt nahe, die Vorwürfe der Zeitgenossen – Trägheit, Pflichtversäumnisse – zu wiederholen. Die neuere Geschichtsschreibung gibt jedoch zu bedenken, daß die vielgescholtene Untätigkeit angesichts der Zustände im Reich eine durchaus realistische Politik gewesen sei. Realistisch und erfolgreich war jedenfalls die hartnäckige Hausmachtpolitik, die das Fundament für den Aufstieg Habsburgs legte. Wir erinnern an das Spiel mit den Vokalen A E I O U: Austriae est imperare orbi universo – Alles Erdreich ist Österreich untertan. Friedrichs III. Sohn Maximilian sollte auf diesem Weg erfolgreich weitergehen.
Am Sterbebett des Vaters war Maximilian nicht; ja, er mußte sogar die Beisetzungsfeierlichkeiten verschieben. Die Türken bedrohten erneut Ungarn und die habsburgischen Erblande, und Maximilian sah sich bereits an der Spitze eines europäischen Kreuzzuges, der die Türkengefahr endgültig bannen sollte. Ein kurzer Feldzug nach Ungarn war erfolgreich, doch das ersehnte große Unternehmen kam nicht zustande – weder diesmal noch später. Zu viele Probleme stürmten auf den jungen König ein; zu viele hatte die Zukunft für ihn bereit.

Ansätze einer Reichsreform

Seit den Tagen des Kaisers Sigismund war die Diskussion um eine nachhaltige Reichsreform nicht mehr zur Ruhe gekommen. Kaiser Friedrich III. hatte zunächst alle Reformvorschläge voll Mißtrauen in die Absichten der Fürsten von sich geschoben. Erst als die Kriege Karls des Kühnen und die Türkeneinfälle die Schwäche und Schwerfälligkeit des Reiches erbarmungslos offenbarten, setzte sich allmählich die Einsicht in die Notwendigkeit einer Reform durch.
Maximilian hatte schon zu Lebzeiten seines Vaters erste Schritte in diese Richtung versucht. Aber es zeigte sich, daß die Vorstellungen des jungen Königs von denen der reformwilligen Fürsten erheblich abwichen. Maximilian wollte, wie auch sein Vater, das Reich für seine dynastischen Pläne einspannen, während die Fürsten, an ihrer Spitze der Erzbischof von Mainz, Berthold von Henneberg, zentrale Verfassungsinstitutionen zur Kontrolle der königlichen Macht schaffen wollten. Es war mehr dem Wirken Bertholds von Henneberg als dem Willen Maximilians zu danken, daß auf dem Reichstag von Worms 1495 nach

MAXIMILIAN I.

Maximilian I. wurde 1459 als Sohn des Habsburger Kaisers Friedrich III. und der Portugiesin Eleonore geboren. Eine gründliche Erziehung entwickelte seine reichen Talente und weckte vor allem sein Interesse für literarische und künstlerische Fragen. Im Jahre 1473 begleitete er seinen Vater zu den Verhandlungen mit Herzog Karl dem Kühnen von Burgund, bei denen es um seine Heirat mit der Tochter Karls des Kühnen, Maria, ging. Im Sommer 1477 fand die Hochzeit statt. Aus der sehr glücklichen Ehe gingen zwei Kinder hervor, Philipp und Margarete. Für sie übernahm Maximilian nach dem frühen Tod Marias (1482) die Vormundschaft und suchte ihr Erbe, die burgundische Ländermasse, vor allem gegen die Ansprüche Frankreichs zu verteidigen.
Im Jahre 1486 wurde Maximilian zum »Römischen König« und damit praktisch zum Nachfolger seines Vaters († 1493) gewählt. Um seine Position in den unaufhörlichen Kämpfen mit Frankreich zu stärken, bewarb er sich 1490 um Anna, die Erbin der Bretagne, mußte aber diesen Plan unter blamablen Umständen schließlich begraben; neue Kämpfe mit Frankreich waren die Folge.
Nach dem Tod Friedrichs III. bemühte sich Maximilian I. teils mit Erfolg um die längst fällige Reichsreform. Eine endgültige Lösung blieb ihm jedoch versagt. Seine Ehe mit Bianca Maria Sforza aus Mailand (1493) diente seiner Politik in Norditalien, das nach dem Einfall der Franzosen (1491) für rund 20 Jahre zum Schauplatz schwer überschaubarer Kämpfe wurde.
Maximilian nahm 1508 den Titel eines »Erwählten Römischen Kaisers« an und erwog vorübergehend sogar den Gedanken, sich zum Papst wählen zu lassen. Seine nie preisgegebenen Pläne, einen Türkenkreuzzug zu führen, konnte er nicht verwirklichen. Zukunftsweisend waren die Hochzeiten seines Sohnes Philipp und seiner Enkel. Sie begründeten die Weltgeltung des Hauses Habsburg. Maximilian I. starb 1519 und fand seine letzte Ruhe in Wiener Neustadt. (R. V.)

langem Ringen und Feilschen endlich auch Beschlüsse zustande kamen.

Ein »Ewiger Landfriede« sollte für alle Zukunft das Fehderecht des Adels, das bereits 1471 auf einem Reichstag in Regensburg mit einem Verbot belegt worden war, und jede Form der Selbsthilfe verhindern. Wer Recht suchte, wurde an die Gerichte verwiesen, denen als Appellationsinstanz das neugeschaffene Reichskammergericht übergeordnet war, die erste Zentralbehörde des Reichs, die vom Herrscher gelöst war. Die nötigen Mittel sollten aus einer allgemeinen Reichssteuer, dem »Gemeinen Pfennig«, fließen. Allerdings wurden diese Reformen von vielen Fürsten nur widerwillig akzeptiert oder, wie die Reichssteuer, praktisch mißachtet. Damit wurde auch die Arbeit des Reichskammergerichts zeitweise unmöglich gemacht, denn die Richter sollten aus diesen Steuereinnahmen besoldet werden. Gescheitert waren Maximilians weiterreichende Pläne zur Stärkung der königlichen Macht; gescheitert waren aber auch die Pläne der Fürsten, dem König ein Reichsregiment, das heißt einen ständigen Ausschuß der Reichsstände, an die Seite zu stellen. Damit hätten die Fürsten die Interessen des Reichs gegen die habsburgischen Sonderinteressen vertreten können.

Trotz aller Kompromisse, Halbheiten und Schwächen darf man die Ansätze einer Reform dennoch nicht gering achten. Besonders der »Ewige Landfriede« und das Reichskammergericht wirkten sich ungeachtet aller Widerstände schließlich segensreich auf den inneren Frieden im Reich aus.

Maximilian I.: »Letzter Ritter« und »Vater der Landsknechte« Schriftsteller und Mäzen

Betrachten wir den Mann, dessen Name und dessen Taten Europa bereits erfüllten, noch ehe er 1493 seinem Vater als König des »Römischen Reiches Deutscher Nation« auf dem Thron folgte. Maximilian I. galt, wenn wir dem Biographen Joseph Grünpeck folgen, seinen Zeitgenossen als schöner, wohlgestalter Mann von beachtlicher Körperkraft, liebenswürdig, beredt und erfolgreich bei Frauen. Wir erinnern uns, daß er das Herz der verwöhnten burgundischen Prinzessin im Sturm gewann. Bei den Menschen in Stadt und Land war Maximilian populär und beliebt wie kaum ein anderer deutscher Herrscher vor und nach ihm. Seine Leutseligkeit, sein kriegerisches Draufgängertum, sein Interesse für Kunst und Literatur gewannen ihm die Herzen der Städter, wenigstens solange er sich nicht in Geldangelegenheiten

Rüstung von Kaisern.
Roß- und Reiterharnisch aus der Zeit Kaiser Friedrichs III. und Maximilians I. Wien, Kunsthistorisches Museum, Waffensammlung.

an sie wandte. Beliebt und als großer Jäger geachtet war er auch bei den Bauern in seinen Erblanden. Ein wirkliches Verständnis des Königs für die Sorgen und Nöte des kleinen Mannes dürfen wir allerdings nicht voraussetzen.

In die Geschichte ging König Maximilian I. auch als »der letzte Ritter« und als »der Vater der Landsknechte« ein. Abgesehen davon, daß beide Bezeichnungen sein militärisches Talent und seine kriegerischen Interessen hervorheben, charakterisieren sie ihn auch als einen Mann des Übergangs von mittelalterlich-ritterlichen Idealen zu neuzeitlichen, eher nüchternen Realitäten – zwei konkurrierende Tendenzen, die wir bezeichnenderweise auch am Hof seines Schwiegervaters Karls des Kühnen fanden, den er so hoch schätzte.

König Maximilian I. zeigte sein Geschick in ritterlichen Künsten gerne selber im Turnier und hatte, so will es die Anekdote, auch ein Herz für Ritter vom Schlage eines Götz von Berlichingen. Durchaus mittelalterlich muten auch seine nie aufgegebenen Kreuzzugspläne an. Andererseits war er realistisch genug, im Ernstfall lieber auf die modernen

Kirchenbaukunst der Spätgotik 15. Jh.

1444–1500

Landshut, St. Martin

14.–19. Jh.

Wien, St. Stephan

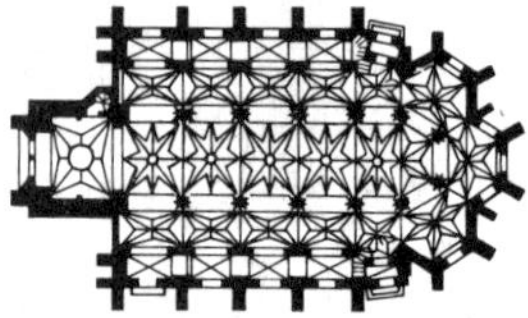

Lüneburg, St. Nikolai, Grundriß
Sterngewölbe und Kapellenumgang
15. Jh.

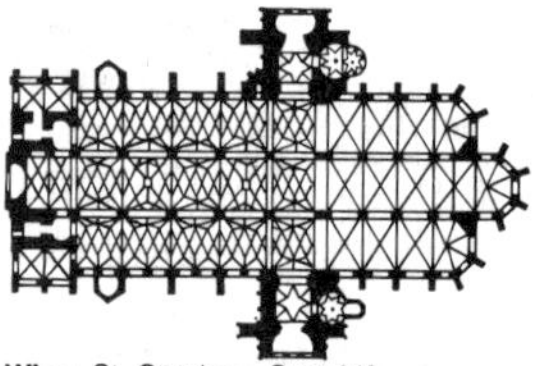

Wien, St. Stephan, Grundriß
Netzgewölbe und Hallenchor
14. Jh.

Amberg, St. Martin Schnitt durch Langhaus und Blick in den Chor

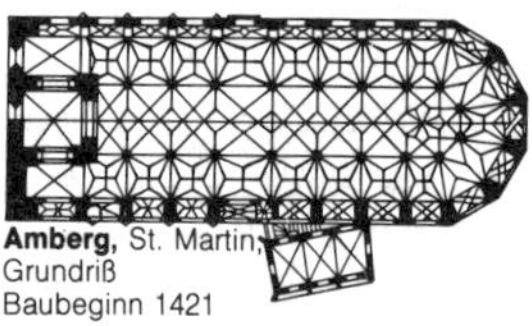

Amberg, St. Martin,
Grundriß
Baubeginn 1421

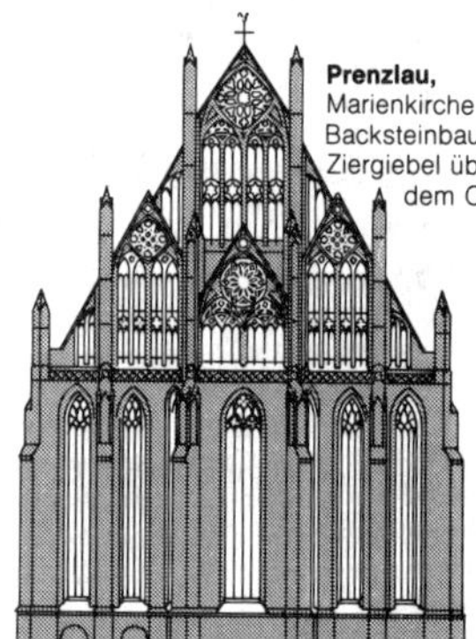

Prenzlau,
Marienkirche
Backsteinbau
Ziergiebel über dem Chor

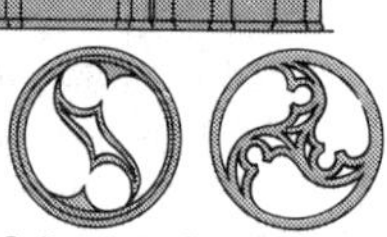

Spätgotische Fischblasen

◀ Eingesetzte »Nasen« in einem Spitzbogen

Bürgerbauten der Spätgotik 14./16. Jh.

Tangermünde
Rathaus,
Backsteinbau
1. Hälfte des 15. Jhs.

Freiburg/Br.
Kaufhaus
1524–1532

Stendal
Uenglinger Tor
Untergeschosse
Eckbau, oben
Rundturm
1. Hälfte des 15. Jhs.

Esslingen
Sog. Altes Rathaus,
Fachwerkbau
Rückseite von 1430

Michelstadt/Odenwald
Rathaus,
Fachwerkbau
1484

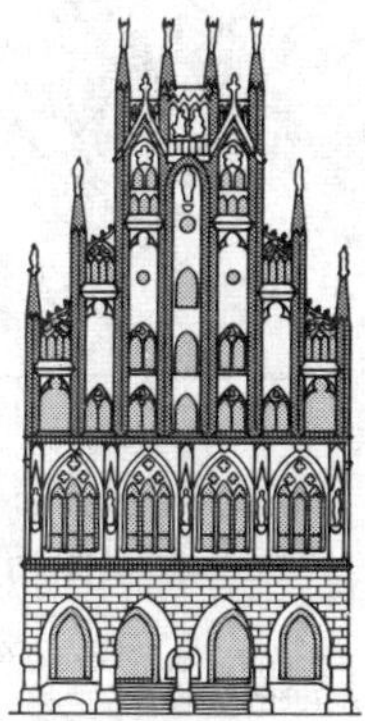

Münster/Westf.
Rathaus
Baubeginn 1335

Jagdfreuden – Privileg für Fürsten und Adel. *Die Geschichte des ›ritterlichen Waidwerks‹, oft romantisch verklärt, ist auch vielfach eine Geschichte schwerer Belastung für die Bauern und starker Flurschäden.*

Fußtruppen der Landsknechte (= Knechte des Landes) zu vertrauen, die in Maximilian ihren eigentlichen Begründer und ständigen Förderer hatten. Er selbst kümmerte sich um Einzelheiten der Bewaffnung, der taktischen Bewegung in der Schlacht und der Besetzung der Offiziersstellen; er selbst suchte den Korpsgeist und die Anhänglichkeit seiner Landsknechte zu fördern, wenn er etwa eigenhändig die überlange Lanze handhabte. Sein gutes Gespür für militärische Tüchtigkeit bewies er, als er den Schwaben Georg Frundsberg zum Ritter schlug

und zum Landsknechtführer und später zum obersten Feldhauptmann bestellte. Frundsberg schlug für seinen Kaiser die Schlachten in den Niederlanden und in Italien. Allerdings mußte es Maximilian erleben, daß der Korpsgeist der Landsknechte die Anhänglichkeit an den Kriegsherrn überwog und sich in wilden Meutereien Luft machte, wenn der Sold nicht rechtzeitig ausbezahlt werden konnte.
Die andere moderne Waffe, um deren Ausbau und Weiterentwicklung Maximilian sich stets und erfolgreich kümmerte, war die österreichische Artillerie. Sein Stolz waren die Geschützgießereien und ein wohlgefülltes Arsenal in Mühlau bei Innsbruck.
Das Bild des vielseitig interessierten Mannes wäre aber zu einseitig, wollten wir ihn nur als rauhen Krieger abtun.
Neben vielfach belegten künstlerischen Interessen (von dem Grabmal in Innsbruck wird noch zu berichten sein) besaß Maximilian auch ein ausgeprägtes schriftstellerisches Talent. Es gibt mehrere literarische Denkmäler, die nahezu uneingeschränkt als seine Werke bezeichnet werden können. Wir erwähnen hier den Prosaroman »Weißkunig« (das ist der weiße König nach seiner blendend weißen Rüstung, aber auch der weise König) und das Versepos »Theuerdank«; beides autobiographische Schriften, die der mittelalterlichen höfischen Dichtung verpflichtet sind, aber auch der aus der Antike überlieferten und im Zeitalter des Humanismus neu belebten Form der Selbstdarstellung. Spürbar war sein Einfluß auf die zeitgenössische humanistische Geschichtsschreibung, die er nach Kräften förderte; nicht ganz ohne Hintergedanken allerdings, denn er stellte sie auch in den Dienst seiner eigenen dynastischen Interessen. Im ganzen ging von Maximilians literarischen und historischen Neigungen eine höchst belebende Wirkung aus. Zahllose Huldigungen der humanistischen Literaten knüpfen sich an seinen Namen.

Einfluß in Italien

Nicht seine humanistischen Neigungen, sondern handfeste finanzielle und politische Gründe führten dazu, daß er seinen Blick seit dem Jahr 1493 mehr und mehr nach dem Mutterland des Humanismus, nach Italien richtete. Da er seit dem Frieden von Senlis wußte, daß Karl VIII. von Frankreich Italienpläne hegte, wollte er vor allem Mailand enger an sich binden. Das reiche Herzogtum, das einen großen Teil Oberitaliens beherrschte, war nominell noch Teil des Römischen Reiches Deutscher Nation, obwohl sich die Beziehungen längst gelockert hatten. Maximilian knüpfte sie nun enger, indem er 1494 Bianca Maria

Zur Charakteristik Kaiser Maximilians I.
Beschreibung durch Joseph Grünpeck

Seine körperliche Schönheit war in allen Altersstufen ausgezeichnet. Er hatte ein ruhiges und heiteres Antlitz, strahlende Augen von förmlich himmlischem Glanz, in denen ein Zuneigung gewinnender Ausdruck lag, so daß er von Männern und Frauen gleichermaßen geliebt wurde. Sein Haar war etwas gelockt und fiel bis auf die Schulter herab, so daß es auch noch den Nacken bedeckte. Die Augenbrauen waren schwarz, die Ohren klein. Die Nase oben schmal zulaufend, nach unten hervortretend; die Gesichtsfarbe war gebräunt und hielt die Mitte zwischen weiß und blutrot inne. Von geradem Körperbau mit kräftigen Gliedmaßen konnte er eine Lanze von 10 Ellen Länge [ca. 7 Meter] mit der ausgestreckten Hand ohne Zuhilfenahme der anderen in die Höhe heben und tragen. Er schritt hochgehobenen Hauptes einher. In der Unterhaltung war er lebhaft und niemals schweigsam unter seinen Vertrauten, es sei denn, daß irgendeine Sache zu erledigen war, die notwendig Schweigen erforderte. Fast sein ganzes Leben lang erfreute er sich einer guten Gesundheit, Ärzte waren selten an seiner Seite. Seine Brust war behaart, dazu hatte er wunderschöne Hände. Kurz, er zeichnete sich durch ein solches Ebenmaß aller Glieder aus, daß keinem anderen Fürsten seiner Zeit wegen seiner trefflichen Körpergestalt ein Vorzug gebührte. [. . .]
Seine hohe geistige Begabung beweisen seine beachtenswerten Vorträge, die er häufig in Gegenwart zahlreicher Fürsten, seiner Kämmerer und seiner Sekretäre hielt, und die ich aus seinem Munde direkt niederschrieb. [. . .] Vornehmlich während des Frühstücks und der Hauptmahlzeiten, bisweilen auch auf der Jagd, oder wenn es gerade galt, die lästige Gesellschaft von Hofleuten oder fremden Gästen fernzuhalten, hat er mir [. . .] eine Abhandlung in das Rohr diktiert mit einer so frischen Erinnerung aller einzelnen Vorgänge, einer solchen Gewandtheit der Sprache, klaren Formen des Ausdrucks und Schärfe der Gedanken, daß auch der Gelehrteste und Klügste gegenüber einer solchen Gedankenfülle leicht in Erstaunen und Verwunderung geraten sein würde. [. . .] Keinen Augenblick, der ihm für wissenschaftliche Beschäftigung übrigblieb, ließ er ungenutzt verstreichen [. . .], sein Hauptaugenmerk richtete er auf die Weltbeschreibung und wahrheitsgetreue Geschichtserzählungen, die er auch, um seine königlichen Grundsätze an ihnen darzulegen, bei jedem Zusammensein mit Fürsten, vornehmlich im Kreis von Ausländern vorzutragen pflegte. Die Lage der einzelnen Orte und die Verhältnisse der Länder und Meere wußte er nach den Karten des Ptolemäus aufs genaueste anzugeben. Auf die Ruhmestaten seiner Vorfahren kam er besonders gern zu sprechen. [. . .]
Er verfügte niemals über so viel arbeitsfreie Zeit, daß er ohne lästiges Anwachsen der genau verteilten Geschäfte der Ruhe pflegen und den Schlaf über die Hälfte der von der Natur dafür angesetzten Zeit hätte ausdehnen können. Nicht einmal Speise und Trank konnte er in behaglicher Weise einnehmen, sondern nur so, daß er in der Zeit des Frühstücks oder des Mittagsmahls wohl zwanzigmal gestört wurde. Frühmorgens, wenn er eben aus dem Schlaf aufgewacht war, standen die Sekretäre bereit und quälten ihn mit ihrer hastigen Geschäftigkeit bis um die

dritte oder vierte Stunde [9–10 Uhr morgens]. Dann begannen die öffentlichen Audienzen, oder er wurde durch geheime Beratungen in Anspruch genommen. Kaum eine halbe Stunde konnte er auf den Gottesdienst verwenden. Während er sich danach sofort an das Frühstück oder das Mittagessen setzte, wurden vor den königlichen Ohren gewaltige Kämpfe geliefert. Jeder wollte der erste sein, um seinen Handel dem König zu unterbreiten. Aber nachdem die Tafel aufgehoben war, drängte der ganze Hofstaat laut lärmend zum Angesicht des Königs hin. Wenn dann dies unruhige Treiben bis Mitternacht fortgedauert hatte, fand er zur Not durch die Fürsorge seiner Kammerdiener [...] eine ganz kurze Ruhe. Oft hätte er sie freilich auch bequemer haben können, aber dann unterbrach er sie häufig wieder aus eigenem Entschluß, da ihm Vogelbeize und Jagd am Herzen lagen. Auch befaßte er sich unnötig mit zahlreichen anderen lästigen Geschäften, die teils den eigenen Hausstand, teils fremde Angelegenheiten betrafen, und übernahm sogar die Sorge für das Hauswesen bis ins kleinste hinein für die Küche, den Weinkeller und den Stalldienst, um den sich nicht einmal kleine Herren bekümmerten.

Aus: Historia Friderici IV. et Maximiliani I. (Geschichte Friedrichs IV. und Maximilians I.) von Joseph Grünpeck (er wurde um 1470 in Burghausen / Niederbaiern geboren, stand von 1493 bis 1519 im Dienst Maximilians und schrieb etwa 1515 für dessen Enkel, den späteren Kaiser Karl V., seine Geschichte). Kap. 47, 40 u. 44.
Bearbeitung nach der Übersetzung von Th. Ilgen

Söldner statt Ritter. *In dem Maße, in dem unter Maximilian I. das ›Rittertum‹ idealisiert wird und in Haltung und Gesittung durch ihn eine Aufwertung erfährt, verliert es andererseits als Folge neuer Kriegstechniken an Bedeutung. Der Einsatz großer Landsknechtsheere und immer stärkerer Geschütze verändert die Kriegführung entscheidend. Die Landsknechte kämpfen für Sold und müssen für ihre Kleidung und teilweise für ihre Ausrüstung selbst aufkommen. Auf diesen zeitgenössischen Stichen tragen die Landsknechte die um 1500 aufkommenden engen, verschieden gemusterten Hosen.*

***Die Darstellung einer Stadtbelagerung** im 15. Jahrhundert zeigt dramatisch den Wandel der Kriegstechnik: Die relativ ›schwachen‹ mittelalterlichen Stadtmauern, die gegen Ritterheere und die Handwaffen der Kriegsknechte vorzüglich Schutz boten, sind einer Beschießung mit Geschützen auf die Dauer nicht gewachsen. Die Fortifikationen müssen in der Folge verstärkt werden und wachsen schließlich im 17. Jahrhundert zu mächtigen Bastionen.*

Rechts: Landsknecht und Marketenderin. Stich von Daniel Hopfer, um 1500.

Sforza, die Nichte des regierenden Herzogs von Mailand, Ludovico il Moro, heiratete. Die Braut stammte aus einem wenig vornehmen Haus. Der Großvater Francesco hatte sich als Söldnerführer der Herrschaft über Mailand bemächtigt; der Vater Galeazzo war wegen seiner Grausamkeit ermordet worden. Hübsch soll die Braut gewesen sein, aber auch gefallsüchtig und etwas töricht; das Herz ihres Gatten hat sie nie gewonnen. Aber das spielte keine Rolle angesichts einer Mitgift von 300 000 Dukaten, die Maximilian I. höchst willkommen sein mußten; und außerdem hatte er mit dieser Familienverbindung sozusagen einen Fuß in Italien zu einem Zeitpunkt, wo die Halbinsel zur Beute europäischer Großmächte zu werden drohte.

Der Angriff Karls VIII. von Frankreich auf Italien

Bald nach der Hochzeit Maximilians I. in Innsbruck brach im Sommer 1494 König Karl VIII. von Frankreich in Italien ein. Sein Ziel war es, sich in den Besitz des Königreichs Neapel zu setzen, auf das er Erbansprüche zu haben glaubte. Darüber hinaus war er erfüllt von phantastischen Kreuzzugsplänen, von dem Wunsch, Konstantinopel zurückzuerobern und das byzantinische Kaisertum wiederherzustellen. Ohne auf ernsthaften Widerstand zu treffen, teilweise von der Bevölkerung freudig als Befreier begrüßt, gelangte er nach Neapel. Die meisten italienischen Machthaber arrangierten sich mit dem Sieger. Aber die Zerstörung des Gleichgewichts in Italien erregte auch weithin Besorgnis. So kam es, daß sich im März 1495 der Papst, Spanien, Mailand, Venedig und König Maximilian I. zur »Heiligen Liga« von Venedig zusammenschlossen; »heilig« deshalb, weil auch der Papst beteiligt war, mochte auch der derzeitige Inhaber des Stuhles Petri, Alexander VI. (1492–1503) – ein Borgia – persönlich höchst unheilig sein. Die Franzosen zogen sich angesichts der Liga unter Verlusten und jetzt auch unter den Verwünschungen des Volkes aus Italien zurück, noch ehe Maximilian dort erschienen war. Er kam erst 1496 nach Italien, entschlossen, die verhaßten Franzosen auf die Dauer fernzuhalten und alte kaiserliche Rechte zu erneuern. Aber seine Kräfte waren bescheiden und auf die Unterstützung durch das Reich konnte er nicht rechnen. Im übrigen hatten die Italiener auch gar kein Interesse, die Franzosen gegen die Deutschen einzutauschen; mißtrauisch zogen sie sich von Maximilian zurück. Nur der Onkel seiner Frau, Ludovico von Mailand, hielt zu ihm. Die Heilige Liga begann sich aufzulösen. Der Versuch, wenigstens die alten Reichsrechte in der Toscana zu sichern und die Seefestung Livorno durch einen Angriff von See her und zu Lande

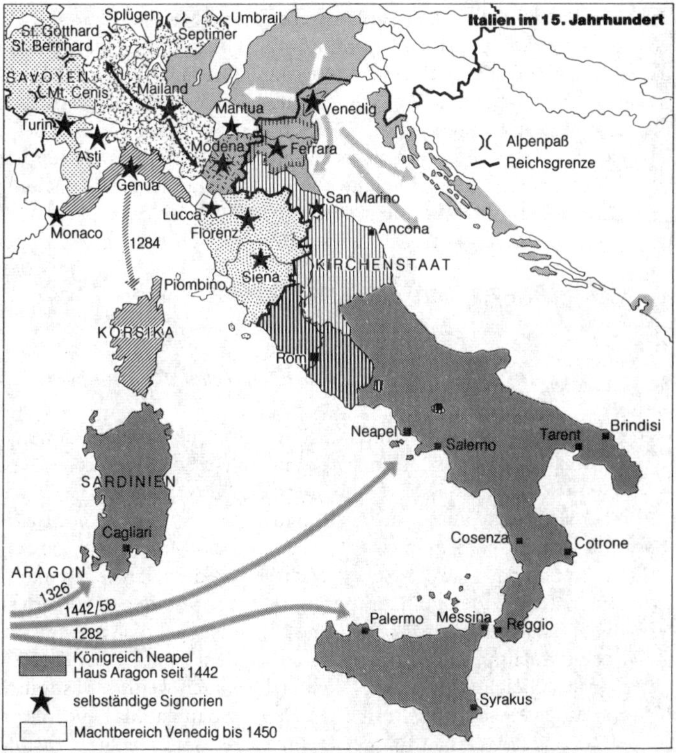

zu nehmen, scheiterte in den Herbststürmen bzw. blieb im unwegsamen Gelände stecken. Die Landsknechte Maximilians verliefen sich. Er selbst kehrte ohne den geringsten Erfolg, geschlagen, enttäuscht, verhöhnt und aller Mittel bar, über den verschneiten Brenner zurück (Dezember 1496). Italien stand – ohne die Macht des Reiches – dem erneuten Zugriff der Franzosen offen.

Spanische Heiraten

War König Maximilian I. militärisch auch gescheitert, einen Erfolg von weittragender, damals kaum abzusehender Bedeutung konnte er dennoch verbuchen. Im Zusammenhang mit dem Liga-Abkommen von Venedig vereinbarten König Ferdinand von Spanien und Maximi-

Iaſonis Mayni iureconſulti: æquitis romani:
Cæſarei & ducalis ſenatoris: ac ducalem legati
in germania gerentis: Ad Sereniſſimum Ma
ximilianum inuictiſſimum Romanorum rege
in auſpicatiſſimis eius & Auguſtæ Blanchemariæ
nuptiis: Epithalamion:

Redimus Sereniſſime
Rex & inuictiſſime Cæſar
fœlici aliquo ſydere pro
ceſſiſſe: ut nos qui anno
ſuperiore: pro inclytiſſimis
mediolanenſium Princi
pibus gratulatoriam ro
mæ orationem habuimus ad Alexandrum ſex
tum romanum pontificem: nunc etiam eorunde
legati ad te romanorum regem maximum haud
imparem ſimus orationem habituri: Vos eſtis
duo mundi luminaria magna: paſtoralis aucto
ritas.& Cæſarea poteſtas prima & ſumma chris
tiani orbis capita: & præcipua uniuerſe terre

Hochzeit aus machtpolitischen Gründen.
Epithalamium (Hochzeits-Preislied) auf Maximilian I. und Bianca Maria Sforza von Mailand. Wien, Österreichische Nationalbibliothek.

lian eine Doppelhochzeit zwischen ihren Kindern, um ihr Zusammenwirken gegen die französische Expansionspolitik zu vertiefen. Maximilians I. Sohn Philipp »der Schöne« heiratete 1496 die spanische Prinzessin Juana (Johanna »die Wahnsinnige«), und der spanische Prinz Juan heiratete Maximilians Tochter Margarete, die bekanntlich schon einmal mit König Karl VIII. von Frankreich verlobt gewesen war. Sie hatte auch mit dieser neuen Verbindung kein Glück; Juan starb noch im Jahre seiner Eheschließung (1497).
Für das Haus Habsburg sollte die Ehe Philipps »des Schönen« die bedeutendsten Folgen haben. Sie begründete den Aufstieg der Habsburger zur Weltmacht. Philipps ältester Sohn Karl sollte als Kaiser Karl V. ein Reich beherrschen, in dem die Sonne nicht unterging.

Neuer französischer Vorstoß nach Italien

Im Jahre 1498 starb König Karl VIII. von Frankreich. Sein Nachfolger, Ludwig XII. (1498–1515), nahm alsbald die Italienpolitik Karls VIII. wieder auf. Er erneuerte nicht nur die Ansprüche auf Neapel, sondern er richtete seine Blicke auch auf Oberitalien, wo er von einer Großmutter her Ansprüche auf das Herzogtum Mailand hatte. Sein Unternehmen war diplomatisch gründlicher vorbereitet als der Zug seines Vorgängers Karls VIII. Spanien zog er durch das Versprechen, das Königreich Neapel zu teilen, zu sich herüber. Papst Alexander VI. erhoffte sich für seinen Sohn Alexander Borgia ein Fürstentum, das ihm nur der französische König gewähren konnte. Venedig suchte ebenfalls Anschluß bei Frankreich.
König Maximilian I. hörte wohl die Hilferufe seines lombardischen Partners, des Herzogs Ludovico von Mailand, aber helfen konnte er nicht. Im Jahr 1499 schlug König Ludwig XII. von Frankreich los. Er eroberte Mailand und gliederte das Herzogtum seinem Reich ein. Ludovico geriet in die Hände der Franzosen und blieb bis zu seinem Tode in französischer Haft (1508). Die Schätze Mailands flossen in französische Kassen. Das Königreich Neapel wurde zwischen Spanien und Frankreich geteilt. Zwar konnten sich die Franzosen im Süden nicht lange halten, aber der Norden mit seinen reichen Hilfsquellen blieb vorläufig in ihrem Besitz.
Maximilians I. Ansehen war tief gesunken. Der Mann der Stunde war König Ludwig XII. von Frankreich. Bei ihm suchten die kleinen italienischen Potentaten Schutz; er hatte den Papst auf seiner Seite. König Maximilians I. eigener Sohn, Philipp »der Schöne«, Schwiegersohn des spanischen Königs, suchte den Frieden mit Frankreich.

Die Entwicklung im Reich unter Maximilian I. – Die Schweiz löst sich aus dem Reichsverband

Auch im Reich selbst gab es um diese Zeit Rückschläge und Enttäuschungen. Die Schweizer, die durch ihren kriegerischen Ruf und ihre Siege sehr selbstbewußt geworden waren, hatten ihre Abneigung gegen die Habsburger auf das Reich übertragen und betrieben unverhüllt ihre Loslösung aus dem Reichsverband. So lehnten sie auch die Reformbeschlüsse des Reichstags von Worms, Reichskammergericht und Gemeinen Pfennig, ab und suchten und fanden Anlehnung bei Frankreich. In der Südwestecke des Reiches kam es im sogenannten »Schwabenkrieg« zu schweren Kämpfen zwischen den Eidgenossen und ihren Nachbarn, unter denen das Land entsetzlich litt. Zwar wurde der Reichskrieg gegen die Schweiz erklärt, da es aber an Geld

Schweizer Sieg über das Reich im »Schwabenkrieg«. *Schlacht von Dornach (1499) – im Zentrum links das Reichsheer, rechts die Eidgenossen, oben die deutsche Artillerie. Holzschnitt um 1500. Basel, Kupferstichkabinett.*

und Truppen fehlte, blieben die Schweizer Sieger. Im Frieden von Basel (1499) wurden sie von den Wormser Beschlüssen von 1495 freigesprochen und damit praktisch aus dem Reich entlassen. Ihr Beispiel wirkte hinüber ins Schwäbische, wo Städte und Bauern mit der Schweiz zu sympathisieren begannen.

Nach diesen Niederlagen mußte sich König Maximilian I. auf dem Reichstag von Augsburg (1500) mit der Bildung eines Reichsregiments, d.h. eines Ständeausschusses abfinden, der dazu gedacht war, den König von der Regierungsgewalt fernzuhalten. Es wurde sogar daran gedacht, ihm den Oberbefehl über das Reichsheer zu entziehen.

Von einer Beteiligung am Krieg gegen Frankreich konnte überhaupt keine Rede sein.
Einen kleinen Erfolg konnte König Maximilian I. auch in diesem Jahr verbuchen. Die Familie der Grafen Görz starb 1500 aus. Ihre Besitzungen in Kärnten und Friaul fielen an Maximilian I. Wichtiger für die Zukunft des Gesamthauses war ein familiäres Ereignis. Am 24. Februar 1500 wurde in Gent Maximilians I. erster Enkel geboren: Karl, der Sohn Philipps »des Schönen« und Juanas (Johannas »der Wahnsinnigen«), der 19 Jahre später seinem Großvater als Römischer König folgen sollte. Im Augenblick galt es für Maximilian I., den Schwächezustand zu überwinden und wieder Handlungsfreiheit zu gewinnen. Zwar waren seine Möglichkeiten durch den Geldmangel und den Widerstand der Fürsten beschränkt; aber es gelang ihm, das Reichsregiment abzuschütteln und sich gegen die kurfürstliche Opposition zu behaupten.
Ein paar Jahre später, 1503/04, konnte er, ohne auf nachhaltigen Widerstand zu stoßen, aus einem Familienstreit der Wittelsbacher Gewinn ziehen. Er erhob sich zum Schiedsrichter und bezahlte sich selbst auf baierische Kosten mit der Annexion der Ämter Kufstein, Kitzbühel und Rattenburg.

Wechselnde Allianzen – Siege und Niederlagen: Das Ende einer Jahrhunderte währenden Italienpolitik

Voraussetzung für die neue Politik war die Bereitschaft Maximilians I., seine bisherige Außenpolitik zu überdenken und zu revidieren. Seit 1501 begann er auf Drängen seines Sohnes, sich Frankreich anzunähern. Auf den Friedensschluß von Trient (1501) folgte 1504 der Vertrag von Blois, der alle bisherigen Streitpunkte auszuräumen schien. Maximilian I. belehnte den französischen König Ludwig XII. mit dem Herzogtum Mailand und erhielt die Zusage, daß Ludwigs Tochter, ausgestattet mit reicher Mitgift, Maximilians Enkel Karl (V.) heiraten solle. Zwar war der Bräutigam erst vier Jahre alt. Doch Ludwig XII. hatte ja sowieso nicht die Absicht, diese oder andere Vereinbarungen zu halten. Kaum war er mit Mailand belehnt, verheiratete er seine Tochter mit seinem Neffen und späteren Nachfolger Franz. Maximilian I. ließ die Dinge auf sich beruhen, denn ihm schien der Zeitpunkt gekommen, sich in Rom endlich die Kaiserkrone zu holen. So weit kam er aber nicht. In Italien erhoben sich Widerstände gegen einen Romzug; der Papst hielt sich in dieser Frage zurück. So verzichtete König Maximilian I. auf eine Krönung im Stile mittelalterlicher Kaiserherrlichkeit. Statt dessen ließ er sich am 4. Februar 1508 mit päpstlicher Zustimmung im Dom von Trient zum Kaiser proklamieren und nannte sich »Erwählter Römischer Kaiser«. Der erste Feldzug des neuerwählten Kaisers gegen Venedig endete mit einer vollständigen Niederlage.

Dennoch hielt Kaiser Maximilian an seiner Absicht, Venedig vom Festland zu verdrängen, fest, und in dieser Absicht wußte er sich zu diesem Zeitpunkt mit Frankreich und Papst Julius II. (1503–1513) trotz des gegenseitigen Mißtrauens einig. Wieder fand sich eine Heilige Liga (Liga von Cambrai) zusammen, diesmal mit der Spitze gegen Venedig. Die Anfangserfolge der Franzosen waren verheißungsvoll. Ihr Sieg bei Agnadello (1508) zerstörte Venedigs Landmacht. Als aber Kaiser Maximilian sie zu weiterem gemeinsamem Handeln aufrief, versagten sie ihre Mitwirkung, denn es war ihnen nicht daran gelegen, Venedigs Festlandterritorium für ihn zu erobern. Die Liga begann sich endgültig aufzulösen, als der Papst – nachdem die Romagna in Besitz genommen war – sich mit Venedig zu verständigen begann und seinerseits mit Spanien, Venedig und den Eidgenossen eine »Heilige Liga zur Befreiung Italiens« gründete und zur Vertreibung aller Fremden aus Italien aufrief.

In dieser Zeit der allgemeinen Verwirrung, der schnell wechselnden Bündnisse und der unübersichtlichen Interessen beschäftigte sich Maximilian I. mit dem merkwürdigsten Plan seines an Plänen reichen Lebens. Er erwog ernsthaft den Gedanken, sich selbst zum Papst, d. h. zum Gegenpapst gegen Julius II., wählen zu lassen. Ein papstfeindliches Konzil, das auf Betreiben der Franzosen in Pisa tagte, hätte er vielleicht für diesen Schachzug gewinnen können. Bei Kaiser Maximilian mischten sich politische Überlegungen, vor allem der Gedanke an die kirchlichen Einkünfte in Deutschland, und machtpolitische Erwägungen im Hinblick auf den Kampf um Italien mit unzeitgemäßen Träumen von Kaiserherrlichkeit und Kreuzzug.

Angesichts der Enttäuschungen, die ihm die Franzosen immer wieder bereitet hatten, gab er schließlich dem Werben des Papstes nach und wandte sich von Frankreich ab und trat – gemeinsam mit Heinrich VIII. von England – der italienischen Liga des Papstes bei, mit dem Ziel, diesmal Frankreich einzukreisen. Vorübergehend sah es so aus, als sollten die Franzosen tatsächlich aus Italien vertrieben werden. Die Schweizer warfen sie aus Mailand (1512) und drangen in Burgund vor; der Kaiser kämpfte erfolgreich in den Niederlanden. Andererseits gelang es Ludwig XII., Schottland gegen England zu mobilisieren. Aber der entscheidende Schlag blieb aus. Die Mächte waren kriegsmüde geworden. Der neugewählte Papst Leo X. (1513–1521) und Spanien

Feuerwaffen revolutionieren die Kriegsführung.
Oben: Eisenrüstung, Armbrüste und Schießprügel.
Unten: Karrenbüchse, Federzeichnung des »Hausbuchmeisters« von 1480.

Geschütze gegen Ritter. *Beschießung einer Höhenburg, deren geschichtliches Ende sich abzuzeichnen beginnt. Aus: Thomas Lirer, »Chronica von allen Königen und Kaisern«. Ulm, Konrad Dinckmut, 1486.*

suchten den Frieden mit Frankreich. England gab sich mit einer bedeutenden Kriegsentschädigung zufrieden, und die Eidgenossen erhielten außer Geld auch noch das Herzogtum Mailand von Frankreich. Maximilian I. stand wieder allein, seine Mittel waren verbraucht, und von den Reichsfürsten hatte er nichts zu erwarten. Der große Kampf um Italien schien beendet.

Da starb am 1. Januar 1515 König Ludwig XII. von Frankreich. Sein jugendlich-ehrgeiziger Nachfolger Franz I. (1515–1547) gab sich mit der unentschiedenen Partie nicht zufrieden. Als dritter französischer König in Reihe brach er in Italien ein. Mit Hilfe deutscher Landsknechte besiegte er im Oktober 1515 in einer zweitägigen Schlacht die Schweizer bei Marignano, vertrieb sie aus Mailand und zerstörte mit diesem Sieg ihren legendären Kriegsruhm. Von ihrer kurzlebigen Großmachtstellung in Oberitalien blieb ihnen nur der Kanton Tessin

***Landkarte und Schlachtenszenerie aus dem »Schwabenkrieg«.** Ausschnitt aus einer Folge von sechs Kupferstichen des Meisters PPW von Köln zum Krieg zwischen Reich und Eidgenossen. Der Ausschnitt zeigt die Niederlage des ›Schwaben-Heeres‹ am Schwaderloch bei Konstanz am 18. April 1499. Im Vordergrund der Bodensee mit dem ihn durchfließenden Rhein, oben rechts das besetzte Schwaderloch (angeschnitten). Illustration zu Willibald Pirckheimer: »Schweizer Krieg«. Innsbruck, Tiroler Landesmuseum Ferdinandeum.*

und der Entschluß, eine dauernde, ewige Neutralität zu behaupten. Da außer Venedig auch der Papst auf die Seite der Franzosen trat, sah sich Kaiser Maximilian I. noch einmal gezwungen, allein und auf sich gestellt den Kampf um Reichsitalien, d.h. im wesentlichen um Mailand, aufzunehmen. Verhandlungen lehnte der französische König Franz I. ab. Wie wenig zuversichtlich der alternde Kaiser diesen letzten Italienzug antrat, geht schon daraus hervor, daß er seinen Sarg mitführen ließ. Er kam bis Mailand, aber den Angriff wagte er nicht. Mißtraute er dem Kampfgeist seiner Landsknechte oder gar ihrer Treue? Karl der Kühne war in seiner letzten Schlacht von Söldnern verraten und wahrscheinlich heimtückisch ermordet worden; Ludovico il Moro, der frühere Herzog von Mailand, war von seinen Soldaten an die Franzosen ausgeliefert worden. Die kaiserlichen Kriegsknechte begannen zu meutern, da ihnen der Sold nicht ausgezahlt werden konnte.

Da brach der Kaiser den Feldzug ab. Mit wenigen Getreuen rettete er sich, begleitet vom Hohn und von den Drohungen der wütenden Söldner, nach Tirol. Damit endete der letzte Versuch, Mailand beim Reich zu halten, mit einer Katastrophe. Der Waffenstillstand zwischen Kaiser Maximilian I. und König Franz I. von Frankreich in Brüssel (1. Dezember 1516) brachte bescheidenen Gewinn an der Südgrenze Tirols. Die großen Gewinner waren Frankreich und Venedig, mit denen sich der Kaiser rund zwanzig Jahre lang gestritten hatte.

Quälende Finanzfragen

Der Erfolg der Sieger war verständlich, wenn man ihre überwältigenden finanziellen Möglichkeiten in Betracht zieht, denen Maximilian I.

Eine Epoche – bestimmt von blutigen Kämpfen und Kriegen. *Links oben: Schlacht am Wenzenberg, 12. September 1504. Ritter und Landsknechte Kaiser Maximilians I. im Kampf gegen die Böhmen. Holzschnitt von Hans Burgkmair. – Links unten: Schlacht bei Ravenna (Ausschnitt). Illustration von Hans Burgkmair zum Leben Kaiser Maximilians I. im »Weißkunig«. – Nebenstehend: Kämpfe aus dem französischen Krieg gegen Venedig 1509. Illustration (Ausschnitt) aus dem »Weißkunig«.*

zu keiner Zeit etwas Gleichwertiges entgegenzusetzen hatte; weder dem sprichwörtlichen Reichtum der alten Seerepublik Venedig, noch der straffen Finanzverwaltung Frankreichs. Dank ihrer finanziellen Überlegenheit konnten sie Söldner mieten, ohne ständig befürchten zu müssen, daß ihre Heere nach ein paar Wochen auseinanderfielen; konnten sie Geld in diplomatische Kanäle fließen und auf Politiker und Herrscher wirken lassen. Maximilian I. hatte diese Schwäche des deutschen Königtums erkannt und versucht, Abhilfe zu schaffen.

Wir haben gesehen, daß er zu Beginn seiner Regierungszeit den Versuch unternahm, mit dem Gemeinen Pfennig eine allgemeine Reichssteuer durchzusetzen und dem Reich regelmäßige Einnahmen zu verschaffen. Wir haben aber auch darauf hingewiesen, wie widerstrebend diese Steuer geleistet wurde und wie dünn die Einnahmen flossen. Gewiß liegt es nahe, den Reichsständen Egoismus und Kurzsichtigkeit vorzuwerfen, denn viele von ihnen vermochten nicht einzusehen, daß nur ein starker König Schutz bieten konnte gegen die Expansionsbestrebungen Frankreichs und gegen die immer bedrohlicher heranrükkenden Türken. Manchen mochte es stören, daß die habsburgischen Interessen mit denen des Reichs zusammenfielen, so daß der Schutz des Reiches in Ost und West unmittelbar auch dem Hause Habsburg zugute kam. Im übrigen ist es begreiflich, daß ein biederer und hausväterlich wirtschaftender Landesherr nicht immer Verständnis für italienische oder burgundische Verhältnisse aufbrachte. Vom Reich hatte also Kaiser Maximilian kaum etwas zu erwarten.

Für seine Politik wurden demnach in erster Linie die Erblande herangezogen. Immer neue Verwaltungsreformen sollten die Finanzkraft dieser Länder heben, aber ihre Leistungsfähigkeit war durch Türken- und Ungarnkriege, durch Raubzüge und Plünderungen empfindlich geschwächt. Selbst die Niederlande, einst wohlhabend und üppig, waren durch die jahrelangen Kriege und Bürgerkriege ausgesogen.

Obwohl sich Kaiser Maximilian I. fast immer in finanziellen Nöten befand, liebte er es, großartig zu repräsentieren, großzügig zu schenken und das Geld hinauszuwerfen, wenn das Ansehen seiner Person und seines Hauses auf dem Spiel stand. Wenn ihm die Schulden über den Kopf wuchsen oder ihn die Gläubiger plagten, dann griff er wohl auch zu bedenklichen Mitteln und zu höchst unköniglichen Aushilfen. Dann waren nicht einmal die Truhen mit den Kreuzzugsgeldern vor ihm sicher; dann preßte er den Juden rücksichtslos Schutzgelder ab. Beschämend war das Verhalten gegenüber seiner zweiten Frau, Bianca Maria Sforza. Als ihr ansehnliches Heiratsgut verbraucht war, kümmerte er sich kaum mehr um sie. Oft genug wurde sie in den Städten des Reiches pfandweise festgehalten, weil ihr hoher Gemahl nicht für ihre und ihres Hofstaats Schulden aufkommen wollte.

Doch mit solchen kleinen und teils recht schäbigen Winkelzügen waren weder kostspielige Kriege zu finanzieren, noch genügten sie für seine sonstigen Aufwendungen, unter denen, wie bereits erwähnt, die Förderung künstlerischer und wissenschaftlicher Leistungen einen bemerkenswerten Platz einnahmen. Maximilian I. knüpfte bereits früh enge Verbindungen zu deutschen Bank- und Handelshäusern, wie den Fuggern, den Welsern und Gossembrot. Bereitwillig gewährten sie dem König und später dem Kaiser die Darlehen, die er brauchte, mochte er auch den Kreditrahmen gelegentlich gefährlich überspannen; denn für die Summen, die er kaum mehr zurückzahlen konnte, gab es ansehnliche Vergünstigungen in Handel und Bergbau. So sicherte sich z. B. Jakob Fugger die Ausbeutung der Tiroler Silber- und Kupferminen. Obwohl schließlich fast alles verpfändet war, worüber

Maximilian I. verfügen konnte, sah er sich am Ende der zwanzig Kriegsjahre vor einem riesigen Schuldenberg, unter dem die Bevölkerung der heruntergewirtschafteten Erblande stöhnte - ein hoher Preis für die Kaiserkrone (denn recht viel mehr war ihm von seiner Italienpolitik nicht geblieben); aber nicht zu hoch für einen Herrscher, der mehr an die künftige Größe seines Hauses und an die Nachfolge seines Enkels Karl (V.) dachte.

Mehr Erfolge als in allen Kriegen – Maximilians I. dynastische Pläne und Heiratspolitik

Große dynastische Pläne hatte Maximilian I. mit seinem Sohn Philipp »dem Schönen« verfolgt, dessen spanisch-burgundisches Erbe in seinen Vorstellungen zur Grundlage eines übermächtigen Kaisertums werden sollte. Diese Konstellation hätte die Vormachtstellung des Hauses Habsburg in Europa gesichert und die Fürsten des Reiches zu politischen Zwergen herabgedrückt. Da starb Philipp »der Schöne« am 25. September 1506; sein Sohn Karl (V.) war ein Kind von sechs Jahren. Maximilian trauerte um seinen Sohn, griff aber auch energisch zu und sicherte seinem Haus die Ansprüche in Spanien und im ehemaligen burgundischen Reich, vor allem in den Niederlanden.
Das war die Stunde, in der sich Maximilians Tochter Margarete als kluge Politikerin bewähren sollte. Wie erinnerlich, war sie als Kind mit dem französischen Kronprinzen Karl (VIII.) verlobt worden, hatte später Juan von Spanien geheiratet und im gleichen Jahr wieder verloren (1497). 1501 heiratete sie den Herzog Philibert II. von Savoyen; drei Jahre später war sie zum zweitenmal Witwe. Als sie der Politik ihres Vaters zuliebe noch einmal, diesmal König Heinrich VII. von England, heiraten sollte, da weigerte sie sich. Statt dessen - und damit diente sie der Politik ihres Vaters und den Interessen ihres Hauses gewiß nicht weniger - ging sie als Statthalterin für ihren Neffen Karl in die Niederlande (1507). Dort entfaltete sie eine höchst segensreiche Tätigkeit und gewann bald die Zuneigung des Volkes. Daneben widmete sie sich der Erziehung ihres Neffen, der bald mehr Niederländer als Spanier war.
Eine günstige Entwicklung zeichnete sich auch im Osten ab. Es war in einem früheren Abschnitt schon die Rede vom Friedensschluß zu Preßburg (1491), der den Habsburgern die Aussicht auf die Krone Ungarns eröffnete: Als eine nationalungarische Partei diese Abmachungen verwarf und für den Fall von König Wladislaws II. (= Wladislaw V. von Böhmen) Tod einen geborenen Ungarn vorsah, rückte Maximi-

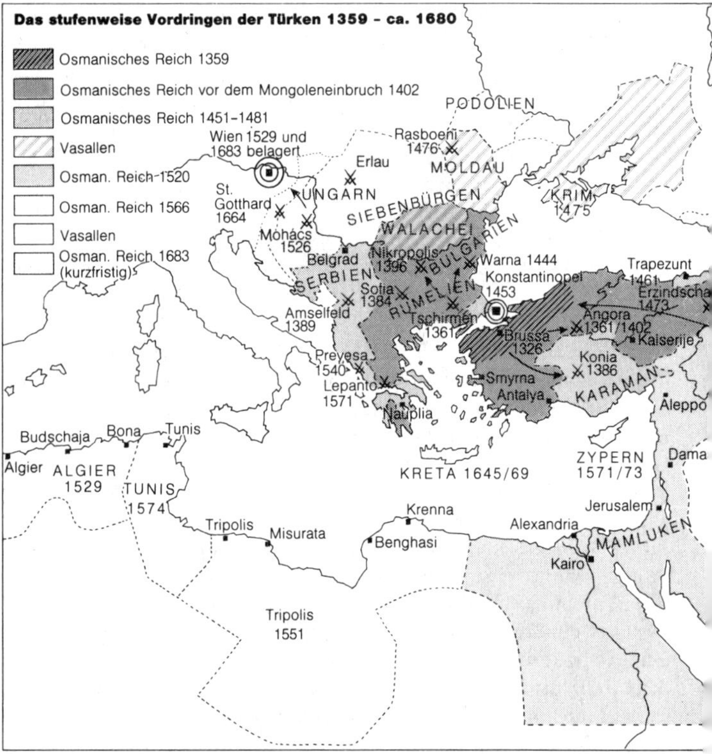

lian I. in Ungarn ein (1505). Er zog sich allerdings wieder zurück, als dem ungarischen König ein Sohn Ludwig geboren wurde (1506). Die Erbaussichten der Habsburger schienen wieder in weite Ferne zu rükken. Immerhin einigte man sich 1507 auf eine österreichisch-ungarische Doppelhochzeit. Die Feier fand im Juli 1515 statt. Maximilian I. hatte die Könige von Polen und Ungarn, Sigismund I. und Wladislaw II., zu einem Kongreß eingeladen. Es ging ihm darum, die beiden Könige für eine gemeinsame Haltung gegen die Türken zu gewinnen, die unter dem Sultan Selim I. einen neuen Krieg vorbereiteten. König Wladislaw II. von Ungarn, der einem türkischen Angriff am ersten ausgesetzt war, griff den Bündnisgedanken eifrig auf; König Sigismund von Polen mußte erst durch Zugeständnisse gewonnen werden. Außerdem suchte Kaiser Maximilian I. auch durch die Fühlungnahme mit Rußland Druck auf Polen auszuüben.

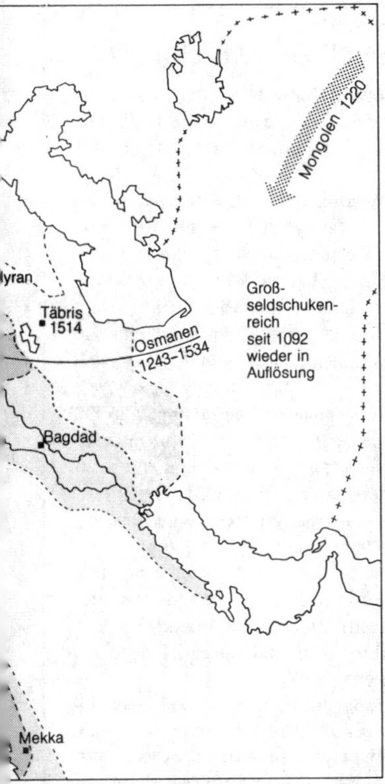

***Weiträumige Expansion.** In nur dreihundert Jahren gelang es dem osmanisch-türkischen Reich seine Grenzen von einem Zentrum im westlichen Kleinasien aus weit nach allen Himmelsrichtungen auszuweiten: bis vor Wien, nach Südrußland hinein, zum Persischen Golf, über Ägypten hinaus bis in den Westen Nordafrikas. Das 1453 eroberte Konstantinopel wurde zum natürlich gelegenen Mittelpunkt dieser Großmacht und zum zentralen Bindeglied der asiatischen und europäischen Teilregionen. Die weitere Stoßrichtung der Expansion zielte vor allem auf Wien und Italien.*

Vergessen wir nicht, daß der Kongreß in Wien in dem Augenblick stattfand, da König Franz I. von Frankreich sich Oberitaliens bemächtigte und die kaiserliche Italienpolitik endgültig zusammenbrach. Um so wichtiger war eine Festigung der habsburgischen Position im Osten durch die geplanten Heiraten, die Maximilians I. Politik krönen sollten. Übrigens wurde das aufwendige Fest von den Fuggern finanziert, die nach den ungarischen Kupferminen blickten, da sie das europäische Kupfermonopol anstrebten; und in der Tat erhielten sie die Konzessionen in Ungarn und Tirol.
Die Hochzeitsfeiern im Stephansdom zu Wien wurden zu einem Höhepunkt kaiserlicher Prachtentfaltung. Allerdings waren die Brautleute noch recht jung, wie wir das von anderen politischen Verbindungen her kennen; in einem Fall stand noch nicht einmal der Name fest. Folgendes war vorgesehen: Der ungarisch-böhmische Thronfolger Lud-

Stichworte zur Zeit Friedrichs III. und Maximilians I.

Ende der Konzilsbewegung und der Kirchenreform: Das Konzil von Basel (1431–37) und das Konkordat von Wien (1448) bringen die Verständigung zwischen Kaiser und Papst, Verzicht auf kirchliche Rechte und Beginn landesherrlicher Kirchen.

Stärkung kurfürstlicher Macht – Partikularismus: Die Schwäche des Kaisertums und permanenter Geldmangel verschärfen die Abhängigkeit der Zentralmacht von den Fürsten. Die Kurfürsten, zugleich erstarkende, Eigeninteressen folgende Territorialherren, können immer stärker in die Reichsregierung eingreifen. Die Reichsstädte, treue Partner und Geldgeber des Kaisers, geraten u.a. durch Verpfändungen und Schuldüberschreibungen des Kaisers zunehmend in die Abhängigkeit der Fürsten.

Finanzschwäche der Zentralmacht – Aufkommende Zentralstaaten in Europa: Die Macht- und Finanzschwäche des Kaisers führt zur militärischen Schwäche in der Reichsverteidigung gegen die zunehmend straffer und zentraler verwalteten Nachbarstaaten wie Frankreich.

Hausmachtpolitik der Habsburger – Habsburger Weltreich – Verwicklung in europäische Konflikte: Systematische Erbabsprachen (Ungarn und Böhmen) und Heiratspolitik (Burgund, Spanien, Mailand) gleichen teilweise die Schwäche des Königtums aus und führen zum Entstehen des Habsburger Weltreichs. Dadurch Konfrontation mit Frankreich, das sich eingekreist sieht, und Verwicklungen in italienische Kriege bei wechselnden Allianzen (Heiligen Ligen).

Nationalbewegung: Andauernde Nationalströmungen, die zur zeitweiligen Lösung Böhmens (unter Podiebrad) und Ungarns (unter Corvinus: Ungarisches Großreich, das Österreich besetzt) führen. Die Schweiz verweigert Zahlung des »Gemeinen Pfennigs« (Steuer) und Anerkennung des Reichskammergerichts und löst sich nach dem »Schwabenkrieg« langsam aus dem Reichsverband (Basel 1499). Die Schweizer Expansion nach Mailand endet mit Fiasko. Erklärung ewiger Neutralität.

Reichsreform: Mehrere Reichstage in Regensburg, Worms, Köln und Augsburg bringen neben dem Verbot der Fehde und einem »Ewigen Landfrieden« Ansätze einer zentralen Verwaltung (Reichskammergericht, Gemeiner Pfennig) aber auch stärkere Mitsprache der Kurfürsten und Stände. Der Reichstag wird zur obersten Gewalt. Die Einteilung des Reichs in 10 Reichskreise ist zukunftweisend.

Umbruchzeit: Reformbedürfnis der Bevölkerung, neue Frömmigkeit, aber vor allem auch die zunehmende Verbreitung von Universitäten und Schulen, die Entfaltung der Naturwissenschaften, die Erfindung des Buchdrucks mit seinen immensen »Vervielfältigungsmöglichkeiten«, Söldnerheere und neue Waffen (Geschütze) sind äußere Zeichen einer

neuen Zeit, die auch gekennzeichnet ist durch den Humanismus (Platonische Akademie in Florenz 1440) mit Einflüssen klassischer griechischer Gedankenwelt und durch Frühkapitalismus mit Bank-, Kredit- sowie neuen Produktionssystemen für den Export, aber auch mit Monopolen, Staatsprivilegien und Verarmung handwerklicher Lohnarbeiter. Neben den Namen der Bildung, Wissenschaft und Kunst (Nikolaus von Kues/Cusanus, Konrad Celtis, Johannes Reuchlin, Philipp Melanchthon, Matthias Grünewald, Albrecht Dürer u. a.) stehen die Magnaten der Wirtschaft (Fugger, Welser u. a.).
Luthers Thesenanschläge in Wittenberg sind das Signal des alles erschütternden Umbruchs.

wig (II.), Jahrgang 1506, heiratete die Enkelin Kaiser Maximilians, Maria von Spanien, Jahrgang 1505. Für die ungarisch-böhmische Prinzessin Anna, Jahrgang 1502, war einer der Kaiserenkel vorgesehen, Karl oder Ferdinand, die Söhne Philipps »des Schönen«. Am Ende ward Ferdinand, der spätere Kaiser Ferdinand II., Jahrgang 1503, zum Bräutigam ausersehen, denn Karl, der spätere Kaiser Karl V., war für die eben geborene Prinzessin Luise von Frankreich vorgesehen. Allerdings kam auf diesen letzten Plan später niemand mehr zurück.
Mit den Ehestiftungen von 1515 setzte Kaiser Maximilian I. konsequent die Heiratspolitik fort, die er und sein Vater einst mit der burgundischen Hochzeit begonnen und mit den spanischen Hochzeiten fortgesetzt hatten. Es ist allerdings nicht zu übesehen, daß es dabei auch blamable Rückschläge gegeben hatte; man erinnere sich vor allem des »Brautraubs von Bretagne«.
Auch andere Fürsten dieser Zeit (und nicht nur dieser Zeit) betrieben planvoll Heiratspolitik, um Bündnisse zu festigen oder mit dem Blick auf künftige Erbschaft und Rangerhöhung. Selbst Päpste entwickelten viel Familiensinn, wenn es darum ging, ihre Verwandtschaft aussichtsreich zu verheiraten. Erinnert sei an die Heiratspolitik, die Papst Alexander VI. (Borgia) mit seiner Tochter Lucrezia betrieb.
Nun war für Kaiser Maximilian I. weder 1496 bei der spanischen Doppelhochzeit, noch 1515 bei der ungarisch-böhmischen vorhersehbar, daß der jeweilige Erbfall so bald eintreten sollte und daß seine Enkel außer den bereits in Familienbesitz befindlichen Kronen noch die Kronen Spaniens, Neapels, Böhmens und Ungarns tragen sollten. Die Kaiser Friedrich III. und Maximilian I. hatten Glück mit ihrer Heiratspolitik – mehr Glück, Erfolg und Lohn jedenfalls als in ihren sämtlichen Kriegen.

So trifft auch der lateinische Zweizeiler zu, der zu dieser Zeit von einem Humanisten niedergeschrieben wurde:
Bella gerant alii, tu, felix Austria, nube!
Nam quae Mars aliis, dat tibe regna Venus.
(Laßt die anderen Kriege führen! Du, glückliches Österreich, heirate! Denn die Reiche, die den anderen Mars schenkt, die schenkt dir Venus.)
Die Krönung der Familienpolitik Kaiser Maximilians in den letzten Jahren seines Lebens wäre die Wahl seines Enkels Karl zum »Römischen König« gewesen. Karl wäre damit zum ersten Anwärter auf die Kaiserkrone nach dem Tod Maximilians I. geworden. Aber die Kurfürsten zögerten und feilschten, bis es für Maximilian I. zu spät war. Er sollte die Wahl nicht mehr erleben.

Türkengefahr und beginnende Reformation – Letzte Pläne und Ende Kaiser Maximilians I.

Noch etwas bewegte Kaiser Maximilian I. bis zu seinem Ende, der Gedanke an den großen Türkenkreuzzug, zu dem er im Laufe seines bewegten Lebens nie Zeit und Geld gehabt hatte. Jetzt, im Jahre 1518, ein Jahr vor seinem Tod, schienen Frankreich, England und der Papst zu gemeinsamem Handeln bereit. Der Kaiser, der sich als Führer des christlichen Europas fühlte, holte seinen alten, weitausgreifenden Kreuzzugsplan hervor, der eine ungeheure Zangenbewegung gegen die Türken vorsah. Der polnische König sollte durch Ungarn gegen die untere Donau vorrücken, der französische König über Italien nach dem Balkan. Karl, der Enkel Maximilians, sollte von Spanien aus über Nordafrika und Palästina gegen Kleinasien ziehen – ein phantastischer, wahrhaft kaiserlicher Plan, der überdies den Mittelmeerraum dem spanischen Reich Karls unterworfen hätte. Der alte Kaiser war bereit, selbst mitzuziehen und auch sein Leben hinzugeben, wie einst Barbarossa, der vom Kreuzzug nicht mehr zurückgekehrt war – ein kaiserliches Ende im Sinne mittelalterlicher Ideale.
Aber die Gegenwart sah nüchterner aus. Die Reichsfürsten nörgelten und zauderten. Sie mißtrauten den Absichten des Kaisers und des Papstes und hatten keinen Blick für das Ausmaß der Türkengefahr.
Aber der Kreuzzugsgedanke hatte sich aus anderen, tiefreichenden Gründen überlebt. Am 31. Oktober 1517 hatte Martin Luther seine 95 Thesen veröffentlicht. Im Reich erhob sich ein Sturm antipäpstlicher und antirömischer Erregung, der jeden Gedanken an einen Kreuzzug hinwegfegte. Der sich abzeichnende Glaubenskampf bewegte die Her-

Gedenken für einen fernen Kaiser.
Grabmal des in Wiener Neustadt bestatteten Kaiser Maximilians I. in Innsbruck, in Dimension und Würde großartige Erinnerung an einen verehrten Herrscher.

zen, nicht mehr der Kampf gegen die sogenannten Ungläubigen. Da bedurfte es schon der Bedrohung Wiens, damit sich die Christen wieder in eine Front stellten.

Kaiser Maximilian I. mochte nicht mehr streiten, weder mit dem Reichstag, noch mit dem Tiroler Landtag in Innsbruck, den er um Geld anging. Die Ironie der Geschichte wollte es, daß ihm, der zeit seines Lebens in finanziellen Nöten gesteckt hatte, eine letzte Kränkung widerfuhr. Die Wirte von Innsbruck weigerten sich, seine Begleitung zu beherbergen, da von früher her noch Rechnungen offenstanden.

Vom Tode gezeichnet reiste der Kaiser zu Schiff weiter nach Österreich. In Wels starb er am 12. Januar 1519 an einem Krebsleiden. Seine letzte Ruhe fand er in Wiener Neustadt, wo er knapp 60 Jahre vorher geboren war. Sein Grabmal aber steht in der Hofkirche zu Innsbruck.

Kaiser Maximilian I. wollte, wie mit seinen autobiographischen Schriften, so auch mit den Ausmaßen und Inhalten seines Grabmals dazu beitragen, die Erinnerung an sein Leben und Werk, an sein Wollen und Streben wachzuhalten. Seit 1502 arbeitete, mit Pausen freilich, eine Reihe von Künstlern, zu denen auch der Erzgießer Peter Vischer aus Nürnberg zählte, an dem monumentalen Grabdenkmal. Wie vieles in seinem Leben blieb auch dies Denkmal unvollendet, bzw. wurde erst nach seinem Tod vollendet und im Auftrag seiner Nachfahren in der Hofkirche zu Innsbruck aufgestellt. Was dort heute zu sehen ist, gehört zum Merkwürdigsten und Eindrucksvollsten, was die Renaissanceplastik im deutschen Raum hervorgebracht hat. Auf dem reichgeschmückten Kenotaph (= Leergrab) kniet die Gestalt des Kaisers, flankiert von den Standbildern der Tugenden. Rings im Kreis stehen 28 (statt der geplanten 40) lebensgroße Erzbilder der »Vorfahren« des toten Kaisers, zu denen großzügig unter anderen auch König Artus, König Theoderich der Große und Kaiser Karl der Große gerechnet werden, so wenig sie mit Kaiser Maximilian I. auch genealogisch zu tun haben mochten. Aber Kaiser Maximilian I. stellte sich bewußt in diese hohe Ahnenreihe, kraft seines Amtes, von dem er zeit seines Lebens eine so hohe Meinung hatte.

Der Enkel Karl V., der am 28. Juli 1519 zum »Römischen König« gewählt wurde, vereinigte dann in der Tat eine Ländermasse, wie sie seit Karl dem Großen nicht mehr unter einem einzigen Herrscher vereint war.

Literatur

Calmette, Joseph: Die großen Herzöge von Burgund, München 1963

Dericum, Christa: Maximilian I. – Kaiser im Heiligen Römischen Reich Deutscher Nation, München 1979

Friedrich III. – Ausstellungskatalog, Wiener Neustadt 1966

Görlich, Ernst Joseph: Grundzüge der Geschichte der Habsburger Monarchie und Österreichs, Darmstadt 1970

Haller, Brigitte: Kaiser Friedrich III. im Urteil der Zeitgenossen, Wien 1965

Huter, Franz: Niedergang der Mitte, Aufstieg der Randgebiete Europas im Spätmittelalter. In: Historia Mundi, Band 4, hrsg. von Fritz Valjavec, Bern 1958

Maximilian I. – Ausstellungskatalog, Innsbruck 1969

Nehring, Karl: Matthias Corvinus, Kaiser Friedrich III. und das Reich. Zum hunyadisch-habsburgischen Gegensatz im Donauraum, München 1975

Tuchman, Barbara: Der ferne Spiegel, Düsseldorf 1980

Wiesflecker, Hermann: Kaiser Maximilian I. Das Reich, Österreich und Europa an der Wende zur Neuzeit, Bd. 1–3, München 1971/1975/1977

HERMANN HOFMANN

Die Reichsverfassung im Spätmittelalter

Verfall der Königsmacht – Das Fortleben der Reichsidee – Chancen des Königtums – Das Kurfürstenkollegium – Papsttum kontra Reichsrecht – Die »Goldene Bulle« – Kurfürstliche Mitregierung – König und Stadt – Der Reichstag – Versuch einer Reichsreform.

»Zu Aachen in seiner Kaiserpracht, / im altertümlichen Saale, / saß König Rudolfs heilige Macht / beim festlichen Krönungsmahle. / Die Speisen trug der Pfalzgraf des Rheins, / es schenkte der Böhme des perlenden Weins, / und alle die Wähler, die sieben, / wie der Sterne Chor um die Sonne sich stellt, / umstanden geschäftig den Herrscher der Welt, / die Würde des Amtes zu üben. / Und rings erfüllte den hohen Balkon / das Volk in freud'gem Gedränge; / laut mischte sich in der Posaunen Ton / das jauchzende Rufen der Menge. / Denn geendigt nach langem verderblichen Streit / war die kaiserlose, die schreckliche Zeit, / und ein Richter war wieder auf Erden. / Nicht blind mehr waltet der eiserne Speer, / nicht fürchtet der Schwache, der Friedliche mehr, / des Mächtigen Beute zu werden.«

Als Friedrich von Schiller im Jahre 1803 in seiner romantischen Ballade »Der Graf von Habsburg« die Erinnerung an den Glanz und die friedewahrende Macht des mittelalterlichen Kaisertums beschwor, stand das Ende des »Heiligen Römischen Reiches Deutscher Nation« unmittelbar bevor. Noch trug ein Nachfahre jenes Grafen Rudolf, den die deutschen Fürsten zur Überwindung der anarchischen Zustände nach dem Ausgang der Staufer als ersten Habsburger einmütig zum König erhoben hatten – nur Böhmen hielt sich damals grollend abseits! –, die ehrwürdige Krone Ottos des Großen. Aber die Reichsidee hatte sich erschöpft und fand keine Verteidiger mehr, als Napoleon 1806 dem morsch gewordenen Staatsgebilde nach jahrhundertelangem Siechtum den Todesstoß versetzte und Kaiser Franz II. durch die geschaffenen Verhältnisse zwang, die deutsche Kaiserkrone niederzulegen, nachdem vorher bereits 1803 im Reichsdeputationshauptschluß (siehe Band 8) die Machtverteilung im Reich neu gegliedert worden war.

Schwächung der Königsmacht – Kaiserlose Zeit – Ausfall der Zentralgewalt

Der Verfall der deutschen Königsmacht und Kaiserherrlichkeit zeichnete sich allerdings schon im Hochmittelalter ab, als nach den Erschütterungen durch den Investiturstreit die letzten Staufer ihre Kräfte im Kampf um Italien und Sizilien verzehrten und sich deshalb zu immer weitgehenderen Zugeständnissen an die deutschen Fürsten genötigt sahen. Was nach den umfassenden Privilegien Kaiser Friedrichs II. zugunsten der geistlichen (1220) und der weltlichen (1232) Landesherren noch an Reichsrechten und Königsgut verblieben war, wurde in der »kaiserlosen, schrecklichen Zeit« des Interregnums (1246/54–1273) von den ohnmächtigen Schattenkönigen vollends ausgehöhlt oder verschleudert. In hemmungslosem Egoismus nutzten die Großen des Reiches den Ausfall einer starken Zentralgewalt zur Erweiterung ihrer eigenen Machtpositionen, so daß sich das Reich in der Mitte Europas in eine Vielzahl nahezu souveräner Territorien aufzulösen begann, während seine Nachbarn (vor allem im Westen) zu zentralistisch geführten Nationalstaaten zusammenwuchsen.

Fortleben der Reichsidee – Universales Kaisertum

Die Idee des Reiches freilich war noch nicht erloschen. Die Chroniken des ausgehenden Mittelalters sind erfüllt vom Gedanken an die heilsgeschichtliche Sendung des universalen Kaisertums, als dessen Träger der deutsche König zum Schutz der römischen Kirche und des christlichen Abendlandes berufen sei. Ein Dichter wie Dante träumte von einem Weltkaiser, der die Menschen in göttlichem Auftrag zu Freiheit, Frieden und Glückseligkeit anleiten sollte. Berühmte Rechtsgelehrte an den Universitäten Italiens interpretierten die spätantiken Gesetzestexte des »Corpus iuris civilis« gar im Sinne einer absoluten Stellung des Kaisers in Gesetzgebung und Rechtswahrung. Juristen waren es freilich auch, die eine ganz Europa übergreifende Mission des Kaisertums in Frage stellten. Vor allem in Frankreich vertrat man mit Entschiedenheit den Standpunkt, der französische König sei in seinem Königreich Kaiser mit allen Rechten und brauche in weltlichen Dingen keinen Oberherrn anzuerkennen. Aber die wiederholten Versuche französischer Herrscher, durch Bestechung oder Einschüchterung der deutschen Kurfürsten die Kaiserkrone an ihr Land zu bringen, zeigen, daß man sich davon in Paris zumindest eine Rangerhöhung, wenn nicht massive politische Vorteile versprach. In der Abwehr solcher Ansprüche entwickelte sich ein spezifisches deutsches Selbstbewußtsein, das seinen Ausdruck etwa in Überlegungen des Kölner Stiftsherrn Alexander von Roes fand. In seiner »Denkschrift über den Vorrang des Römischen Reiches« (1281) erklärte er, Gott habe in einer endgültigen Aufgabenteilung die geistliche Leitung (sacerdotium) den Italienern, die wissenschaftliche Forschung (studium) den Franzosen, den Deutschen aber das Kaisertum (imperium) mit der Weltherrschaft (dominium mundi) übertragen.

Amtsmacht und Hausmacht – Chancen des Königtums

Wenn auch derartige Anschauungen der politischen Wirklichkeit immer weniger entsprachen, so war die mit dem Kaisertum verbundene deutsche Königswürde dennoch begehrenswert genug. Denn abgesehen von dem Glanz, den die vornehmste Krone der Christenheit ihrem Träger verlieh, bot ihr Besitz einem tatkräftigen Politiker durchaus reale Möglichkeiten, maßgeblich auf den Gang der Reichsgeschäfte einzuwirken. War auch mit den in der Theorie dem Kaiser vorbehaltenen Rechten, Universitäten zu gründen, Doktoren und Notare zu ernennen, Dichter zu krönen und uneheliche Kinder zu legitimieren, in der Praxis wenig »Staat« zu machen, so konnten die Verleihung von Ämtern, Erhebungen in den Adelsstand und Rangerhöhungen innerhalb des Adels, sowie die immer noch mögliche Einflußnahme auf die Besetzung von Bistümern und anderen geistlichen Pfründen in der Hand eines geschickten Taktikers zu wirksamen Instrumenten der Reichspolitik werden.
Wichtiger noch war die in Schillers Versen so stark betonte Aufgabe des Königs, Gerechtigkeit und Frieden im Reich zu sichern. So brachte gerade Rudolf von Habsburg (1273–1291) durch die Erneuerung des Reichslandfriedensgesetzes von 1235 und das konsequente Vorgehen seines Hofgerichts gegen Landfriedensbrecher die Autorität des Königtums wieder kraftvoll zur Geltung. Er war es auch, der durch entschlossenes Zugreifen nach dem Aussterben der Babenberger Österreich, Steiermark, Kärnten und Krain an sein Haus brachte und so den Weg der Hausmachtpolitik einschlug, der allein geeignet schien, das Königtum auf eine neue Machtgrundlage zu stellen. Die Handhabe dazu bot das Lehnsrecht, das es dem König als der Spitze der Lehnspyramide ermöglichte, erledigte Reichslehen einzuziehen und – ohne den vom »Sachsenspiegel« behaupteten Leihezwang! – nach freiem Ermessen darüber zu verfügen. (Formal mußte bis zum Ende des Reiches sogar bei jedem Führungswechsel in einem Reichslehen erneut

um die kaiserliche Belehnung nachgesucht werden, die im allgemeinen nicht verweigert werden konnte.)
Es war nur natürlich, daß die Könige bei der Neuvergabe heimgefallener Lehen Angehörige ihrer eigenen Familie bevorzugt bedachten. Und da Deutschland nach dem Willen der Kurfürsten, die das hochmittelalterliche Geblütsrecht (mit seiner Aufeinanderfolge dreier mehr als hundertjähriger Dynastien) bewußt mißachteten, niemals ein Erbreich werden sollte, stellte folgerichtig jeder neue König das Interesse seines Hauses über das des Reiches, um sich einerseits selbst behaupten zu können und andererseits seinem Erben eine starke Ausgangsposition beim Ringen um die Thronfolge im Reich zu hinterlassen. (Zu Lehnsrecht und Geblütsrecht siehe auch Band 1 und 2.)

Königswahl durch ›Wahlmänner‹ – Das Kurfürstenkollegium

Seit in dem diplomatischen Schlagabtausch nach der verhängnisvollen Doppelwahl des Jahres 1197 (siehe Band 3) Papst Innozenz III. in Anlehnung an das *kanonische Recht (K, Seite 230)* davon gesprochen hatte, daß die Gültigkeit einer deutschen Königswahl von der Mitwirkung bestimmter Fürsten abhänge, die man keinesfalls übergehen dürfe, bildete sich die Gewohnheit heraus, daß die bis dahin durch die Gesamtheit der Reichsfürsten vorgenommene Königserhebung zu einem Vorrecht einiger weniger wurde.
Im »Sachsenspiegel«, einer um 1225 entstandenen privaten Aufzeichnung des ostfälischen Stammesrechts durch den Ritter Eike von Repgow, wird das neue Verfahren erstmals beschrieben: Nachdem sich die zur Wahl versammelten Großen des Reiches auf einen geeigneten Kandidaten geeinigt haben, wird der Erwählte feierlich zum König ausgerufen (»gekürt«). Bei diesem Rechtsakt treten drei geistliche und drei weltliche Herren als »Kurfürsten« besonders in Erscheinung, indem sie vor allen übrigen Fürsten und gleichsam als deren Treuhänder die »Kur« vollziehen. Dabei kommt die erste Stimme dem Erzbischof von Trier zu, dem Erzkanzler für das Königreich Burgund, die zweite dem Erzbischof von Mainz als Erzkanzler für Deutschland und die dritte dem Erzbischof von Köln als dem Erzkanzler für Italien. Unter den weltlichen Kurfürsten steht der Pfalzgraf bei Rhein als Reichstruchseß an erster Stelle, gefolgt vom Herzog von Sachsen als Marschall und dem Markgrafen von Brandenburg als Kämmerer des Reiches.
Dem König von Böhmen, der das Amt des Reichsschenken innehatte, spricht der »Sachsenspiegel« das Kurrecht ab, »weil er nicht deutsch

Der Kaiser als zentrale Figur des Rechts.
Illustration aus dem »Sachsenspiegel« des Eike von Repgow. Niederdeutsche Ausgabe von Bartholomäus Unkel, Köln 1480.

ist«. Doch setzte sich diese Rechtsauffassung nicht durch, so daß die böhmische Kurwürde nach einigem Hin und Her im Jahre 1296 schließlich anerkannt wurde und durch die »Goldene Bulle« (1356) sogar den Vorrang unter den weltlichen Kurfürsten erhielt. Dagegen scheiterten Versuche der baierischen Herzöge, sich den Zugang zum Kurfürstenkollegium zu sichern. Ebenso waren Österreich, Schwaben, die welfischen Lande und andere wichtige Territorien nicht vertreten.
Auf die Auswahl der »Königsmacher« wirkten also offenbar weniger machtpolitische Überlegungen ein als vielmehr die Tradition, die seit dem Regierungsantritt Ottos des Großen (936) den rheinischen Erzbischöfen bei der Krönung des Königs und den Inhabern der (inzwischen) erblich gewordenen Hof- oder Erzämter beim anschließenden Krönungsmahl herausgehobene zeremonielle Ehrendienste zuwies (siehe Schillers eingangs zitierte Ballade!). Es verdient hervorgehoben zu werden, daß dieser ganze Vorgang ohne gesetzliche Grundlage und nur auf gewohnheitsrechtlichem Wege erfolgte. Mochten auch bei verschiedenen Königswahlen zunächst noch andere »Wähler« mitstim-

Kanonisches Recht

Kanon — *griech.-lat.: gerade Stange, (Rohr)stab. Im Kirchenrecht werden mit diesem Begriff alle Normen bezeichnet, die für das Leben und den Glauben des Christen Maßstab und Richtschnur sind. Gesetze des Kirchenrechts sind in Canones festgelegt, Bestimmungen der Synoden sind ebenfalls kanonisch. Kanon ist die Fachbezeichnung für die einzelnen Normen in kirchlichen Gesetzen oder Gesetzbüchern. Der Codex Iuris Canonici von 1917/18 beispielsweise ist in 2414 Canones untergliedert. Mit dem Begriff*

Kanonisches Recht — *umschreibt man die Gesamtheit aller kirchlichen Normen, die im Kirchenrecht festgelegt sind.*

Kanonistik — *ist die Wissenschaft des Kirchenrechts, das sich in sechs Zeitperioden einteilen läßt:*

1. *die Zeit bis zum Dekret Gratians (Vertreter: Isidor von Sevilla, Hinkmar von Reims, Ivo von Chartres und andere);*
2. *von ca. 1142 bis 1348 – die Zeit der grundlegenden Ausbildung und Definition des Kirchenrechts;*
3. *von ca. 1350 bis ca. 1550 – die nachklassische oder Periode der Postglossatoren;*
4. *von ca. 1550 bis 1850 – die neuklassische oder goldene Kanonistik;*
5. *von 1850 bis 1917/18, dem Inkrafttreten des Codex Iuris Canonici (CIC), dem Gesetzbuch der katholischen Kirche, das beschränkt auch für die Ostkirche gilt;*
6. *die Gegenwart ab 1917/18 – seit dem 2. Vatikanischen Konzil werden Versuche unternommen, den CIC zu revidieren.*

men, so war doch seit 1257 nur noch das Votum der Mehrheit der sieben Kurfürsten ausschlaggebend, so daß die anderen Reichsfürsten bald auf eine Teilnahme am Wahlakt verzichteten.

Daß es trotzdem noch zu einigen Doppelwahlen kam, hatte seine Ursache darin, daß bei der Aufsplitterung der großen Familien in verschiedene Linien (z. B. bei den in Sachsen und Brandenburg regierenden Askaniern) nicht selten strittig war, wer zur Führung der Kurstimme berechtigt sei. So mußte die Entscheidung nach der zwiespältigen Wahl des Baiernherzogs Ludwig und seines habsburgischen Gegenspielers Friedrichs »des Schönen« noch einmal auf dem Schlachtfeld fallen (Mühldorf 1322).

Papsttum kontra Reichsrecht – Legitimation des Kaisertums

Anläßlich dieser Doppelwahl kam es auch zum letzten Streit des mittelalterlichen Kaisertums mit dem Papsttum um das Recht und die Würde des Reiches, da der in Avignon residierende Papst Johannes XXII. (1316–1334) die Entscheidung über die Besetzung des deutschen Thrones an sich ziehen wollte, das Königtum solange für vakant erklärte und für sich das Reichsvikariat, die Stellvertretung des Kaisers, beanspruchte. Ludwig IV. (1314–1347) setzte sich gegen diese Zumutungen in seinen »Appellationen« auf das entschiedenste zur Wehr, wobei er sich auf die im Reich vorherrschende Rechtsauffassung berufen konnte, nach der eine Wahl durch die Mehrheit der Kurfürsten einem einmütigen Wählervotum gleichkam, einem päpstlichen Eingreifen somit auch nur der Schein eines Rechts fehlte. Ja, er stellte durch seinen Romzug und die Annahme der Kaiserkrone aus den Händen der Vertreter der kurzlebigen römischen Republik (1328) nicht nur den päpstlichen Krönungsanspruch, sondern die gesamte Autorität der Kirche im weltlichen Bereich überhaupt in Frage.
Wenngleich der Kaiser trotz massiver publizistischer Unterstützung durch seine bedeutenden theologischen und juristischen Berater, wie z. B. Marsilius von Padua und Wilhelm von Ockham, mit seinen überzogenen Vorstellungen im ganzen nicht durchdrang, fand sein Widerstand gegen eine päpstliche Einmischung in die deutsche Innenpolitik dennoch breite Resonanz und zuletzt sogar den Beifall der Kurfürsten. Bei einem Treffen »im Obstgarten bei Rhens (Rense) am Rhein«, dem sogenannten »Rhenser Kurverein« (1338), sprachen sie sich kategorisch dahingehend aus, daß der von der Mehrheit der Kurfürsten zum »Römischen König« gewählte Kandidat »keiner Nomination, Approbation, Konfirmation, Zustimmung oder Autorität des Apostolischen Stuhles« für die Handhabung der Reichsrechte, die Verwaltung des Reichsgutes und die Führung des Königstitels mehr bedürfe. Lediglich die Kaiserkrönung bleibe dem Papst vorbehalten. Und im gleichen Jahr verkündete Kaiser Ludwig IV. im Reichsgesetz »Licet iuris«, daß allein die Wahl durch die Kurfürsten dem deutschen König kraft göttlichen Rechts die Fülle der kaiserlichen Gewalt verleihe, die Krönung also reine Formsache sei.

Illustrierte Reichsverfassung. *Der Kaiser und die sieben Kurfürsten des Reichs (links die geistlichen, rechts die weltlichen) sowie die Wappenträger der*

Herzogtümer, Städte und Landesherren. Holzschnitt aus der »Schedelschen Weltchronik«, erschienen 1493 bei Anton Koberger.

Die Zeit für kaiserliche Kraftakte dieser Art war freilich längst vorbei. Lupold von Bebenburg, der führende deutsche Staatsrechtler dieser Jahre, stellte in seiner »Abhandlung über die Rechte des Königtums und des Kaisertums« (1340) bündig fest, daß der deutsche König durch seine Wahl zwar alle kaiserlichen Rechte im Gebiet des Reiches erhalte, zur ideellen Führung der christlichen Welt aber erst durch die päpstliche Krönung in Rom ermächtigt werde.

Die »Goldene Bulle«: Königswahl und neue landesherrliche Rechte der Kurfürsten

Kaiser Ludwig IV. selbst untergrub sein Ansehen als uneigennütziger Vorkämpfer für die Rechte des Reiches durch seine hektisch ausgreifende Hausmachtpolitik, durch die er seine Wähler so sehr gegen sich aufbrachte, daß sie ihn absetzten und an seiner Statt den Böhmenkönig aus dem Hause Luxemburg als Kaiser Karl IV. (1346–1378) auf den Thron setzten. Diesem weitschauenden, hochgebildeten Herrscher blieb es vorbehalten, aus der verfassungsrechtlichen Entwicklung die notwendigen Schlußfolgerungen zu ziehen und sie zu einem gewissen Abschluß zu bringen.

Nach langwierigen Verhandlungen mit den Kurfüsten, die sein ursprüngliches Konzept zur Stärkung der Reichsgewalt immer wieder durchkreuzten, konnte Karl IV. auf den Reichstagen von Nürnberg und Metz (1356) das nach seinem kaiserlichen Goldsiegel benannte Reichsgesetz der »Goldenen Bulle« verkünden, das zur Grundlage der Reichsverfassung bis zu ihrem Untergang im Jahre 1806 werden sollte. Dieses Fundamentalgesetz darf man keinesfalls mit Kaiser Maximilian I. (1493–1519) als Preisgabe sämtlicher königlichen Rechte durch den »Erzstiefvater des Reiches« mißdeuten; es stellt vielmehr einen tragfähigen Kompromiß aus den Bedingungen seiner Zeit heraus dar, der den gewandelten Machtverhältnissen entsprach und durchaus auch zukunftweisende Perspektiven enthielt:

Das Gesetz regelte nunmehr endgültig das Verfahren bei der Königswahl, die künftig im Frankfurter Bartholomäusdom stattfinden sollte, während die Krönung nach Aachen (wie bisher) und der erste Reichstag des neuen Herrschers nach Nürnberg vergeben wurden. Der Mainzer Erzbischof sollte das Wahlmännergremium einberufen und in der Reihenfolge Trier, Köln, Böhmen, Pfalz, Sachsen und Brandenburg zur offenen Stimmabgabe auffordern; zuletzt sollte er selbst sein Votum abgeben, das unter Umständen den Ausschlag geben konnte, da in jedem Falle die Mehrheit von vier Stimmen genügte. Päpstliche Ansprüche auf Wahlprüfung erledigten sich somit von selbst und wurden stillschweigend übergangen. Um Streitigkeiten wegen des Stimmrechts für immer auszuschließen, wurde die Unteilbarkeit der kurfürstlichen Territorien und die Erblichkeit der weltlichen Kurfürstentümer im Mannesstamm nach dem Recht der Erstgeburt festgelegt. Daneben wurde den Kurfürsten unwiderruflich eine Reihe von Hoheitsrechten (Regalien) im Bereich des Burgen- und Städtebaus, des Münz- und Zollwesens, der Jagd, des Bergbaus und der Salzgewinnung, sowie des Judenschutzes zugesprochen. Am folgenschwersten aber war die Bestimmung, daß die Untertanen der Kurfürsten nicht mehr an das Königsgericht appellieren durften oder vor ein fremdes Gericht zitiert werden konnten (ius de non appellando et de non evocando). Damit war die Landeshoheit der Kurfürsten endgültig anerkannt, und es konnte nur eine Frage der Zeit sein, daß sich auch die anderen Territorialherren in den Genuß ähnlicher Privilegien zu setzen suchten – und sei es durch Fälschung wie im Falle des österreichischen »Privilegium maius« von 1358/59 (siehe auch Band 4).

Kurfürstliche Mitregierung auf Kosten der Königsmacht

Es lag mit Sicherheit nicht in der Absicht des Kaisers, durch die »Goldene Bulle« zur weiteren Auflösung des Reiches beizutragen. Vielmehr gedachte er die Kurfürsten, zu deren Kreis er als König von Böhmen ja selbst gehörte, zu festen Stützen des Reiches zu machen und ihnen Anteil an den Regierungsgeschäften zu geben. Schon König Rudolf von Habsburg hatte sich bei seiner Wahl (1273) verpflichten müssen, kein Reichsgut ohne die Zustimmung seiner Wähler zu verpfänden, die sie ihm durch sogenannte Willebriefe von Fall zu Fall erteilten. Auch die Kurvereine, in denen sich die Kurfürsten selten genug zu gemeinsamem Handeln zusammenfanden, zielten durchaus auf eine Förderung des Reichsgedankens. Aber die von der »Goldenen Bulle« vorgesehenen alljährlichen Beratungen der Kurfürsten mit dem Kaiser blieben bloße Absichtserklärung; ihr landesfürstlicher Egoismus war erst dann befriedigt, als sie nahezu alle Reichsrechte in ihren Besitz gebracht und die Substanz des Königtums vollends ausgelaugt hatten. Jetzt erst waren sie auch bereit, dem Kaiser bei der Wahl seines Sohnes zum »Römischen König«, d.h. zum Thronfolger, entgegenzukommen, da sie von der Herrschaft einer Dynastie nichts mehr zu befürchten hatten. So finden wir seit der »Goldenen Bulle« mit zwei kurzen Unterbrechungen aus besonderem Anlaß nur noch Luxemburger und – nach deren Aussterben 1437 – ihre Erben, die Habsburger, auf dem

Im ›Salonwagen‹ zum Regieren.
Anreise der Stände zum Reichstag in Augsburg in einem vierspännigen Reisewagen. Holzschnitt des 15. Jahrhunderts.

deutschen Thron, obgleich das kurfürstliche Wahlrecht zu keinem Zeitpunkt angetastet wurde.

König und Stadt

Unter den Verfügungen der »Goldenen Bulle« verdient neben der Privilegierung der Kurfürsten die Beschränkung der Städte besondere Aufmerksamkeit. Die städtische Freiheit wurde von den Territorialherren seit der Stauferzeit offenbar zunehmend als eine Gefahr für die ständisch-lehnsrechtlich geprägte Reichsverfassung und die Durchsetzung ihrer eigenen Landeshoheit empfunden.
Durch das Verbot, Städtebündnisse zu schließen, Innungen zu gründen und außerhalb der Städte ansässige »Pfahlbürger« aufzunehmen, kam der Kaiser den Bedenken seiner adeligen Standesgenossen weit entgegen, obwohl er selbst mit dem finanzkräftigen Großbürgertum etwa der Städte Nürnberg, Frankfurt und Prag eng zusammenarbei-

tete. Auch zeigt sein Besuch in der führenden Hansestadt Lübeck (1375), wo er die Ratsmitglieder mit der ansonsten dem Adel vorbehaltenen Anrede »Herren« auszeichnete, daß er die Bedeutung der aufstrebenden Städte sehr wohl erkannte, aber nicht ihr wirtschaftliches Potential zur Stärkung der Königsmacht einzusetzen wußte.
So fanden die Könige und Kaiser gegenüber den Reichsstädten, deren unmittelbare Stadtherren sie waren, nur zu einer widerspruchsvollen Politik wechselnder Begünstigung, Besteuerung oder Verpfändung, die nicht selten zur dauernden Eingliederung solcher Städte in die sie umgebenden Territorien führte. Dabei waren es gerade die Reichsstädte, die dem Kaisergedanken am treuesten anhingen. Noch heute zeugen beispielsweise das »Männleinlaufen«, der huldigende Umlauf der Kurfürsten um den Kaiser an der Kunstuhr der Nürnberger Frauenkirche, oder die programmatische künstlerische Ausgestaltung der Rathäuser von Augsburg, Eßlingen, Frankfurt, Goslar und vieler anderer ehemaliger Reichsstädte von einer nicht nur gefühlsmäßigen Verbundenheit mit dem Reich, von dem sie – oftmals vergeblich – die Verteidigung ihrer Freiheit und Schutz für ihre wirtschaftlichen Interessen erwarteten. Erst als die Städte gegen Ende des 15. Jahrhunderts endgültig die Reichsstandschaft erhielten, konnten sie in der Reichspolitik ein gewichtigeres Wort mitreden.

Bühne ständischer Interessen: der Reichstag

Aus der lehnsrechtlichen Verpflichtung der weltlichen und geistlichen Kronvasallen zu Hoffahrt und Beistand (siehe Band 2) hatte sich im Lauf der Jahrhunderte die »Reichsstandschaft« entwickelt, das Recht der Stände zur Teilnahme am Reichstag. Dieses Verfassungsorgan gewann seit der Stauferzeit mehr und mehr an Gewicht, obwohl eine feste Geschäftsordnung fehlte und seine Zuständigkeiten niemals genau umrissen wurden. Die »Goldene Bulle« hatte nur Regelungen für den zeremoniellen Ablauf dieser Versammlungen vorgesehen; aber neben dem Schaugepränge glanzvoller Feste wurde auf allen Reichstagen auch handfeste Politik betrieben, wobei es zur Gewohnheit wurde, daß Reichsgesetze, Heerfahrten, neue Steuern und die Erhebung eines Territoriums zum Reichsfürstentum der Zustimmung des Reichstages bedurften. Daraus ergab sich beinahe zwangsläufig ein fortwährendes Tauziehen zwischen dem Reichsoberhaupt und den auch untereinander vielfach zerstrittenen Ständen, das den schwerfälligen Organismus der Reichsverfassung zeitweilig völlig lahmlegte. Die alte Formel der Einheit von »Kaiser und Reich« wurde nahezu in ihr Gegenteil ver-

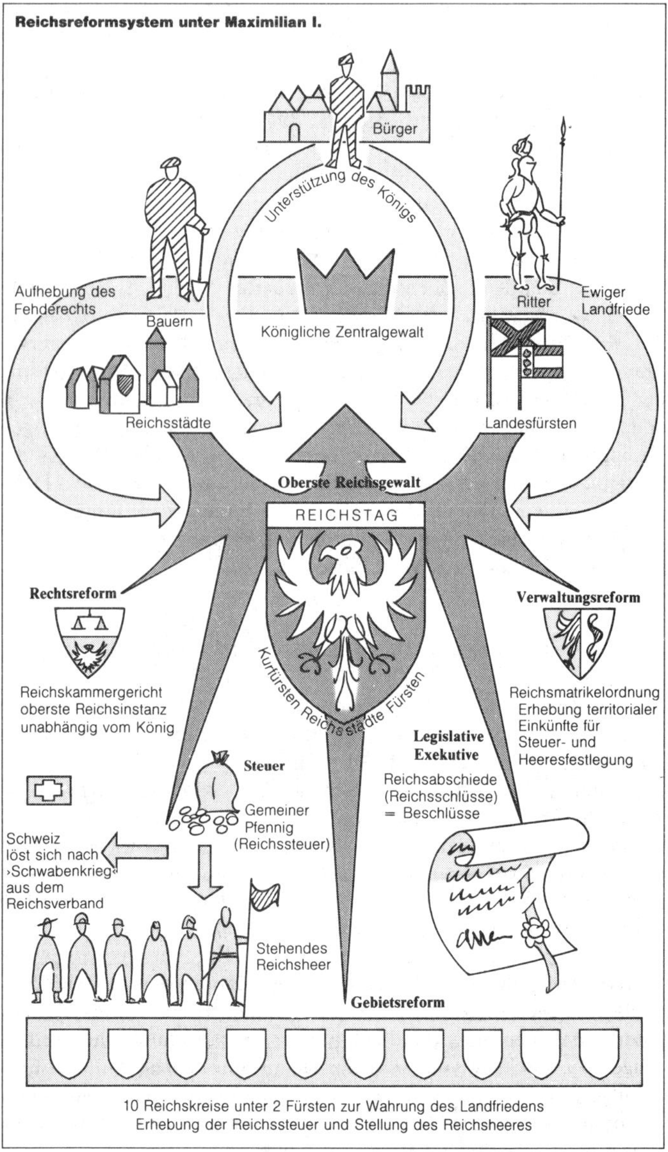
Reichsreformsystem unter Maximilian I.
Bürger
Unterstützung des Königs
Aufhebung des Fehderechts
Bauern
Königliche Zentralgewalt
Ritter
Ewiger Landfriede
Reichsstädte
Landesfürsten
Oberste Reichsgewalt
REICHSTAG
Kurfürsten Reichsstädte Fürsten
Rechtsreform
Reichskammergericht
oberste Reichsinstanz
unabhängig vom König
Verwaltungsreform
Reichsmatrikelordnung
Erhebung territorialer Einkünfte für Steuer- und Heeresfestlegung
Legislative
Exekutive
Reichsabschiede (Reichsschlüsse) = Beschlüsse
Steuer
Gemeiner Pfennig (Reichssteuer)
Schweiz löst sich nach ›Schwabenkrieg‹ aus dem Reichsverband
Stehendes Reichsheer
Gebietsreform
10 Reichskreise unter 2 Fürsten zur Wahrung des Landfriedens
Erhebung der Reichssteuer und Stellung des Reichsheeres

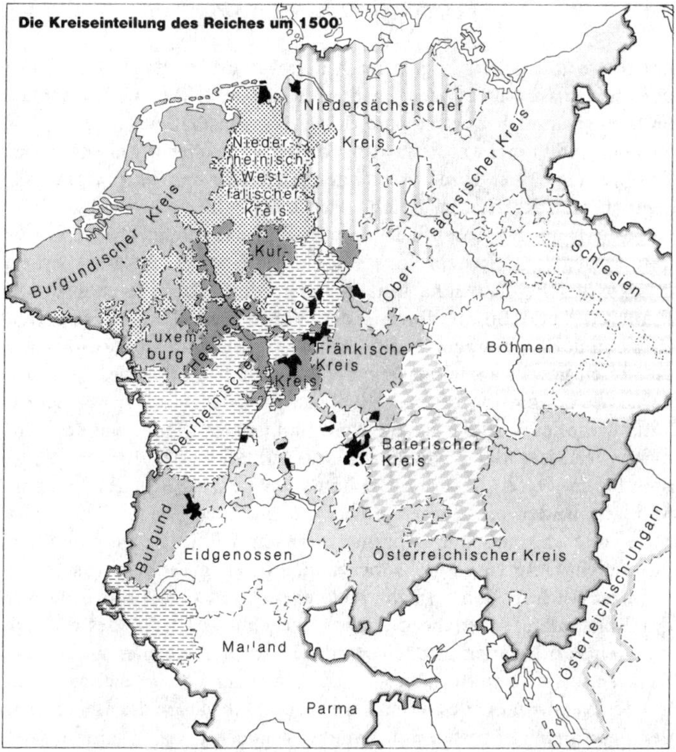

kehrt und zum Ausdruck des dualistischen, zweipoligen Ständestaates, in dem sich der »Kaiser« als Vertreter der bescheidenen Reste einer zentralen Staatsgewalt und das »Reich« als Sammelbegriff für die nach Souveränität strebenden ständischen Interessengruppen gegenüberstanden. Zusätzlich erschwert wurde die Lage durch die inneren Verhältnisse der Territorialstaaten, die in mancher Hinsicht ein getreues Abbild der Zustände im Reich boten. Hier führte vor allem das Steuerbewilligungsrecht, das die Landstände ihren stets in Geldnöten steckenden Herren abtrotzten, zu einer wirksamen Beschränkung der landesfürstlichen Macht und zur Entstehung landständischer Verfassungen. Ja, die Stände entwickelten zur Abwehr landesfürstlicher Erbteilungen sogar ein gewisses Zusammengehörigkeitsgefühl unter den Bewohnern des jeweiligen Gebietes und wurden so zu Wegbereitern neuzeitlicher Staatlichkeit.

Versuch einer Reichsreform

Unter der tatenlosen Regierung Kaiser Friedrichs III. (1440–1493), den man bissig auch »des Heiligen Römischen Reiches Erzschlafmütze« genannt hat, versanken die verfassungsmäßigen Organe des Reiches immer mehr in Erstarrung, da der Herrscher vor allem an der Erweiterung seiner Hausmacht interessiert war und im übrigen den zentrifugalen Kräften im Reich freien Lauf ließ.
Angesichts der religiösen Unruhen der Zeit (Hussitenproblem, konziliare Bewegung, Kirchenreform), der allgemeinen Rechtsunsicherheit infolge des Fehdewesens und der Bedrohung des Reiches durch Frankreich und Burgund sowie den Vorstoß der Türken gewannen aber erneut Bestrebungen an Boden, die auf eine umfassende Stärkung der Reichsgewalt abzielten. Die bedeutendsten Denker des Jahrhunderts, wie der große Kardinal Nikolaus von Kues in seiner »Concordantia catholica«, oder auch ein volkstümlicherer Mann, wie der anonyme Verfasser der sogenannten »Reformation des Kaisers Sigismund«, entwarfen Reformprogramme, die gegen Ende des 15. Jahrhunderts in den ernsthaften Versuch einmündeten, dem Reich eine neue verfassungsmäßige Ordnung zu geben. Die Initiative ging allerdings nicht mehr vom Reichsoberhaupt aus; vielmehr machte sich der Mainzer Kurfürst Berthold von Henneberg (1484–1504) zum Sprecher der Reichsstände, welche die dynastischen Aktivitäten des Kaisers und den Partikularismus der Territorialmächte in gleicher Weise dem Reichsinteresse unterordnen wollten. Ein erster Erfolg zeichnete sich mit der Neuordnung des Reichstags ab, der seit 1489 in die drei Kurien der Kurfürsten, Fürsten und Städte gegliedert war, während die Reichsritterschaft ebenso ausgeschlossen blieb wie die Bauern. Die Kurien berieten getrennt und streng geheim über die kaiserlichen Vorlagen. Bei Abstimmungen setzte sich das Mehrheitsprinzip durch, wobei Einzel- oder »Virilstimmen« außer den Kurfürsten nur den Reichsfürsten zustanden; dagegen mußten sich die auf der »Grafenbank« vertretenen Reichsstände mit gemeinschaftlichen »Kuriatstimmen« begnügen; das Stimmrecht der Städte war bis zum Westfälischen Frieden (1648) umstritten.
Auf dem Wormser Reichstag von 1495 wurde durch das Verbot der fehderechtlichen Selbstjustiz im »Ewigen Landfrieden« der Grund für eine dauerhafte Rechtsordnung im Reich gelegt. Um sie zu sichern, wurde als erste von der Person des Kaisers unabhängige Reichsbehörde das Reichskammergericht geschaffen. Es erhielt seinen Sitz zunächst in Frankfurt, wurde 1527 nach Speyer verlegt und übersiedelte 1693 nach Wetzlar. Zur Besoldung des vom Kaiser ernannten adeligen

Kammerrichters und der von den Ständen delegierten Beisitzer wurde der »Gemeine Pfennig« beschlossen, eine von jedem Untertanen an den Kaiser abzuführende Reichssteuer, die freilich nur sporadisch einging und so das gesamte Reformvorhaben ins Stocken brachte.
Krönender Abschluß des ganzen Werkes sollte nach dem Willen der Reformer die Bildung eines Reichsregiments werden, das den Ständen nicht nur ein weitgehendes Mitspracherecht bei der Regierung des Reiches eingeräumt, sondern den Kaiser endgültig der Aufsicht der Stände unterworfen hätte. Aber da Kaiser Maximilian I. (1493–1519) solchen Plänen verständlicherweise hinhaltenden Widerstand entgegensetzte, kam das Reichsregiment nicht recht in Gang und löste sich schon im Jahre 1502 wieder auf.
Dagegen stellte die Einteilung des Reiches in zehn Kreise zur Wahrung des Landfriedens (Franken, Baiern, Österreich, Schwaben, Oberrhein, Burgund, Kurrhein, Westfalen, Niedersachsen, Obersachsen) eine bleibende Errungenschaft dar. Diese Reichskreise erhielten eine besondere Organisationsform und wurden in der Folgezeit zur Grundlage der Wehrverfassung des Reiches, die diesem verfassungsrechtlich kaum mehr zu definierenden Gebilde noch für drei Jahrhunderte eine gewisse Daseinsberechtigung sicherte.

Literatur

Mitteis, Heinrich: Die deutsche Königswahl, Darmstadt 1969. Nachdruck der 2. Auflage, Brünn/München/Wien 1944
Seibt, Ferdinand (Hrsg.): Kaiser Karl IV. Staatsmann und Mäzen (Ausstellungskatalog), München 1978
Sprandel, Rolf: Verfassung und Gesellschaft im Mittelalter, Paderborn 1978

MANFRED FIRNKES

Vom germanischen zum römischen Recht

Das ›barbarische‹ Recht – Rechtsfortbildung in karolingischer Zeit – Gottesfriede und Landfriede – Die Epoche der Rechtsbücher – Rezeption des römischen Rechts – Rechtswissenschaft und Rechtsgelehrte – Die Bambergische Halsgerichtsordnung – Das Nebeneinander von römischem und germanischem Recht – Gottesurteile – Die Folter.

»Verräter und Überläufer knüpften die Germanen an dürren Bäumen auf, die Feiglinge und Fahnenflüchtigen und solche, die in Widernatürlichkeit ihren Leib (oder den anderer) sexuell mißbraucht hatten, versenkten sie im Moor oder Sumpf und überdeckten sie mit Gestrüpp.«
Der römische Schriftsteller Tacitus, der uns diese Rechtsmaßnahmen der Germanen gegen eigene Mitbürger in der »Germania«, einer Schrift über die Sitten und das Siedlungsgebiet unserer Vorfahren überliefert hat, konnte nicht ahnen, wie bedrückend anschaulich wir 2000 Jahre später die Richtigkeit und Zuverlässigkeit seiner Angaben überprüfen können. Man hat nämlich solche »Moorleichen«, tadellos erhalten durch die Moorsäuren, ausgegraben. Den Strick trugen sie noch um den Hals, gebrochene Stäbe lagen über ihren gekreuzten Armen. Wenngleich die Römer in der »Kreuzigung« eine nicht minder grausame Form der Todesstrafe vollzogen, die allerdings selten gegen die eigenen Mitbürger verhängt wurde, gehörten für sie doch solche germanischen Rechtsformen und die Rechtspraxis, wie Tacitus sie uns vorstellt, zu den unverstandenen Merkwürdigkeiten dieser barbarischen Völker. Dies mußte um so mehr auffallen, wenn sie ihre eigene Rechtsorganisation damit verglichen.
In der Tat, die Verschiedenheit im Rechtswesen zwischen Römern und Germanen läßt sich krasser kaum denken. Hier eine Fülle ungeschriebener Rechtsverhalten, die, aus Gewohnheit entstanden, beim Nachbarstamm schon wieder ganz anders aussehen konnten, dazu eine undifferenzierte Strafform, in der die Rache zunächst die einzige und sogar legitime Antwort auf eine Unrechtshandlung war, dort ein über primitive Anfänge schon längst hinausgewachsenes, die weite römische Welt umfassendes, fast perfektes wissenschaftliches Rechtssy-

stem, das in der Spätantike in der Zusammenfassung des oströmisch-byzantinischen Kaisers Justinian I. (527–565), dem 534 abgeschlossenen »Corpus Iuris Civilis« (lat.: »Sammlung des bürgerlichen Rechtes«) seinen Höhepunkt erreicht hatte. In dieses Spannungsfeld hochentwickelter Rechtstradition, die bei uns bis zum heutigen Tag weiterlebt, gerieten während der Völkerwanderung die Germanen und mußten allein aus dem Bedürfnis einer Abgrenzung gegenüber den nach römischem Recht lebenden »Romanen«, aber auch in der Notwendigkeit einer Weiterbildung des Rechtes nach der Errichtung ihrer neuen Herrschaften auf dem ehemaligen römischen Reichsboden ihre in größeren aber unsystematischen Zusammenfassungen gefällten Urteile, die sogenannten »Weistümer«, schriftlich aufzeichnen.

Germanisches Recht in romanischer Umgebung

Die Aufzeichnung dieser »Stammes- oder Volksrechte« (lat.: lex) der Westgoten (Codex Euricianus), Burgunder (Lex Gundobad), Langobarden (Edictus Rothari), Thüringer (Lex Thuringorum), Sachsen (Lex Saxonum), Baiern (Lex Baiuvariorum), der Franken (Lex Salica, Lex Ribuaria) war erst möglich geworden, seit man die lateinische Sprache als Schrift- und Amtssprache übernommen hatte. Bezeichnenderweise sind daher diese Volksrechte mit ihren Zusätzen und insgesamt gesehen doch spärlichen Weiterentwicklungen etwa bis zum 13. Jahrhundert in lateinischer Sprache geschrieben worden und schlossen von vornherein den schriftunkundigen Stammesgenossen von einer Inanspruchnahme des Rechtes aus, dessen Ausübung zudem noch in mehreren Händen lag.
Die Übernahme der Schrift darf nicht zu der an sich logischen Konsequenz verleiten, die germanischen Stämme hätten damit auch das römische Recht inhaltlich voll übernommen. Im Gegenteil. Von geringen, nachweisbaren Einflüssen abgesehen, haben die Germanen selbst in der lateinisch sprechenden Umwelt vor allem Spaniens, Italiens und Galliens (Frankreich) ihr Stammesrecht »rein« erhalten und bewahrt. Und das blieb auch für etwa 1000 Jahre so, ehe am Beginn der Neuzeit römische Rechtsvorstellungen in größerem Umfange in das bis dahin germanisch-deutsche Recht einflossen. Allerdings bedarf auch der Begriff »Germanisches Recht« einer Klarstellung. Die Volksrechte der einzelnen Stämme beweisen, daß es ein einheitliches gesamtgermanisches Recht gar nicht gab, sondern daß jeder Stamm nach eigenem Recht richtete. An dieses Stammesrecht war der Stammesangehörige zeit seines Lebens gebunden. Diese Bindung des Rechtes an die Per-

son und deren stammesmäßige Herkunft bezeichnet man als »Personalitätsprinzip« und unterscheidet davon das »Territorialprinzip«, in dem etwa für alle Bewohner eines Landes, eines »Territoriums« gleiches Recht galt (siehe Seite 75). Diese Vorstellung ist leicht nachvollziehbar, zumal sie heute noch gilt. Das Personalitätsprinzip läge etwa vor, wenn der Franke nach fränkischem Recht, ein Baier nach baierischem, ein Sachse nach sächsischem Gesetz abgeurteilt würde, ohne Rücksicht darauf, ob etwa der Baier in Sachsen lebte oder ein Franke in Schleswig-Holstein. Von der Herkunft her wäre er, solange er lebte, an das Recht seines Stammes gebunden, unabhängig vom jeweiligen Wohnort.
Eine Auflösung des Personalitätsprinzips war folglich erst mit der endgültigen Auflösung der Stämme möglich, eine Entwicklung, die für Deutschland erst im 12. und 13. Jahrhundert einsetzte.

Die Weiterentwicklung des germanischen Rechts in karolingischer Zeit

Unter den schriftlich aufgezeichneten Gewohnheitsrechten der verschiedenen germanischen Stämme ragte die zwischen 507 und 511 geschriebene »Lex Salica« heraus, das Volksrecht der salischen Franken in lateinischer Sprache, das älteste Rechtsbuch der Franken überhaupt. Da es inhaltlich eher ein »Bußgeldkatalog« für bestimmte Vergehen als ein systematisches, alle Rechtsbereiche umfassendes Sammelwerk war, brauchte es eine ständige »Aktualisierung«, die durch das unmittelbar vom König ausgehende »Gebotsrecht«, den »Bann«, erfolgte. Vor allem mit den »Kapitularien« (benannt nach der Einteilung in »capitulae«, Kapitel) versuchten die karolingischen Herrscher eine Vereinheitlichung des Rechtswesens zu erreichen und den differenzierten weltlichen und kirchlichen Rechtsanforderungen gerecht zu werden. Deshalb wurden die Kapitularien gesammelt und aufgeschrieben. Dies war zugleich Höhepunkt und Abschluß einer Entwicklung von Einzelgesetzen. Damit ging nämlich eine Ära rechtsintensiven Lebens zu Ende, die um so spürbarer war, weil sie an die Macht der Karolinger gebunden war, deren politischer Abstieg um die Mitte des 9. Jahrhunderts nun auch die bislang eifrig gepflegten schriftlichen Rechtsfortbildungen zum Stillstand kommen ließ. In den unruhigen Zeiten der Auflösung des karolingischen Reiches und der Bedrohung durch äußere Feinde wie Normannen und Ungarn ging die Rechtssicherheit weitgehend verloren und verlagerte sich vom Zentrum immer mehr erneut auf die Einzelstämme der Franken, Sachsen, Thüringer, Baiern und Schwaben, die den Kern des zukünftigen Deutschland bildeten. Es war im Grunde ein Rückschritt, der durch die Zentralgesetzgebung der Karolinger nur vorübergehend aufgehoben gewesen war.

Rechtswesen vom 9. bis 12. Jahrhundert: Stadtrechte, Gottesfrieden und Landfrieden

Der Weg des Rechts vom 9. bis zum 12. Jahrhundert ist weitgehend durch den Verlust an einheitlichen Rechtsvorstellungen gekennzeichnet, wie sie noch unter den Karolingern gepflegt worden waren, außerdem durch Rückkehr zum schriftlosen, nicht aufgezeichneten Gewohnheitsrecht und durch stärkere Differenzierung und Ausbildung der jeweiligen Stammesrechte. Auch unter den sächsischen Königen, den Ottonen oder Liudolfingern, blieb zunächst mit dem politischen Übergewicht der Stämme und der Wirksamkeit tüchtiger Stammesherzöge das Stammesrecht bzw. die mündliche Überlieferung maßgebend, ehe sich diese Rechtsvorstellungen ab dem 11. Jahrhundert mit dem Erlöschen der Stammesherzogtümer ebenfalls aufzulösen begannen, um endgültig dem »Landesrecht« der neu entstehenden Territorien Platz zu machen. Die »Gottesfrieden« und »Landfrieden« einerseits, mit denen man die zunehmende Rechtsunsicherheit steuern wollte, und das Aufkommen der Städte mit eigenem Stadtrecht andererseits hatten das alte Stammesrecht immer mehr ausgehöhlt und zu neuem Rechtsverständnis geführt.
Die Stadt kämpft in der Zeit des Aufschwunges zu Beginn des 13. Jahrhunderts mit einem ähnlichen Problem, welches auch das Reich insgesamt zu lösen hatte. Die hier ungelöste Spannung zwischen Zentral- und Partikulargewalt stellte sich dort im Gegeneinander von Stadtherr und der Stadtbevölkerung dar. Die Stadtbewohner suchten eine Stütze an König und Reich, um gegen den adeligen oder geistlichen Stadtherrn ihre Vorstellungen von Selbstverwaltung und eigener Rechtsgewalt durchzusetzen. Sobald das nichts nützte, baute man auf die Solidarität der Städte und schloß sich in »Städtebünden« zusammen. Vom alten Stammesrecht haben die Städter schnell zu eigenen Rechtsformen gefunden, den Stadtrechten, und eine Rechtsentwicklung nachvollzogen, die das Reich, die Herzogtümer und neu sich herausbildende Territorien in der Gottes- und Friedensbewegung (siehe Band 2) mit unterschiedlichem Erfolg vorweggenommen hatten.
Um die Rechtssituation des Mittelalters ganz verstehen zu können, muß man sich von den heutigen Vorstellungen eines insgesamt gefahr-

losen, rechtsgesicherten Miteinander lösen. Wenn wir unser Leben heute durch terroristische Gruppen, politische Extremisten oder notorische Rechtsbrecher bedroht sehen und eine Gefährdung der gesellschaftlichen Ordnung befürchten – der mittelalterliche Mensch hätte sich darüber verwundert. Friede und Sicherheit bildeten damals die Ausnahme, genießen konnte ihre Vorteile nur, wer in der Lage war, sie mit der Waffe notfalls durchzusetzen. Die tägliche Bedrohung der menschlichen Existenz war die Regel in einer Gemeinschaft, für die die Fehde, die von der Rache geleitete Durchsetzung des eigenen Rechtsstandpunktes, sogar gesetzlich erlaubt war.
Einen Wandel dieser Auffassung von »Selbstjustiz« brachte die im Zusammenhang mit der Klosterreform von Cluny ausgehende kirchliche Friedensidee, die zum ersten Mal den Frieden als einen positiven, weil von Gott verliehenen Wert auffaßte und verkündete und durch die Friedensbewegung eines »Gottesfrieden« den Adel mit Erfolg zu einer Teileinstellung seines ausgeübten Fehderechts brachte. Da dieser Gottesfrieden kirchlich festgesetzt und allen Gläubigen bekannt gemacht wurde, hatte er rechtsetzenden Charakter. Dieses anfänglich rein kirchliche Recht der Befriedung in Form einer »Pax« (lat., Friede, für bestimmte Personen) oder der »Treuga Dei« (= Friede an bestimmten christlich geheiligten Tagen) ging der Entwicklung der vom Herrscher verkündeten und garantierten »Landfrieden« voraus und förderte sie. Hinsichtlich ihrer Zielsetzung, nämlich Einschränkung der Fehde und der Gewaltverbrechen, sind beide Friedensformen gleich. Die Kirche konnte im Falle des Friedensbruchs mit Strafen bis Exkommunikation und Bann antworten. Die Landfrieden entwickelten in den entstehenden Territorialstaaten sowohl weltliche Strafen als auch ein Strafverfahren und vor allem eine eigene Gerichtsorganisation, die »Justiz«. Damit sind sie Quelle der wenigen schriftlich fixierten Gesetze der Jahre zwischen 800 bis 1100.
Kaiser oder König und die Herren der Territorien, die »Landesherren«, suchten in »Reichslandfrieden« bzw. »Provinziallandfrieden« jeder seinen eigenen Vorteil, doch auch im Recht waren letzten Endes die partikularen Kräfte stärker und setzten eine vom König weitgehend unabhängige Friedensgesetzgebung in ihren Ländern durch. Somit haben die Landfrieden nicht nur die Rechtsunabhängigkeit der neu entstehenden Landesstaaten gefördert, sondern auch die eigentliche Entwicklung des Strafrechts sowohl hinsichtlich der Straftaten als auch des Strafverfahrens, des Prozesses, eingeleitet. In dieser politischen Entwicklungsphase des Auseinanderlebens von Reich und Territorien, einer gegenüber den Karolingern bescheidenen Gesetzgebung in wenigen Landfrieden und einer allgemeinen Rechtsunsicherheit

setzt im 13. Jahrhundert eine neue Epoche geschriebenen Rechts ein. Die Sehnsucht nach persönlicher Rechtssicherung, ein Erfolg der Landfrieden, und der kulturelle Aufstieg, ein Ergebnis u.a. auch der ersten drei Kreuzzüge, führten zur Beendigung der »schriftlosen« Epoche und zu überall in Europa neu einsetzender Aufzeichnung des mündlich überlieferten Gewohnheitsrechtes. In Deutschland entstehen die »Rechtsbücher«, die ersten systematischen Aufzeichnungen des deutschen Rechts, die nun nicht mehr lateinisch geschrieben sind, sondern in deutscher Sprache auch dem einfachen Mann Einblick in den Gesetzesbestand und Gesetzeswortlaut geben.

Vom 13. zum 16. Jahrhundert: Die große Zeit der Rechtsbücher

Es ist erstaunlich, daß die Rechtsbücher nicht das Ergebnis der Gesetzgebung des Reiches, der Territorien oder der Städte sind, sondern auf die Privatinitiativen rechtskundiger Laien zurückgehen, die ihre Erfahrungen als Schöffen oder als Richter weitergeben wollten. Inhaltlich behandeln sie das Recht bestimmter Landschaften unter Ausklammerung der Städte, doch unter Einschluß des Lehnsrechtes (siehe Band 1 und 2). Daher bezeichnet man die Rechtsbücher sehr oft auch als »Land- und Lehnsrechtsbücher« aber auch als »Spiegel«. Nicht nur das bekannteste, sondern auch das älteste deutsche Rechtsbuch in deutscher Sprache ist der »Sachsenspiegel«, verfaßt von Eike von Repgow (dem Ort Reppichau in der Nähe von Dessau) um 1220, der den Titel des Werkes in der bis dahin üblichen Reimform seiner Vorrede folgendermaßen erläutert: »Spiegel der Sachsen sei dieses Buch genannt, denn Sachsenrecht ist hierin erkannt, wie in einem Spiegel die Frauen ihr Antlitz beschauen.« Dem neugierigen Leser werden im Spiegel das sächsische Stammesrecht, ostfälisches Landesrecht und das Lehnsrecht so durchsichtig und einleuchtend dargestellt, daß schon daraus die weite Verbreitung des Buches zu erklären wäre. Eike war in eine offene ›Marktlücke‹ gestoßen, sein Werk wurde das deutsche Rechtsbuch schlechthin, das in Norddeutschland genauso bekannt war wie in Süddeutschland, ja während der Ostsiedlung Verbreitung in Pommern, Preußen, Schleswig, Polen fand. Die erste lateinische Ausgabe des Sachsenspiegels erschien 1506 in Krakau. Noch 1743 wurde es von Zarin Elisabeth von Rußland für würdig befunden, in russischer Übersetzung einer Rechtsquellensammlung einverleibt zu werden. Geradezu einmalig ist die Fortdauer im Ursprungsland selbst: Sachsen verließ erst 1864 den Boden des Sachsenspiegel und ging zum »Sächsischen Bürgerlichen Gesetzbuch« über.

Eines der frühen bedeutenden Rechtsbücher:
»Landrechtsbuch« oder »Schwabenspiegel«,
erschienen bei Günther Zainer, Augsburg, um 1473.

In Thüringen hielt sich der Sachsenspiegel gar bis zum 1. Januar 1900, dem Inkrafttreten unseres heutigen »Bürgerlichen Gesetzbuches«, des BGB, das erst nach rund 700 Jahren die Geltung des Sachsenspiegels in ganz Deutschland endgültig löschte.

Kein Wunder, daß der Erfolg Eikes von Repgow schnelle Nachahmer auf den Plan rief. Doch sowohl der um 1275 in Augsburg abgefaßte »Schwabenspiegel«, der, im Aufbau dem Sachsenspiegel folgend, Verbreitung vom Elsaß bis hinüber nach Österreich fand, als auch der ebenfalls in Augsburg entstandene »Deutschlandspiegel«, der auf dem ins Oberdeutsche übertragenen Sachsenspiegel beruhte, aber auch – und das ist neu – römische und kirchlich-kanonische Rechtsquellen miteinfließen ließ, standen an Einfluß und Ruhm weit hinter dem Sachsenspiegel zurück. Ähnlich verhielt es sich mit dem »Frankenspiegel«, der während der Regierungszeit Kaiser Ludwigs IV. des Baiern, um 1330 aufgezeichnet worden ist.

Der Vorgang der raschen Verbreitung wie auch der bereitwilligen Übernahme ist um so erstaunlicher, weil diese Rechtsaufzeichnung durch Privathand erfolgte und weder ein Kaiser, König, Landesherr oder hoher kirchlicher Würdenträger diese Sammlung anregte oder unmittelbar privilegierte. Sogar ein so bedeutsames Reichsgesetz wie die »Goldene Bulle« von 1356 wäre ohne den Sachsenspiegel nicht denkbar (siehe Band 4). Die ›internationale‹ Geltung und Gesetzeskraft dieser ›Privatschrift‹ ist unter anderem auch dadurch erklärlich, daß sie als ein Privileg Karls des Großen aus dem Jahre 810 erklärt und ihm als dem »sagenhaften Gesetzgeber« zugeschrieben wurde. Dieser Rückgriff auf die Autorität des großen Karl, auf den Kaiser, und die Erhebung des Sachsenspiegels zum »Kaiserrecht« entsprach den im 13. Jahrhundert neu aufkommenden Rechtsvorstellungen von der rechtsetzenden Autorität des in der Tradition der römischen Caesaren stehenden Kaisers. Dies waren Theorien, in denen sich die zunehmende Einflußnahme des römischen Rechtes ankündigte, das dann ab dem 16. Jahrhundert die deutschen Territorien und das bislang germanisch-deutsche Rechtswesen erfaßte, allerdings mit unterschiedlicher Wirksamkeit.

Römisches Recht wird wieder lebendig
Der Nutzen für Kaiser und Fürst

Die Übernahme (Rezeption) des römischen Rechtes war kein einmaliger Akt, der etwa auf kaiserlicher oder landesherrlicher Entscheidung beruht hätte, sondern vollzog sich langsam, über Jahrhunderte hinweg. Den Anstoß gab das allgemeine Bedürfnis nach einem einheitlichen, erschöpfenden Recht, das alle Fragen beantworten konnte. Auf der

Leihezwang

Ein im Sachsenspiegel codifizierter Rechtsgrundsatz spiegelt die veränderten Machtverhältnisse wider: Konnten die ottonischen Herrscher ganze Herzogtümer einbehalten und damit zur Krone schlagen, so duldeten das die spätmittelalterlichen Fürsten nicht mehr: starb einer von ihnen ohne Erben, so fiel sein Gebiet zunächst zwar formell an den König als obersten Lehnsherrn, der aber juristisch verpflichtet war, dieses Lehen innerhalb »Jahr und Tag« auszugeben. Die so vom König direkt Belehnten bildeten den Kreis der Reichsfürsten, die symbolisch eine oder mehrere Fahnen bei der Einsetzung in ihr Amt und die damit verbundenen Hoheitsrechte (dazu gehörte auch die Weiterverleihung) überreicht bekamen (Fahn- oder Zepterlehen).

Seite des Staates kamen der politisch-rechtliche Ärger des deutschen Kaisers Friedrich I. mit den opponierenden oberitalienischen Stadtstaaten hinzu, vor allem aber der Konflikt zwischen Kaiser und Papst um den Anspruch der Weltherrschaft, der nicht nur mit allen zur Verfügung stehenden politisch-militärischen Mitteln, sondern auch juristisch und philosophisch durchgefochten wurde. Jetzt waren subtile Kenner und unzweideutige Interpreten des alten, systematischen, aber bisher kaum berücksichtigten römischen Rechtes gefragt, und der Kaiser war es, dessen Position unter dem Einfluß der römisch-byzantinischen Rechtsvorstellungen von der kaiserlichen Alleinberechtigung zur Gesetzgebung entscheidend gestärkt wurde.
Leider hat dieser ideelle Schub die politische Stellung des deutschen Kaisers nicht lange gekräftigt, denn wie ehemals der König auf den Hoftagen wichtige Beschlüsse nicht alleine, sondern nur mit Zustimmung der geistlichen und weltlichen Großen des Reiches fassen konnte, so war es auch später auf den Reichstagen. Bis sich der Reichstag in Form eines Ständeparlamentes zur alleinigen gesetzgebenden Reichsversammlung weiterentwickelte, die seit 1663 ständig in Regensburg tagte, bedurften deren Beschlüsse aber wenigstens noch der kaiserlichen Zustimmung oder Bestätigung.
Nutznießer dieser Rechtstheorie, die römisches Recht in erster Linie als Kaiserrecht auffaßte, waren letzten Endes die Landesherren, die nun in ihren Territorien die Rolle des Gesetzgebers übernahmen und allmählich die Entwicklung zum modernen Staat eingeleitet haben. Kaiser und Reich hinkten ohnmächtig hinterher, denn anders als im Artikel 31 unseres Grundgesetzes: »Bundesrecht bricht Landesrecht« galt damals die Rechtsbrechung von unten nach oben, so daß Stadtrecht das Landesrecht brach, Landrecht das Reichsrecht.
Die Übernahme des römischen Rechts bedeutete beileibe keinen Austausch mit den bisherigen, auf germanischen Anschauungen gründenden deutschen Rechtssätzen, ja nicht einmal eine übergewichtige Einbeziehung römischer Rechtsvorstellungen oder Urteile, sondern eher eine Ergänzung bisheriger Rechtslücken, vor allem aber die Einschmelzung der Rechtsinhalte in die römischen perfekten Organisationsformen mit dem Ergebnis der Herausbildung eines eigenen Faches Rechtswissenschaft und dem Entstehen eines Juristenstandes. Die Wiege beider Institutionen lag in Oberitalien.
Seit Ostroms Kaiser Justinian nach seinen militärischen Erfolgen 544 in Italien zugleich mit dem Aufbau der dortigen Verwaltung auch die von ihm selbst veranlaßte Sammlung des römischen Juristen- und Kaiserrechtes, das »Corpus Iuris Civilis«, weitergegeben hatte, war eine lange Rechtstradition nicht mehr abgerissen, obwohl Justinians »Cor-

pus« als Ganzes verlorenging. Die Rechtsschule in Pavia, der ehemals langobardischen Hauptstadt, versuchte schon um die Mitte des 10. Jahrhunderts langobardisches und fränkisches Recht zu verbinden. Erst das Wiederauffinden des vollständigen »Corpus« brachte den eigentlichen Fortschritt im Rechtswesen, dessen Zentrum für die folgenden Jahrhunderte Bologna wurde.

Rechtswissenschaft und der Rechtsgelehrte – Das Recht wird formalisiert

Die rechtswissenschaftliche Fakultät der Universität Bologna ist die älteste Europas. Hier lehrte um die Mitte des 12. Jahrhunderts Irnerius, der durch »Glossen« (gelehrte Erläuterungen zu Wörtern und Rechtssachen) den Text des »Corpus« verdeutlichte und auslegend erklärte und die bisherige Rechtskenntnis zu einer Rechtswissenschaft entwickelte. Diese »Glossatorenschule« war in kurzer Zeit so berühmt, daß Kaiser Friedrich I. Barbarossa von ihr jene vier Rechtsgelehrten (die »quattuor doctores«) Bulgarus, Hugo, Jacobus und Martinus anforderte, damit sie ihn 1158 auf den »Ronkalischen Feldern« (siehe Band 3) bei der Überprüfung der Regalien, der kaiserlichen Hoheitsrechte des Reiches in Italien, juristisch berieten und unterstützten. Sie taten das mehr der Theorie nach als aus praktischer Rechtskenntnis, denn man hatte sich zumeist mit der gelehrten Deutung des justinianischen Gesetzgebungswerkes begnügt, ohne es auf die Rechtspraxis etwa der Stadt-, Land- oder Reichsrechte anzuwenden. Diesen Schritt vollzogen auf der sicheren Basis einer Zusammenfassung der Glossen durch Accursius (* vor 1185, †um 1263), der »Glossa ordinaria«, die nun folgenden »Postglossatoren« oder »Consiliatoren« (Berater). Mit ihren aus der Rechtstheorie gewonnenen Kenntnissen griffen sie durch Beratung oder Gutachten (lat.: consilia) in Rechtsstreitigkeiten der Fürsten, Städte und Stände ein und setzten sich aufgrund ihrer wissenschaftlichen Erfahrung gegen die rechtsunerfahrenen Laien bald durch.

Das römische Recht gewinnt Terrain in Deutschland

Die Tätigkeit der Bologneser Juristen und ihr auf Rechtskenntnis beruhender praktischer Einfluß hatten auf dem Reichstag zu Roncaglia 1158 nicht nur tiefen Eindruck auf Barbarossa, sondern auch auf die mitziehenden Großen des Reiches gemacht. Das Studium des Rechtes wurde ›in‹, und infolge der in Deutschland noch unbekannten Lehr- und Lernstätten zogen die interessierten Studenten nach Bologna, Pavia, Piacenza oder Padua, um nach dem dort erworbenen Doktortitel zu Hause eine angesehene und gut bezahlte Stellung anzutreten. Im Reich dauerte es noch runde 200 Jahre, ehe an der Universität in Prag seit 1348, in Wien ab 1365, in Erfurt seit 1379, Heidelberg 1385 und Köln 1388 deutsche Juristen ausgebildet wurden. Sie waren als kenntnisreiche Beamte der Territorialherren den juristisch wenig versierten Gegnern überlegen, zumal das »Corpus Iuris Civilis« als das umfassende Recht absolute Autorität genoß. So kam es in der Folgezeit zu einem Nebeneinander des bisherigen germanisch-deutschen Rechtes und Teilen des römischen Rechtes, bis auf dem Reichstag zu Worms 1495 die »Reichskammergerichtsordnung« diesen Zustand offiziell legalisierte, dem römischen Recht aber insofern einen Vorrang einräumte, als es immer dann anzuwenden war, wenn die Geltung des germanisch-deutschen Rechtes nicht zu beweisen war.

Da nach römischem Rechtsdenken dem ersten Mann des Staates die Gesetzgebung zustand (der Fürst war von den Gesetzen gelöst und unabhängig), stärkte das übernommene römische Recht als Kaiserrecht wenigstens nach außen die Autorität des Kaisers. Die bisherigen Rechtsbücher des Sachsenspiegels, vor allem des Schwabenspiegels wurden wie die Volksrechte, die Landrechte oder Stadtrechte (die sogenannten »Weichbilder«), die inzwischen weitgehend ›reformiert‹, d.h. mit dem gesetzlich geltenden römischen Recht in Einklang gebracht worden waren, nachträglich als Gesetzesrecht anerkannt, indem man es ebenfalls als Kaiserrecht ausgab. Eine gewisse Vereinheitlichung vor allem in der Gerichtsverfassung und im Strafrecht war die Folge. Die berühmte »Bambergische Halsgerichtsordnung« von 1507, die germanisch-deutsche und römische Strafrechtsgrundsätze zu einer neuen Einheit verband, wurde Vorbild für das erste einheitliche Reichsstrafgesetzbuch, »des aller Durchlauchtigsten Großmächtigsten Unüberwindlichsten Keyser Carols des fünfften und des heyligen Römischen Reichs Peinliche Gerichts Ordnung« von 1532, die »Constitutio Criminalis Carolina« (CCC), kurz »Carolina« genannt.

Bis zur Mitte des 18. Jahrhunderts bleibt das justinianische »Corpus Iuris Civilis« bestimmend und einflußreich, ohne indes das germanisch-deutsche Recht entscheidend verdrängen zu können. Widerstände gegen seine Geltung tauchen immer wieder auf, vor allem bei den Bauern. Das römische Recht beschnitt nämlich ihre bäuerlichen ›Selbstverwaltungs‹-Rechte derartig, daß sie in den Bauernkriegen eine teilweise Zurücknahme versucht haben, allerdings ohne Erfolg. Erst seit dem Jahrhundert von Absolutismus und Aufklärung wurden

›Gerechte Vergeltung im Namen Gottes‹. Einheitliche Regelung des Strafrechts bot als Modell für manch folgendes Werk die »Bambergische Peinliche Halßgerichts-Ordnung« von 1507. Titel der Ausgabe von 1580.

ganz neuartige Gesetzbücher geschaffen, das »Allgemeine preußische Landrecht« Friedrichs des Großen oder Napoleons »Code Civil« (siehe Band 8), die den bisherigen Einfluß des römischen Rechtes energisch zurückdrängten und die germanischen Wurzeln und Rechtselemente wieder in den Vordergrund schoben.

Gerichtsverfassung und Gerichtsverfahren im Spannungsfeld zwischen Zentral- und Partikularmacht, weltlicher und kirchlicher Gewalt

Überblickt man abschließend den langen Weg, den Gerichtsverfahren und Gerichtsverfassung, das Ineinandergreifen verschiedener Gerichte in Form der Unter- und Überordnung (z. B. Dorf-, Gau-, Hoch- und Niedergericht) von den germanischen Anfängen bis in die beginnende deutsche Neuzeit zurückgelegt haben, dann sind die Einzeletappen augenfällig und die Veränderungen leicht nachvollziehbar.
Wie man in frühgermanischer Zeit Rechtsbrecher vor Gericht gestellt und behandelt hat, können wir heute nur rekonstruieren. Denn Texte aus dieser Zeit fehlen völlig. Damit bleiben Form und Ablauf der Gerichtsverhandlungen im dunkeln. Auch die Rückschlüsse, die man aus den aufgeschriebenen Gesetzen der einzelnen Stämme, den Volksrechten, gezogen hat, sind im Grund nur Vermutungen. Besser informiert sind wir über die Zusammensetzung der Gerichte: Für alle Rechtsstreitigkeiten, private und öffentliche, war die Gemeinschaft aller freien Bürger zuständig, das Ding (Thing, Dingvolk). Seine Entscheidungsvorschläge wurden bei allgemeiner Billigung zu Urteilen erhoben. Als Kläger oder Richter trat es allerdings nur bei Vergehen gegen die Stammesgemeinschaft zusammen. Bei Privathändeln reagierte es nicht, es stand dem einzelnen frei, den Streitfall vor das Ding zu bringen oder sich sein Recht selbst zu verschaffen.
Eine Differenzierung in der Gerichtshoheit und im Verfahren setzte erst in der fränkisch-karolingischen Zeit, also vom 5. bis 9. Jahrhundert, ein. Vom Volksding ging die Gerichtshoheit auf den König über, der seinerseits den »Rechtsbann« auf die Grafen in ihren Grafschaften delegierte (verlieh), so daß die Grafengerichte allmählich die alten Gaugerichte verdrängten, die ehedem über alle Fälle geurteilt hatten, die die Dorfgerichte wegen der Schwere der Vergehen nicht mehr bearbeiten durften. Die Verhandlung über alle Rechtsstreitigkeiten hatte sich vom Ding endgültig auf die Grafengerichte und vom Dingvolk auf einzelne, lebenslang verpflichtete Schöffen (von: Recht schaffen) verlagert.

***Differenzierte Foltern und Strafen in großer Vielzahl.** Ein nur kleiner Überblick über die Verstümmelungs- und Todesstrafen. Augsburger Holzschnitt von 1509. Wien, Österreichische Nationalbibliothek.*

Gottesgericht, Zweikampf und Folter

Der Graf fungierte nur als Oberaufseher, verkörperte die Rechtsgewalt, leitete den Prozeß, griff bei Störungen ein, überließ aber die Urteilsfindung den Schöffen. Da beim Verfahren vor allem festgehalten wurde, ob der Kläger oder der Angeklagte glaubwürdiger war, kam den Beweismitteln eine viel ausschließlichere Bedeutung als heute zu. Eide, Zeugenaussagen oder Urkunden mußten die Wahrheit der einen oder der anderen Seite beweisen. Konnte das Gericht sich nicht eindeutig entscheiden, griff es zum Gottesurteil, zur Feuerprobe oder zum Zweikampf. Gesetze konnte auch der König erlassen, aber sie galten nur für den königlichen Grundbesitz und den der Kirche. Ein einheitliches Rechtswesen kannte man nicht einmal unter der recht straffen Leitung Karls des Großen. Diese Rechtsvielfalt bleibt das auffälligste Kennzeichen des mittelalterlichen Rechts.

Ebensowenig wie den fränkischen Königen gelang es später den deutschen Königen, die Gerichtshoheit völlig in ihre Hand zu bekommen

***Gottesurteil.** Kaiserin Kunigunde, fälschlich des Ehebruchs bezichtigt, beweist ihre Unschuld, indem sie über glühende Pflugscharen geht. Riemenschneider-Grabmal Heinrichs II. Bamberg, Dom.*

und zu einer Stütze der Zentralgewalt auszubauen. Infolge der abgestuften Beteiligung des Adels an der Regierung erwuchs hier eine Konkurrenz, die die Könige nie mehr abschütteln konnten. Im Gegenteil, die partikularen Kräfte engten die königlich-kaiserliche Gerichtsgewalt immer mehr ein, bis sie im Reichskammergericht 1495 eine dem kaiserlichen Reichshofrat gleichberechtigte Rechtsinstanz erkämpft hatten und dann die Zentralgerichtsbarkeit zugunsten der Territorialjustiz stark einschränkten.

Die Zweigleisigkeit der Gerichtsverfassung, hier zentral-königliche, dort landesherrliche Hoheit, war an sich schon verhängnisvoll für den Ausbau einer festen nationalstaatlichen Zentralgewalt. Vollends unmöglich gemacht wurde jeder weitere Ansatz durch die zusätzliche Aufsplitterung des Gerichtswesens in eine weltliche und eine geistlich-kirchliche Gerichtsbarkeit in nachkarolingischer Zeit.

Schon in das germanisch-fränkische Recht waren christliche Auffassungen miteingeflossen, wie umgekehrt die Leitung der Kirche bei der Ausbildung ihres eigenen, auf römische Rechtsgedanken gegründeten

 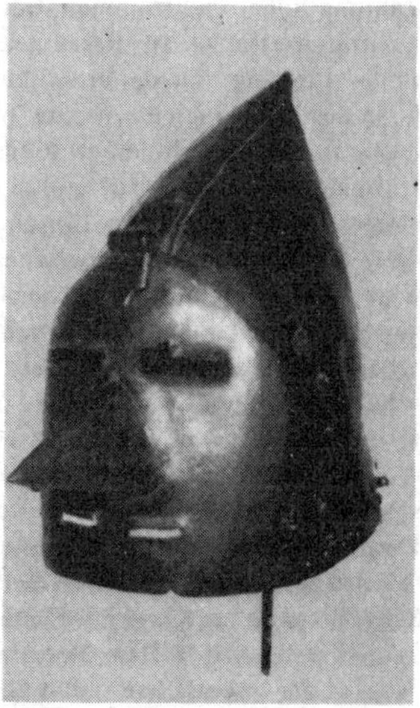

Anprangerung, Unkenntlichmachung und Ängstigung. *Links: Schandmaske für klatschsüchtige Frauen. – Rechts: Eiserne Scharfrichtermaske. Rothenburg ob der Tauber, Mittelalterliches Kriminalmuseum.*

Kirchenrechtes germanisches Rechtsdenken aufgenommen hatte. Ihr kanonisches Zivilprozeßverfahren ist in Deutschland schon im 13. Jahrhundert nachweisbar und wird zum Wegweiser in eine entscheidend neue Phase der Rechtsentwicklung. Im ostfränkisch-deutschen Reich des 10.–12. Jahrhunderts hatten sich nämlich Gerichtsverfassung und die Verfahren nicht weiterentwickelt, sondern waren zum Stillstand gekommen. Sichtbarer Beweis sind die nur vereinzelt auftauchenden Quellen, aus denen man die Gerichtszustände der fränkisch-karolingischen Zeit annähernd rekonstruieren kann: rein mündliche Verhandlung, Schöffengericht, fehlende Trennung von Zivil- und Strafprozeß, Eid und Gottesurteile als entscheidende Beweismittel.
Im deutschen Reich des 13. Jahrhunderts begann ein neuer, folgenreicher Abschnitt für das Gerichtswesen und sein germanisch-fränkisches Erbe. Die Gottesfrieden- und Landfriedenbewegung, die am Ende des 10. Jahrhunderts eingesetzt hatte, führte zu einem tiefen Wandel im Strafrecht, das nun immer mehr ›staatliche‹ Formen annahm und das bislang übliche Strafprinzip, die Buße, das heißt die

Zahlung hoher Geldsummen, durch ein System von Leibes- und Todesstrafen ersetzte. In dieses neue Strafverfahren fand erstmals die Folter Eingang, mit deren willkürlicher Verwendung man Geständnisse des Angeklagten erpreßte, ohne noch auf Beweismittel Wert zu legen. Es hat immerhin noch 300 Jahre gedauert, bis die Bambergische Halsgerichtsordnung 1507 und die auf ihr beruhende »Carolina« eine einigermaßen erträgliche Einschränkung der Folter brachten. Und ohne die Kenntnis des inzwischen eingebürgerten römischen Rechts wäre diese ›Humanisierung‹ der Folteranwendung gar nicht möglich gewesen. So setzt das 13. Jahrhundert in doppelter Hinsicht eine entscheidende Zäsur: Die Gottesfrieden- und Landfriedenbewegung schuf eine öffentlich-staatliche Strafrechtspflege im Strafprozeß. Die Übernahme des römischen Prozeßwesens trennte seitdem vom strafrechtlichen den zivilen Bereich mit dem Zivilprozeß. Die Grundlage schufen die oberitalienischen Rechtsgelehrten, die »Legisten«, die Deuter des römischen Rechts, oftmals in scharfer Auseinandersetzung mit den geistlichen Vertretern des Kirchenrechtes, den »Kanonisten«. Schriftlichkeit für Klage und Zeugenaussage, Einteilung des Prozesses in stets feststehende Teile, Berufung schon gegen Zwischenbescheide, Wegfall der öffentlichen und mündlichen Verhandlung und ein Urteil aufgrund der Paragraphen des »Corpus Iuris Civilis« in lateinischer Sprache waren die Merkmale dieses römischen Gerichtsverfahrens. Nach dem Vorbild des Reichskammergerichtes richteten sich in der Folgezeit auch die meisten Gerichte der Landesherren, die Hofgarde, aus. Römisches Recht setzt sich nur in den Gebieten nicht durch, wo sächsisches (Sachsenspiegel) und germanisches Recht intakt blieben.

Literatur

Angermeier, Heinz: Königtum und Landfriede im deutschen Spätmittelalter, München 1966

Dahm, Georg: Zur Rezeption des römisch-italienischen Rechtes, Darmstadt 1955

Feine, Hans E.: Kirchliche Rechtsgeschichte, Köln 1972

Koschaker, Paul: Europa und das römische Recht, München/Berlin 1966

Sprandel, Rolf: Verfassung und Gesellschaft im Mittelalter, Paderborn 1978

GERHARD SCHATT

Die spätmittelalterliche Gesellschaft und Wirtschaft im Deutschen Reich

Was heißt »Frühkapitalismus«? – Neue Tendenzen in Wirtschaft und Gesellschaft – Das Entstehen kapitalintensiver Gewerbe und dessen Folgen – Die Agrarkrise und ihre Folgen für die Gesellschaftsstruktur – Die Wirkungen der Renaissance auf Wirtschaft und Gesellschaft – Das Ergebnis.

Viele Historiker meinen, die Zeit von der Mitte des 15. bis in den Anfang des 16. Jahrhunderts solle man als Zeit des Frühkapitalismus bezeichnen, denn dies sei jene Zeit gewesen, in der erste kapitalistische Wirtschaftsformen sich gegen die Ordnungsvorstellungen des Mittelalters durchsetzten. Dabei sieht man das Mittelalter als traditionsgebunden, nicht auf Gewinnmaximierung, sondern auf den Erwerb des standesgemäßen Lebensunterhaltes gerichtet, dabei religiös bedingten Ordnungsvorstellungen unterworfen, mit kleinen Betrieben in begrenzten Räumen arbeitend, wobei Erzeuger und Verbraucher in engem Kontakt stehen.

War das 15. Jahrhundert frühkapitalistisch?

Im Gegensatz zu dieser Auffassung von »Mittelalter« versteht man den Frühkapitalismus als Epoche, in der die einzelnen Produzenten nicht mehr für einen ihnen bekannten Auftraggeber arbeiten, der unmittelbar ihres Erzeugnisses bedarf, sondern für einen anonymen Markt, der hauptsächlich vom Groß- und Fernhandel organisiert wird. Dieser umspannt jetzt weite Räume und erzielt dabei große Gewinne, aus denen Kapitalfonds gebildet werden, mit deren Hilfe modernere Produktions- und Vertriebsformen finanziert werden. Deshalb bezeichnet man das 15. Jahrhundert auch als »Jahrhundert der Mitte« als Angelpunkt zwischen Mittelalter und Neuzeit. Die wirtschaftlichen und gesellschaftlichen Umbrüche sollen nach Meinung vieler Historiker das 15. Jahrhundert zu einer ausgesprochenen Krisenzeit gemacht haben, die sich in sozialen Unruhen und politischen Spannungen ausdrückte. Hält dieses Bild einer kritischen Betrachtung stand?

Zunächst fällt auf, daß diese Gegenüberstellung viel zu scharfe Kontraste setzt. Man kann schlechterdings nicht davon ausgehen, daß das Mittelalter nur traditionsgebunden und religiös bestimmt gewesen sei. Denn auch damals stand Neuerung neben Tradition – wie ja auch die Neuzeit noch stark traditionelle Elemente enthält. Selbst im 19. und 20. Jahrhundert, die oft als Gipfel des Fortschritts gepriesen werden, spielte traditionsgebundenes Denken eine große Rolle. Richtiger wird das Bild, wenn wir sagen, daß die wirtschaftliche und gesellschaftliche Dynamik, die es auch vorher gab, sich im 15. Jahrhundert nach dem Schock der großen Pest (siehe Band 4) neu entwickelte und beschleunigte.

Daneben stehen nun aber auch ausgesprochene Erstarrungserscheinungen: geburtsständische Grenzen, die dem Tüchtigen den gesellschaftlichen Aufstieg zumindest erschweren, werden zementiert, mancherorts schließen sich die Zünfte ab, dehnen die Lehr- und Gesellenzeit immer mehr aus und setzen die Bedingungen der Meisterprüfungen so hinauf, daß kein Geselle mehr Meister werden kann, es sei denn, daß er ein Gewerbe erbt oder hineinheiratet.

Die Gesellen, die bis dahin fast durchgängig zu Meistern wurden, sanken dadurch zu einer ständigen »Lohnarbeiterschicht« ab. Wir sehen auch, wie gerade manche Kaufmannsgilde versucht, Neuentwicklungen zu hemmen und sich an überkommene Wirtschaftsweisen zu klammern. So wird in manchen Städten der Einführung der doppelten Buchhaltung anhaltender Widerstand entgegengesetzt, da nicht alle Kaufleute sie beherrschen und jene, die nicht damit umgehen können, im Konkurrenzkampf Nachteile befürchten. Auch die im 15. Jahrhundert stärker werdenden Versuche, das Leben der Menschen bis in private Details zu regeln, wie die Verschärfung der Kleiderordnungen (siehe Band 4), zeigen konservative Elemente.

Waren aber die fortschrittsfeindlichen Tendenzen Reste starrer mittelalterlicher Ordnung oder entstehen sie nicht erst jetzt? Wenn die Zünfte sich im 15. Jahrhundert immer mehr abschließen, so doch nicht deshalb, weil dies einer mittelalterlichen Idee entsprach. Es ist vielmehr eine Abwehrreaktion gegen Bedrohungen, die aus dem wachsenden überregionalen Wirtschaftsaustausch, aus der Verlagsproduktion und dem verschärften Konkurrenzkampf kommen und die gerade der wirtschaftlichen Dynamik in Oberitalien und Flandern sich nicht gewachsen zeigt.

Wir sehen auch, daß die Hanse im 15. Jahrhundert ihre Bedeutung verliert, weil – neben anderen Faktoren – ihre Wirtschaftsgesinnung sich wandelt und der Wagemut des 14. Jahrhunderts einer plötzlichen Risikoscheu und einem ausgesprochenen Rentnerdenken Platz macht, das seine Einkommensquelle nicht mehr vor allem im Handelsgewinn, sondern im Zinsertrag von Leihkapital sucht (siehe Band 4). Hier wird also ein dynamischer von einem statischen Faktor abgelöst, modernen Entwicklungen stehen ausgesprochen fortschrittshemmende Gegenmaßnahmen gegenüber.

Organisation, Produktion und Vertrieb in größeren Räumen

Was waren nun die neuen Elemente in Wirtschaft und Gesellschaft des 15. Jahrhunderts? Wesentlich war die Verstärkung großräumigerer Organisationsformen im Bereich der Politik, was wir an der fürstlichen Territorialpolitik, der Entstehung von Landesherrschaften, städtischen Territorien und Städtebünden ablesen können (siehe auch Seite 19). Aber auch auf wirtschaftlichem Gebiet kommt es zu großräumigerer Organisation. In älteren historischen Darstellungen wird etwas idealisierend behauptet, die Produktion des Mittelalters sei stets Lohnwerk gewesen, das heißt, ein Handwerker habe nur auf Bestellung eines ihm bekannten Kunden und nicht für einen anonymen Markt gearbeitet. Das galt zwar für die überwiegende Zahl der Fälle, doch kennen wir auch genügend Gegenbeispiele. Wir können schließlich den auch schon bedeutenden Fernhandel des 13. und 14. Jahrhunderts nicht übersehen, der ständig wachsende Warenmengen umschlug und immer weitere Räume überbrückte.

In der von uns behandelten Zeit findet ferner das Verlagswesen größere Verbreitung, das heißt, ein Unternehmer, der in der Regel Fernhandel treibt, organisiert Massenproduktion, indem er auf seine Kosten und sein Risiko mit von ihm gestellten Werkzeugen und Material von Lohnarbeitern, oft Bauern, in deren eigener Werkstatt standardisierte Erzeugnisse herstellen läßt.

Die starke Ausweitung des Fernhandels erforderte – mit großen zeitlichen Schwankungen – so große Stückzahlen und so große Anpassungsfähigkeit an die Wünsche des Auftraggebers, daß die traditionsgebundenen Zunfthandwerker diesen Ansprüchen oft nicht genügen konnten. Es entwickelte sich also neben der Zunftproduktion, die in erster Linie für den lokalen Bedarf arbeitete, die Verlagsproduktion, die vor allem Bedürfnisse des Fernhandels deckte.

Die wirtschaftlichen Erfolge des Verlags waren so groß, daß er die Nachfrage wegen Arbeitermangel oft nicht decken konnte. Deshalb stiegen die Löhne, so daß manche Historiker vom 15. Jahrhundert geradezu als dem »goldenen Jahrhundert der Lohnarbeit« sprechen. Wir

Ausweitung des Marktes im Spätmittelalter

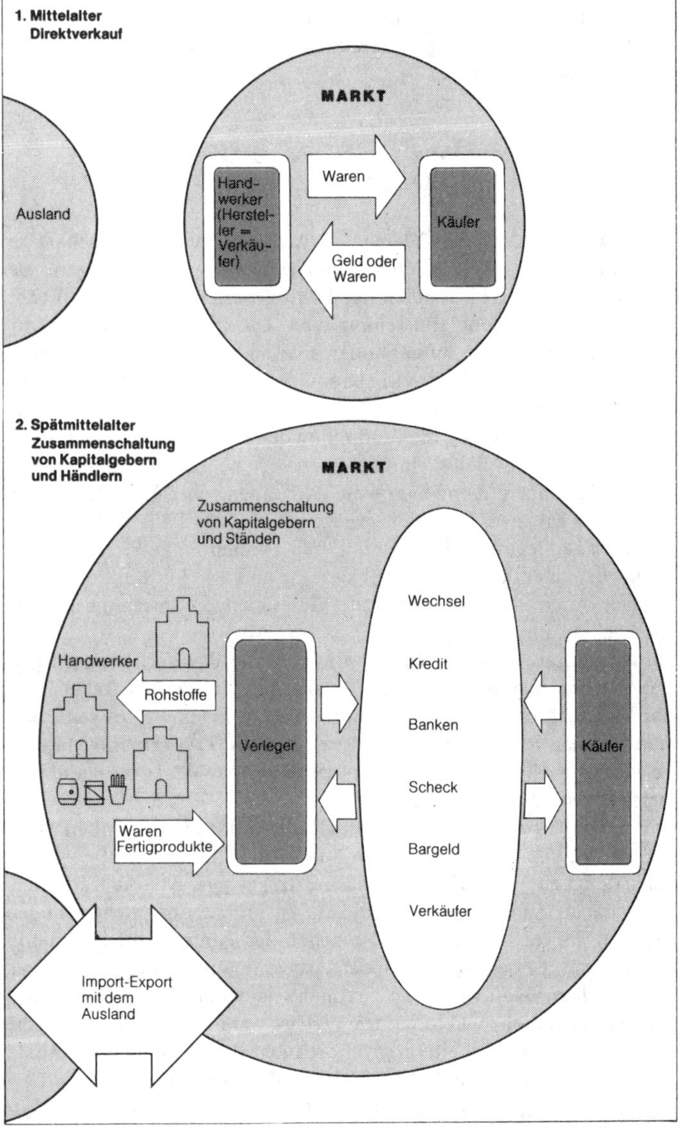

FRANZ VON TAXIS

Aus den überlieferten Porträts des Franz von Taxis spricht Entschlossenheit: Das runde, listige Gesicht zeigt eine Miene, die keinen Zweifel darüber aufkommen läßt, daß ein Mann mit Energie und Erfolg hier im kostbaren Renaissancekostüm Modell saß. Die linke Hand rückt bedeutungsheischend einen Brief ins Bild. Der Porträtierte ist Franz von Taxis, der Begründer des neuzeitlichen Postwesens. Franz von Taxis kam im Jahre 1459 als Sproß eines lombardischen Geschlechts zur Welt. Seine Familie war weitverzweigt und über ganz Europa verstreut. Ihre Boten besorgten neben der Familienpost auch Kurierdienste für andere Höfe. Als Kaiser Maximilian I. 1490 eine Neuordnung des amtlichen Postverkehrs durchführte, stand Franz bereits in seinem Dienst. Als oberster Postmeister des Reiches eröffnete er 1500 den ersten durchgehenden Postverkehr zwischen Wien und Brüssel. Von hier gab es Verbindungen mit Spanien, Frankreich, den Niederlanden und Italien. Bis dahin war man auf die Gefälligkeit von Reisenden oder anderem fahrenden Volk angewiesen. Raubüberfälle und Unterschlagungen waren die Regel. Als Franz seine Dienste auch Privatkunden anbot, war er konkurrenzlos: Er haftete für die Sendungen. Kein anderer hatte bisher dieses unternehmerische Risiko gewagt! Er sicherte das Postgeheimnis zu. Eine unerhörte Neuerung! Taxis legte sich vertraglich auf bestimmte Beförderungszeiten fest. So sollte die Post von Brüssel nach Innsbruck im Sommer fünf Tage, im Winter einen Tag mehr dauern. Schon seine Zeitgenossen gestanden Franz neidlos zu, daß er eigener Leistung verdankte, was er, der lebensfrohe Renaissance-Mensch, in vollen Zügen genoß: den Ruhm und Reichtum eines erfolgreichen Unternehmers. 1512 wurden die Taxis in den Reichsadel aufgenommen, 1654 erhob sie der Kaiser zu Reichsgrafen. Franz von Taxis starb 1517 und wurde in der prunkvollen Familiengruft in Brüssel beigesetzt. *(C. R.)*

sollten aber nicht übersehen, daß wesentliche Teile des wirtschaftlichen Erfolgs von den Unternehmern in Form steigender Gewinne abgeschöpft wurden, und daß viele Handwerker auf die Stufe von Lohnarbeitern absanken. Dies geschah vor allem dann, wenn aufwendige technische Neuerungen (z.B. Vorläufer von Werkzeugmaschinen) vom Verlag schneller aufgegriffen wurden als vom Handwerk und dieses dadurch Wettbewerbsfähigkeit verlor. So auch im kapitalintensiv werdenden Bergbau. Auch konnte das Handwerk in kapitalintensiven neuen Gewerben zum Teil gar nicht erst Fuß fassen. So entstand allmählich ein »Lohnarbeiterproletariat«, das vor allem dort problematisch wurde, wo sich das Verlagswesen zur vorherrschenden Wirtschaftsform entwickelte. Dieses »Proletariat« ist allerdings nicht mit dem Industrieproletariat des 19. Jahrhunderts vergleichbar! Und: die Entwicklung verlief regional sehr unterschiedlich.

Kontor, Lagerhaus und Kasse.
Allegorische Darstellung des geschäftigen Lebens der vom Fernhandel bestimmten Wirtschaft im 16. Jahrhundert. Holzschnitt von Jost Amman.

Die Umverteilung von Geld, Chancen und Macht

Die Gewinne im Verlag und Fernhandel waren teilweise sehr hoch. So kam es, vor allem in Süddeutschland, zu Kapitalkonzentrationen, die die Durchsetzungskraft der neuen Strukturen verstärkten und zur Anhäufung immer größerer Kapitalsummen führten, so daß sowohl der handwerkliche Mittelstand wie das alte Patriziat, das die politischen Führungspositionen in den Städten innehatte, dagegen sozial abfielen. Die Kapitalkonzentration wurde auf dem Erbweg durch die hohe Sterblichkeit infolge der Seuchen noch verstärkt.

Frühkapitalismus in Stichworten

Geldwirtschaft	*löst von Italien ausgehend nach und nach die Naturalwirtschaft ab; Ziel der Güterproduktion nicht mehr nur die Sicherstellung der Versorgung, sondern Mittel zur profitablen Erwerbsproduktion.*
Neuer Unternehmertypus	*Die Medici in Florenz (Orienthandel, Alaunmonopol, Mäzenatentum) und die Fugger in Augsburg (Handel, Geldgeschäfte, Bankiers für Habsburger und Päpste, Kontrolle der europäischen Blei-, Silber- und Kupferproduktion, Silbermonopol, Handel bis nach Südamerika und Moskau, Armenfürsorge).*
Verlagssystem	*(von vorlegen = Geld vorstrecken): Materialbeschaffung, Finanzierung, Leitung und Absatz der gewerblichen Produktion (besonders von Textilien und Metallwaren) liegen in der Hand eines einzigen Unternehmers. Die eigentliche Produktion findet dagegen dezentral bei Kleinhandwerkern und in der Hausindustrie statt.*
Banken und Börsen	*In Venedig und der Lombardei entstehen die ersten Banken aus dem Münzwechselgeschäft. Seit dem 14. und 15. Jahrhundert gibt es auch Depositen- und Girogeschäfte. Filialen bald in allen großen Handelsorten. Zunächst nur Privatbankiers im Dienst von Papst, Kaiser und Fürsten. An der Entstehung öffentlicher deutscher Banken z. B. in Frankfurt, Hamburg, Straßburg, Nürnberg im frühen 17. Jahrhundert sind Bankiers aus Antwerpen maßgeblich beteiligt. An der Börse werden seit dem 16. Jahrhundert Termin- und Spekulationsgeschäfte abgeschlossen. Die erste Börse war in Brügge, das »Haus zur Burse«.*
Neue Formen der Handelsorganisation	*werden durch den wachsenden Umfang des Handels notwendig: Handelsgesellschaften und Großfirmen, stille Teilhaber zur Vergrößerung des einsetzbaren Handelskapitals. Handels- und Privatvermögen werden völlig getrennt.*
Landwirtschaft	*muß die steigenden städtischen Bedürfnisse befriedigen und geht deshalb zur Spezialproduktion über. Im Osten Deutschlands entstehen riesige Gutsherrschaften, auf denen die Herren Fronarbeiter zur*

	landwirtschaftlichen Eigenproduktion einsetzen (d.h. Ende der lehnsrechtlichen Grundherrschaft).
Vermehrter Geldumlauf	*Währungsentwertung durch Überproduktion von Silber und Teuerung verschärfen die Trennung zwischen arm und reich und führen seit dem 14. Jahrhundert zu permanenten gesellschaftlichen Krisenerscheinungen: Handwerkerunruhen, Zunftkämpfe, städtische Parteikämpfe und Bauernaufstände bestimmen das politische Klima zunächst in Flandern, Frankreich, Italien und England, ab dem 15./16. Jahrhundert auch in Deutschland.*

Die Folge waren revolutionäre Bewegungen; jedoch nicht Kämpfe des »Proletariats« um wirtschaftliche Besserstellung, wie orthodoxe Marxisten früher behaupteten. Vielmehr handelte es sich um Versuche der Neureichen, Einfluß auf die Stadtpolitik zu bekommen, wobei sie sich teilweise unzufriedener städtischer Unterschichten als Mittel bedienten. Wir kennen den Vorgang schon aus dem Italien des 11. Jahrhunderts (siehe *K: Pataria, Band 2*). Jetzt entstand ein Bürgertum im engeren Sinne.

Der Ausdruck ›Bürger‹ bezeichnet nicht mehr länger den Stadtbewohner allgemein, als Gegensatz zum Bauern, sondern jene aus Kaufleuten, Verlegern und altem Stadtadel zusammenwachsende Oberschicht, die nicht mehr vom Ackerbau, Handwerk oder Kleinhandel lebt, sondern vom Gewinn des Kapitals, das in Handel und Gewerbe in großem Stil eingesetzt wird. Es beginnt der Kampf der neuen sozialen Oberschicht um politischen Einfluß in den Städten und das Streben des Bürgertums nach angemessener Vertretung seiner Interessen im Rahmen der Reichs- und Territorialpolitik. Die Interessen des neuen Bürgertums gehen weit über die Mauern der Stadt hinaus. Die großen politischen Entscheidungen berühren sie unmittelbar, deshalb interessieren sich die Bürger im Gegensatz zu den Bauern und vielen Grundherren auch für die Fragen der großen Politik. Auch hier finden wir ein Element des entstehenden großräumigeren Denkens. Dieses Bürgertum nimmt die alte Idee der stadtbürgerlichen Freiheit auf und entwickelt aus ihr im 15. Jahrhundert Ansätze eines modernen Staatsdenkens.

Die materielle Lage der Stadtbevölkerung scheint nicht schlecht gewesen zu sein. Das heißt nicht, daß es Massenwohlstand gab. Noch im 14. Jahrhundert lebten höchstens vier Prozent der Gesamtbevölkerung

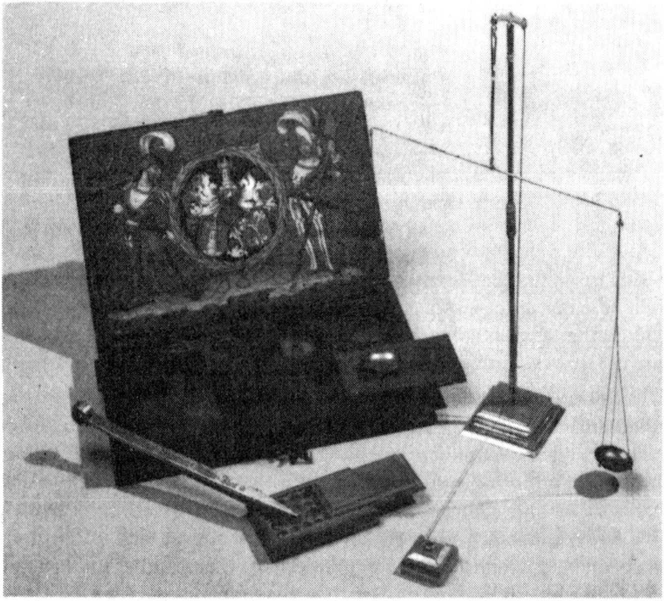

Für Sicherheit im Geldgeschäft.
Nürnberger Gold- und Münzwaage in einem bemalten Holzkasten von 1497.
Nürnberg, Germanisches Nationalmuseum.

ständig über dem Existenzminimum. Dabei muß das Wort Existenzminimum wörtlich genommen werden und nicht in unserem heutigen Sinn, nach dem für viele Zeitgenossen Farbfernsehgerät, Auto und Urlaubsreise dazu gehören. Damals hieß Existenzminimum, daß der Mensch so viel zu essen hatte, daß er nicht verhungerte, und so viel anzuziehen, daß er nicht erfror!

Demgegenüber hat sich die Lage im 15. Jahrhundert leicht gebessert, das heißt aber noch nicht viel. Wir dürfen uns nicht durch Gemälde jener Zeit täuschen lassen, die prassende oder üppig tafelnde Menschen darstellen. Dies war vielfach eine Form überspitzter Sozialkritik, nicht aber Abbild einer für alle geltenden Realität. In den letzten Jahrzehnten wurden Zahlen veröffentlicht, die eine drastische Erhöhung des Verbrauchs an Fleisch zeigen, im Durchschnitt aber gab es nur eine mäßige Verbesserung der täglichen Ernährung.

Die soziale Lage auf dem Lande

Es gab also eine leichte Steigerung des Lebensstandards für die breite Menge der Stadtbewohner. Zugleich wurde der Abstand zwischen arm und reich größer. Gründe der Besserung waren die steigenden Löhne, wenn auch der Ausdruck »Goldenes Jahrhundert der Lohnarbeit« wohl übertreibt. Der Lebensstandard der Städter stieg vor allem durch das um 1370 beginnende Fallen der Lebensmittelpreise. Viele Historiker erklären dies als Folge der Pest von 1347/49. Dadurch soll die Zahl der städtischen Verbraucher gesunken sein, so daß eine permanente landwirtschaftliche Überproduktion die Preise drückte, bis es schließlich zu einer ausgesprochenen Agrarkrise kam.

Der Tatbestand als solcher ist gesichert, doch befriedigt die Erklärung nicht. Die Pest traf das Land genauso wie die Städte. Sie führte zu ausgedehnten Wüstungen, d. h. zur Aufgabe einzelner Höfe und ganzer Siedlungen. Sie verringerte also nicht nur die Zahl der Verbraucher, sondern auch die der Erzeuger. Auch sanken die Preise nicht bei allen Lebensmitteln gleich, sondern vor allem bei Getreide. Das läßt eher auf Strukturverschiebungen, vielleicht auch auf Verbesserung der klimatischen Bedingungen und daraus folgende Ertragssteigerungen schließen, als einzig auf die Folgen der Pest. Die Landwirtschaft hatte in der ersten Hälfte des 14. Jahrhunderts technische Fortschritte erzielt, die durch die damals gute Ertragslage gefördert wurden, weil investiert werden konnte.

Übrigens stieg die Bevölkerung der Städte ab 1370 wieder, und zwar vor allem durch Zuwanderung von Bauern. Wäre die oben erwähnte Begründung der Agrarkrise richtig, dann hätte sie durch die jetzt gegenläufige Entwicklung (schnellere Zunahme der Verbraucher als der Erzeuger) bald vorbei sein müssen. Der Preiseinbruch, der jedoch erst um 1370 voll begann (also 20 Jahre nach der großen Pest!), scheint aber erst Ende des 14. Jahrhunderts seinen Höhepunkt erreicht zu haben. Im ganzen dauerte er bis zum Ende des 15. Jahrhunderts. Eine befriedigende Erklärung dafür fehlt noch.

Die Preise für Lebensmittel sanken also, während die für gewerbliche Erzeugnisse stiegen. Dadurch verschlechterte sich die Lage der Bauern, die noch etwa 80 Prozent der Bevölkerung ausmachten. Ihre Schulden stiegen fortlaufend. Belastet waren sie durch Schuldentilgung und durch hohe Zinslasten. Zwar bestand das Zinsverbot der Kirche bis in die Mitte des 16. Jahrhunderts, doch galt es nicht für Juden, die im Leihgeschäft stark vertreten waren. Auch stand es im 15. Jahrhundert weitgehend nur noch auf dem Papier. Wegen der großen Risiken des Geldverleihs waren die Zinsen sehr hoch.

Die soziale Schere zwischen Städtern und Bauern öffnete sich immer mehr und für sehr lange Zeit. Langfristig verschlechterte sich auch die rechtliche Lage der Bauern gegenüber den Grundherren. Als Ergebnis stellen wir eine immer stärker werdende soziale Differenzierung zwischen Stadt und Land einerseits sowie innerhalb der Städte andererseits fest, was wiederum zu Verschiebungen in der gesellschaftlichen Einschätzung und den politischen Rechten führt. Jetzt entsteht das Bild vom Bauern als dem »dummen Tölpel«.

Auf dem Land führte diese Entwicklung zu weiteren großen Wüstungen. Die Bauern versuchten, wegen der schlechten Wirtschaftslage und des erhöhten Druckes der Grundherren, die auch von der Landwirtschaft abhängig waren und ihre Probleme auf Kosten der Bauern lösen wollten, ihre Höfe zu verlassen und abzuwandern. Es boten sich die neuerschlossenen Gebiete der deutschen Ostsiedlung und die Städte an, deren freiheitliche Verfassung viele Bauern lockte. »Stadtluft macht frei« – das hieß, daß kein Grundherr drückende Lasten auferlegen konnte. Allerdings schafften es nur wenige Zuwanderer, sofort eine gute Arbeitsstelle zu finden.

Der Landadel seinerseits überspielte seine zunehmend schwächer werdende Stellung, indem er seinen ›Rang‹ und seine adelige Geburt be-

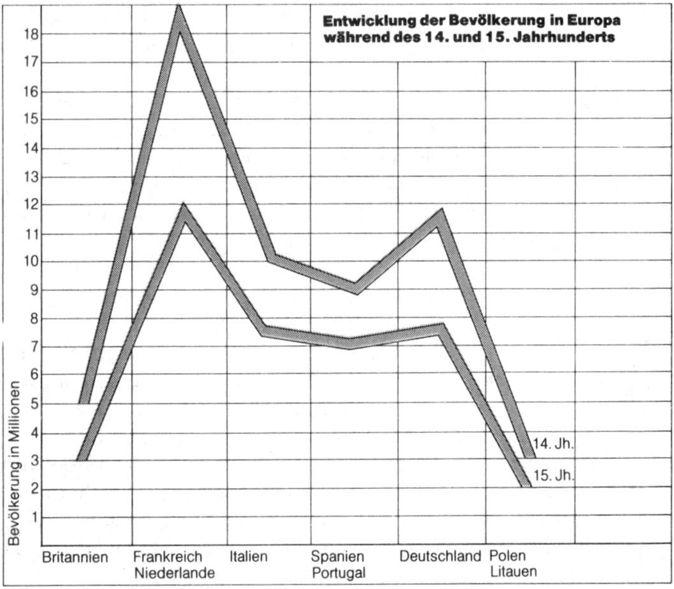

***Trotz wachsender Zahl der Städte – Deutschland bleibt Agrarland.** Bauern im Wein- und Obstgarten beim Pflügen, Eggen, Hacken und Vertreiben von Vögeln. Zeitgenössischer Holzschnitt.*

tonte. Die ritterliche Lebensweise wurde zu einer Zeit noch einmal hochstilisiert, als das Rittertum schon eine absteigenden Schicht darstellte. Fehlenden politischen Einfluß und geringe finanzielle Möglichkeiten kompensierte man durch Hochmut gegenüber Bauern und »Pfeffersäcken«, wie man die Kaufleute verächtlich nannte.
Die Landwirtschaft begegnete dem Verfall der Lebensmittelpreise durch Ausweichen auf andere Produkte, die Rohstoffe für expandierende Gewerbe lieferten, zum Beispiel Flachs und Wolle für die blühende Textilerzeugung. Da Haltbarkeit und Rentabilität für diese Erzeugnisse weite Transportwege erlaubten, kam es zur verstärkten Ausbildung der bereits erwähnten großräumigen Organisationsformen, in die nun auch die Landwirtschaft in Ansätzen einbezogen wurde.
Doch auch in den Städten wandelte sich die Sozial- und Gesellschaftsstruktur durch die Öffnung der Preisschere. Langfristiges Steigen der Preise für Gewerbeerzeugnisse bedeutet Inflation. Jede Inflation ändert die Vermögensverteilung und damit die Gesellschaftsstruktur. So verloren alle, die nur von den Zinsen ihres Kapitals lebten. Auch die

Grundherren, die von den Bauern feste Zinszahlungen erhielten, kamen in Nöte. Es verloren auch die Ackerbürger, also Stadtbewohner, die von der Landwirtschaft lebten. Im Zusammenhang damit können wir die Judenpogrome von 1415 bis 1510 und die 1484 voll einsetzenden Hexenverfolgungen sehen. Beides sind Zeichen dafür, daß Menschen, die sich gegenüber dem Wandel hilflos fühlten, Sündenböcke suchten.

Wirtschaft und Gesellschaft im Sog der Renaissance

Bisher wurde mehrfach das Entstehen großräumigerer Organisationsformen erwähnt. Das ist unverständlich, wenn wir nicht auch die geistige Entwicklung betrachten. Das 15. Jahrhundert war eine Zeit tiefgreifenden geistigen Wandels. Um 1350 begann in Italien die Renaissance (von ital. rinascita = Wiedergeburt). Die Menschen glaubten, durch Erforschung der antiken Philosophie, Literatur und Kunst die damaligen Lebensformen wiederbeleben zu können, die man aus dem Abstand eines Jahrtausends als Ideal ansah. Was dabei herauskam, war nicht eine Wiedergeburt der Antike, sondern etwas Neues, das sich mit antikem Beiwerk umgab. Vor allem entstand ein neues Menschenbild. Der Mensch wurde neugierig auf sich selbst und seine Umwelt. Es entstand ein neues Raumbewußtsein, was wir in der Malerei verfolgen können, und der Drang, die ganze Erde kennenzulernen. Doch was hat das mit unserem Thema zu tun?

Es zeigt sich, daß die in der Renaissance freigesetzte geistige Unruhe auch in Deutschland, aber erst seit dem 15. Jahrhundert, die Triebfeder der Entwicklung war. Neue Universitäten und bessere Schulen aktivierten die Menschen, die sich für die ganze Welt zu interessieren begannen. Daraus erwuchsen neue wirtschaftliche Möglichkeiten, die Geldumlaufmenge wurde größer, und mehr Mittel konnten beispielsweise wieder in die Universitäten fließen. Verbesserter Unterricht kam dann wieder der Wirtschaft im weitesten Sinne zugute, und so fort.

Als die Europäer über die Weltmeere griffen, hatten sie keine konkrete Vorstellung, was sie erwartete. Als Kolumbus nach Amerika kam, wußte er nicht einmal, wo er war. Schon bald aber sollten Wissenschaft und Wissensdurst Fundamente erhalten. Denn die allgemeine Unruhe dieser Zeit führte schließlich auch zur Erfindung des Buchdrucks mit beweglichen Buchstaben. Er hat durch Verdichtung und Verbreitung des geistigen Austauschs die gesamte Entwicklung weiter vorangetrieben.

Aus der geistigen Neuorientierung der Renaissance heraus kommt es

zu einer spürbaren Rationalisierung der Produktion, zu neuen Techniken und einer Intensivierung des Fernhandels. Neben die noch oder neuerdings traditionsbestimmte Handwerkswirtschaft tritt das frühkapitalistische Verlagssystem. Der Adel genießt zwar noch hohes Ansehen; fast alle neuen Anstöße in Lebensstil und Kultur kommen jetzt aber aus den Städten. Mit dem Übergang vom adeligen Lehnsheer zum teueren Söldnerhaufen der Landsknechte (in Deutschland geschieht dies gegen Ende des 15. Jahrhunderts; siehe auch Band 6) und der Entwicklung der teueren Feuerwaffen müssen sich die Landesfürsten immer mehr auf die kreditträchtigen Bürger stützen.
In der neuen bürgerlichen Oberschicht, die auch zum Hauptträger der Bildung wird, entwickeln sich keimartig politische Ideen, die Jahrhunderte später die Welt verändern. Wir können also das 15. Jahrhundert mit Recht als das »Jahrhundert der Mitte« zwischen Mittelalter und Neuzeit oder als »Übergangszeitalter« betrachten.

Literatur

Blickle, Peter u.a.: Aufruhr und Empörung? Studien zum bäuerlichen Widerstand im Alten Reich, München 1980

Bosl, Karl: Staat, Gesellschaft und Wirtschaft im deutschen Mittelalter, München 1980

Bosl, Karl (Hrsg. in Verbindung mit Friedrich Prinz): Die Grundlagen der modernen Gesellschaft im Mittelalter. Eine deutsche Gesellschaftsgeschichte des Mittelalters. In: Monographien zur Geschichte des Mittelalters, Stuttgart 1972

Droege, Georg: Deutsche Wirtschafts- und Sozialgeschichte, Frankfurt/Berlin/Wien 1972

Elsas, Moritz John: Umriß einer Geschichte der Preise und Löhne in Deutschland vom ausgehenden Mittelalter bis zum Beginn des 19. Jahrhunderts I–II, Leiden 1936–1949

Engels, Evamaria/Zientara, Benedykt: Feudalstruktur, Lehnbürgertum und Fernhandel im spätmittelalterlichen Brandenburg, Weimar 1967

Sprandel, Rolf: Eisenproduktion und Eisenhandel im Mittelalter, Stuttgart 1968

GÜNTER MERWALD

Deutsche Literatur im späten Mittelalter

Die Literatur der Epoche als Dokument der gewandelten Zeitverhältnisse – Aufstieg des Bürgertums – Beginnender Einfluß des Humanismus – Lyrische Dichtung von Oswald von Wolkenstein bis zum Meistersang – Formen des dramatischen Spiels – Prosa und erzählende Versdichtung – Lehrhafte Dichtung mit häufig satirischem Einschlag – Schwank und Volksbuch.

Die rund anderthalb Jahrhunderte, deren Literatur wir hier überblikken, zählen nicht zu den ›großen‹ Epochen der deutschen Literaturgeschichte. Besonders die ältere Literaturwissenschaft und ihre konservativen Vertreter umschrieben diese Periode gerne mit Etiketten wie »Zeit des Verfalls«, »der Gärung« oder »des Umbruchs«. Allerdings veränderte gerade die allmähliche Auflösung der mittelalterlichen Gesellschaftsordnung die ihr zugrundeliegenden Wertvorstellungen. Erste Neuansätze wurden erkennbar, denen die Reformation endgültig zum Durchbruch verhalf.

Die in dieser Zeit eintretenden sozialen Umschichtungen – vor allem bedingt durch das Erstarken des wohlhabend gewordenen Bürgertums in den Städten und die erstmals als gesellschaftliche Größe auftretenden Bauern – bleiben nicht ohne Rückwirkung auf die literarische Produktion und die Interessen des Lesepublikums. So verlagert sich das literarische Schwergewicht mehr und mehr an die Höfe der Territorialherren und in die Städte. Zum Teil werden die höfischen Lebens- und Literaturformen von dem nun kulturell aktiven Bürgertum übernommen; meist werden sie jedoch verändert und der bürgerlichen Lebensauffassung angepaßt, die sich deutlich von den ritterlichen Idealen in Ästhetik und Moral unterscheidet.

Die starke Zunahme des moralischen und didaktischen Elements in allen literarischen Gattungen und eine Fülle religiöser und erbaulicher Literatur sind ein hinreichender Beleg für diesen allgemeinen Trend. Dazu kommt ein deutlicher Zug zum Realismus und zur konkreten Einzelheit in Thematik und Darstellung; so wie die einst allgemeingültigen Ordnungen und Ideale: minne, mâze, staete (siehe Band 3) jetzt in Frage gestellt werden, in dem Maß treten in der Literatur jetzt konkrete Lebensumstände von Individuen in den Vordergrund.

Das literarische Spektrum reicht vom Grobianismus bis zum klassischen Geist der Antike. Parallel zum Aufstieg des Bürgertums und seiner kulturellen Aktivität erscheinen die Bauern als Thema der Literatur – oft allerdings noch satirisch durch die Brille der bürgerlichen und adeligen Autoren betrachtet. Aber gerade in der Moralsatire mit ihren lehrhaften Absichten bilden ab 1400 Bauern die Hauptgestalten, was nicht ohne Folgen für den Charakter dieser Gattung war: ihr Stil ist derb-drastisch bis hin zum plumpen Grobianismus.

Wie ein Ferment wirken ab dem Ende des 14. Jahrhunderts die neuen Erkenntnisse und Kenntnisse der Humanisten auf die unruhige Zeit ein. Eine dritte Gruppe spielt in der Literatur jetzt eine Rolle: die »Gelehrten« im weitesten Sinn des Wortes. Die aus Italien kommende Rückbesinnung auf die Antike faßte zuerst in Böhmen und Wien Fuß und breitete sich mit den wandernden humanistischen Gelehrten an den geistigen Zentren wie zum Beispiel Fürstenhöfen und Patrizierhäusern aus. Dort, weniger an den noch von der Spätscholastik beherrschten Universitäten, erhielten die Gelehrten Arbeits- und Wirkungsmöglichkeiten. Von da aus betrieben sie Wissensvermittlung im Sinne der Antike, zunächst durch Weitergabe antiken Gedankenguts, dann auch durch eine reiche Übersetzungsliteratur. Doch sehr früh begegnen wir auch deutschsprachigen Dokumenten, die den neuen Geist der Antike und eine an der Rhetorik geschulte Sprachgestaltung erkennen lassen. Dem Grobianismus von Satire und Schwank stellt sich hier eine ganz andere Welt sprachlicher und gedanklicher Zucht zur Seite.

Vielleicht ist in diesen wenigen skizzenhaften Anmerkungen deutlich geworden, daß diese Epoche voller innerer Spannungen und Unruhe steckt. Die gedankliche Suche nach einer neuen Stellung des Menschen – des Herrschers wie des »kleinen Mannes« – in der Welt charakterisiert diese widersprüchliche Übergangsphase. Keine der auftretenden Strömungen gewinnt dabei eindeutig die Oberhand, die philosophischen, naturwissenschaftlichen, theologischen und literarischen Ergebnisse und Forschungen laufen vielmehr neben- und übereinander her, inspirieren sich teilweise gegenseitig und machen die Vielfalt der Zeit aus.

Dies schlägt sich auch in der Literatur deutlich nieder: einerseits leben überlieferte Stoffe und Formen vielfältig weiter, neue kommen dazu, andererseits ist eine Abgrenzung der Gattungen nicht mehr so einfach wie im Hochmittelalter, und selbst innerhalb der einzelnen Gattungen kommt es zu verschiedensten Ausformungen (aus rein praktischen Gründen ist die folgende Darstellung nach den üblichen Gattungen gegliedert). Auch Sprache und Stil der Literatur sind jetzt recht uneinheitlich. Diese Periode des Übergangs vom Spätmittelhochdeutschen

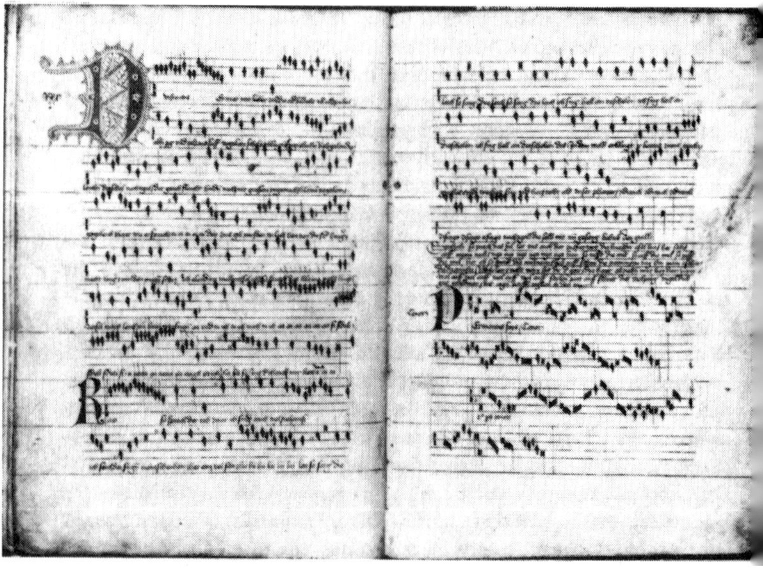

Spätmittelalterliche Musikkultur. *Doppelseite mit den für die Zeit charakteristischen eckigen Choralnoten zu Oswald von Wolkensteins Lied »Da may mit lieber zal'«. Wien, Österreichische Nationalbibliothek.*

zum Frühneuhochdeutschen ist die große Zeit des sogenannten »geblümten« Stils, der mittels Rede- und Stilfiguren aller Art der poetischen Sprache Glanz verleihen möchte; aber die Palette ist unvorstellbar bunt, und so besteht auf der anderen Seite eine deutliche Tendenz zum vergröbernden Ausdruck, zur Satire und Karikatur. All diese Gegensätze gehören zusammen und sind Ausdruck und Motor der geladenen Vorreformationszeit.

Die Lyrik: Von Oswald von Wolkenstein bis zum Meistersang

Eine für diese Umbruchszeit typische Gestalt, die an literarischem Rang die Zeitgenossen weit überragt, ist der Südtiroler Oswald von Wolkenstein (1377–1445). Der abenteuerliche Lebenslauf des Ritters spiegelt ebenso wie die Spannweite seiner Produktion (Minnelieder, geistliche Gedichte, Tanz- und Trinklieder u. a.) seine innere Unruhe und die seiner Zeit. Lange Jahre seines Lebens verbrachte er unterwegs in aller Welt: »Es fuegt sich, do ich was von zehen jaren alt, / ich wolt besehen, wie die welt wär gestalt. / mit ellend, armuet mangen winkel, haiss und kalt, / hab ich gepaut pei Kristen, Kriechen, haiden.« Im Kloster Neustift bei Brixen fand er 1445 seine letzte Ruhe. In seinen Gedichten, die man wie eine poetische Biographie lesen kann, stehen immer die Gefühle des unglaublich vitalen Mannes im Mittelpunkt: Sinnlichkeit und Grobheit findet sich da neben Zartheit des Herzens; dem Eintauchen in das handfeste irdische Dasein mit Streit und Kampf tritt innige Frömmigkeit und Marienverehrung zur Seite. Und in all seinen Liedern – Oswald war Textdichter und Komponist in einem – handhabt er die deutsche Sprache souverän: er spielt mit ihr, verwendet bedenkenlos derb Mundartliches, erweist sich aber auch als Meister des »geblümten« Stils, der ohne Gottfried von Straßburgs »Tristan« (siehe Band 3) nicht denkbar wäre. In Oswald steht zum ersten Mal ein deutlich erfaßbarer Einzelmensch vor uns, ein Dichter, der die Welt aus seiner Subjektivität heraus abbildet und nicht, wie etwa Hartmann von Aue, unter anderem die Durchsetzung eines ritterlichen Ideals verfolgt. Nennenswerte Nachfolge hat Oswald von Wolkenstein zwar nicht gefunden, aber er markiert die veränderte Position des einzelnen in Gesellschaft und Welt. Neben ihm beherrschen zu Beginn des 15. Jahrhunderts eher ›mittelmäßige‹ Dichter die Szene. Die große Masse der Autoren bewahrt und pflegt Liebesdichtung in den überlieferten Formen des Minnesangs. Ihr haftet, da sich die sozialen und geistigen Voraussetzungen inzwischen stark gewandelt haben, weitgehend der Charakter des Künstlichen, Erstarrten an. In der Ausgestaltung der Motive gehen die bürgerlichen Verfasser allerdings oft andere Wege als das Hochmittelalter: sie stellen häufig die sinnlich-konkrete Einzelheit heraus. Deshalb erfreut sich jetzt die Tagelied-Form besonderer Beliebtheit. Hier wird die Geliebte detailliert geschildert, ihre Nacktheit ›unverhüllter‹ beschrieben als etwa bei Wolfram von Eschenbach (siehe Band 3).

Diesem Zug zum konkreten Detail entspricht es, wenn jetzt die Ballade, das Erzähllied, entsteht; sie findet sich schon bei Oswald. Solche Balladen (zum Beispiel die von den »Zwei Königskindern«) werden oft rasch bekannt und zum namenlosen Volksgut. Häufig werden sie als solche zusammen mit dem bürgerlichen Liebeslied gesammelt, wie etwa in dem bekannten »Liederbuch der Klara Hätzlerin« aus Augsburg, entstanden in der zweiten Hälfte des 15. Jahrhunderts.

Die Formen des späten höfischen Minnesangs leben zusammen mit den Inhalten der mittelalterlichen Spruchdichtung noch in anderer Weise weiter: im sogenannten Meistergesang. Die Meistersinger hielten Dichtung für ein erlernbares Handwerk. Sie waren dementspre-

Humanismus in der Zeit der Renaissance

Italien:	*Im 13. Jahrhundert wird das Studium der lateinischen und griechischen Klassiker unter dem Einfluß der Scholastik und neuer philosophischer und naturwissenschaftlicher Interessen vernachlässigt. Erst in den gewandelten wirtschaftlichen und sozialen Bedingungen des 14. Jahrhunderts beginnen Juristen, akademische Lehrer, Staatsbeamte und Schriftsteller (teilweise von Päpsten veranlaßt und finanziell unterstützt) in den verwahrlosten Klosterbibliotheken mit der Suche nach römischen Handschriften aus der Antike. Neue Bibliotheken werden angelegt (z. B. 1480 die Vaticana in Rom), die aufgefundenen Texte gereinigt, interpretiert und erklärt. Stilistisches und sprachliches Vorbild wird Cicero. Lateinische Verse und Prosa bildet man seinem »Muster« nach.* *Seit dem 15. Jahrhundert entdecken die Forscher auch die griechischen Schriftsteller, lesen sie und ahmen sie nach.*
Bildungsideal	*der Humanisten war die Entfaltung und Ausbildung des Menschen als selbständiges Individuum und im weiteren in dem Versuch, auf den Menschen bezogene Daseinsbedingungen zu schaffen. Ethische und ästhetische Entfaltung edler Menschlichkeit glaubte man durch Wiedererweckung und Aneignung der antiken Sprachkultur, Kunst und Geisteshaltung in Gang zu setzen (lat. humanus = menschlich, menschenwürdig, edel, gebildet, menschenfreundlich, mild, höflich, gelassen; hu-*

chend zunftmäßig organisierte Handwerksmeister, die ursprünglich in kirchlich organisierten Singschulen gesungen hatten. Ihr Hauptaugenmerk galt der peinlich beachteten Form, in die sie ihre oft moralisierenden Verse gossen. Ihr Ziel war ein praktisches: der Meistersänger erledigte einen Auftrag wie auch sonst in seinem Handwerk. Die Regeln dazu waren wie die Strophenformen und die Melodien in den sogenannten Tabulaturen festgelegt. Diese ziemlich starre Kunst brachte zwar viel Gereimtes, aber wenig Bedeutendes hervor. Einzig der Nürnberger Hans Folz ist hier erwähnenswert: Er führte neue »Töne«, das heißt Strophenformen ein, und einige seiner Gedichte sind auch heute noch genießbar; freilich muß man über den formalen Schwulst ebenso

	manitas = Menschlichkeit, Höflichkeit, Bildung, Anstand). *Dabei waren die Theorien des 15. und 16. Jahrhunderts aber auch neu und revolutionär. Die Berufung auf die Antike hatte eher den Zweck, die neuen Zielvorstellungen durch anerkannte Autoritäten abzustützen. Denn in allen Bereichen der Gesellschaft war das Abstreifen mittelalterlicher Fesseln Trumpf: Das Individuum sollte sich aus den Bindungen der ständischen, zünftigen, religiösen und wirtschaftlichen Abhängigkeiten lösen und selbständig handeln. Überspitzt könnte man den Humanismus als Ideologie des expandierenden Kaufmanns- und Entdeckerstandes bezeichnen. Auf*
Deutschland	*wirkte die humanistische Bewegung, ähnlich wie auf Frankreich, Spanien, England und die Niederlande, erst gegen Ende des 15. Jahrhunderts ein und erhielt teilweise nationale Zielrichtungen. Sie beeinflußte stark die Denker der Vorreformationszeit, die durch ihre Kenntnis der hebräischen und antiken Sprachen Bibeltexte jetzt im Original lesen konnten. Die Denkmethoden wurden in Deutschland stärker didaktisch, pädagogisch und philologisch ausgeprägt, denn die*
Mittelpunkte	*des Humanismus waren hier vor allem die Universitäten (wichtige Humanisten: Celtis, Melanchthon, Wimpfeling); in Italien dagegen Florenz unter den Medici, Rom, die reichen Fürstenhöfe von Urbino, Ferrara, Mantua und Neapel und die Universitäten.*

hinwegsehen wie über die derben Inhalte. Insgesamt blieb der Meistergesang, auch an seinem späteren Höhepunkt bei Hans Sachs (1494–1576), ohne größere Bedeutung für die deutsche Literatur (lediglich in Wagners »Meistersingern von Nürnberg« lebt er fort). Er ist jedoch ein typisches Kind seiner Zeit; hier wird von zünftigen Autoren Dichtung nach dem Geschmack des städtischen bürgerlichen Publikums geliefert. Insgesamt ist die Meistersingerbewegung an die städtische Kultur geknüpft: Mainz, Würzburg, Frankfurt, Augsburg, Regensburg, Zwickau, Prag und Nürnberg waren Zentren, in denen sich die Meistersinger-Zünfte oft bis ins 19. Jahrhundert erhielten, um dann von den Gesangvereinen abgelöst zu werden. Aber der Meistersang hat seinen Platz vor allem in der Epoche, und mit ihr hat er sich überlebt. Die ihm zugrundeliegende Kunstauffassung besteht dagegen noch bis ins Barockzeitalter weiter: regelmäßige Formen, belehrende Inhalte; Originalität war wenig gefragt.

Geistliches Spiel und Fastnachtspiel, zwei Formen dramatischen Gestaltens

Im ausgehenden Mittelalter kann man von einem deutschsprachigen literarischen Drama, das mit dem griechischen Drama vergleichbar ist, noch nicht sprechen. Es finden sich aber Formen des dramatischen Spiels in zwei Ausprägungen: als geistliches und als weltliches Spiel. Das religiöse Spiel erscheint schon im Hochmittelalter, erst in lateinischer, seit dem 14. Jahrhundert in deutscher Sprache; es ist zunächst Illustration der Gottesdiensthandlung, vergleichbar unseren heutigen Krippenspielen. Nach und nach weiten sich diese szenischen Einlagen aus, die Spiele verselbständigen sich und treten aus ihrer Einbettung in die Liturgie heraus. Statt in der Kirche spielt man bald vor größerem Publikum an den hohen Feiertagen vor der Kirche und damit auf dem Marktplatz. Hand in Hand damit geschieht eine Umformung der Spiele: jetzt dringen realistische Züge ein, die Szenen werden wirklichkeitsnah gestaltet, die Figuren erhalten individuellere Färbung. Gleichzeitig erweitern sich die Stoffe, und die Passionsgeschichte, die gesamte Osterhandlung, das Pfingstgeschehen und so weiter werden in Pantomimen, lebenden Bildern und mittels der gebundenen Sprache aufgeführt. Sogar possenhafte Züge treten auf. Im 15. Jahrhundert konnten solche Spiele mehrere Tage dauern und die gesamte Heilsgeschichte von der Schöpfung bis zum Jüngsten Gericht abhandeln. Sie wurden jetzt Ausdruck stadtbürgerlicher Frömmigkeit und Mittel bürgerlicher Selbstdarstellung und von Zünften und Gilden ausgerichtet. Natürlich blieb dabei grundsätzlich ihr erbaulicher Charakter und ihr lehrhafter Anspruch erhalten.

Insofern diese Spiele stoffgebunden und nicht Schöpfungen eines einzelnen Autors waren, konnten sie nicht zum »Modell« des neuzeitlichen Dramas werden. Im 16. Jahrhundert ist ihre große Zeit vorbei, und sie verschwinden bis auf wenige Reste. Allerdings wurde ihre offene Form viel später wieder aufgegriffen: das Drama des Expressionismus (zum Beispiel bei Georg Kaiser), die Dramenproduktion von Bert Brecht erhielten wichtige Anregungen durch die mittelalterlichen Mysterienspiele.

Seit dem 15. Jahrhundert finden sich, ebenfalls in den Städten, auch

Welt- und Untergangsangst. *Die Greuel der Kriege und die Verunsicherung durch Umschichtungen führen zu verstärkter Religiosität. »Vernichtung des Antichrist« aus der Schedelschen Weltchronik von 1493.*

weltliche szenische Stücke. In ihnen vollzieht sich ein wichtiger Schritt hin zur Entwicklung des späteren Dramas. Zunächst sind diese Spiele recht grob und derb in Thema und Sprache. Häufig wird zum Beispiel (besonders in den »Neidhartspielen«) die Welt der Bauern stark verzerrt und dem Spott preisgegeben. Dasselbe Verfahren wendet man bei der Bearbeitung anderer griffiger Stoffe an, zum Beispiel bei Eheproblemen. Da solche Stücke meist zur Fastnacht aufgeführt wurden, nennt man sie »Fastnachtspiele«. Zentren dieser Gattung waren bereits in der ersten Hälfte des 15. Jahrhunderts Nürnberg und Lübeck. Wenn sich die Bürger zu Fastnacht versammelten, wurden die schwankhaften Szenen in Versen von Spielleuten vorgeführt. Nachdem die Meistersänger Hans Folz und Hans Rosenplüt um 1500 das Niveau der Fastnachtspiele etwas angehoben hatten, sollte dann Hans Sachs im 16. Jahrhundert die Gattung zum Höhepunkt führen. Unter dem Einfluß des jetzt wirksam werdenden neulateinischen Humanistendramas näherten sich dann die Fastnachtspiele allmählich dem an, was wir heute unter einer Komödie verstehen.

Prosa und erzählende Versdichtung

Ein überaus buntes Ineinander begegnet uns in der Prosaliteratur, die jetzt quantitativ den ersten Platz einnimmt. Das ist schon durch ihre Zweisprachigkeit bedingt: Viele Autoren greifen wieder zum Latein, denn die in der Renaissance wiederentdeckte antike Kunstprosa war ja in ihren Ausdrucksmöglichkeiten dem Deutschen durchweg überlegen. Der neulateinischen Literatur, wie sie vor allem in den Werken der großen Humanisten Konrad Celtis, Johannes Reuchlin, Jakob Wimpfeling, Johannes Regiomontanus, Erasmus von Rotterdam und schließlich Ulrich von Hutten repräsentiert ist, trat schon im 15. Jahrhundert die Übersetzung zur Seite. Ein bedeutender Übersetzer war Niclas von Wyle († 1478/79), der sich in seinen Übertragungen der italienischen Renaissanceautoren bemühte, die rhetorischen Stilmittel des Lateinischen in deutscher Kunstprosa angemessen nachzubilden.
Der Einfluß der Humanisten macht sich aber zunächst eher im Menschenbild bemerkbar: die Betonung des Werts der Person und die Befreiung des einzelnen aus der Vormundschaft von Kirche und scholastischer Philosophie, eine der Grundlagen der Reformation, ist ihr Werk. Das früheste Zeugnis für die neue Einschätzung des Menschen und seiner Stellung zu Gott ist das Streitgespräch »Der Ackermann aus Böhmen« des Johannes von Tepl (siehe Band 4), zugleich das markanteste Beispiel für deutsche Kunstprosa um 1400 und ein rhetorisches Kabinettstück ersten Ranges. Wenn hier auch noch, dem mittelalterlichen Weltbild entsprechend, Gott dem Tod den Sieg zuspricht, so wird doch die Klage des Bauern über den Tod seiner Frau als grundsätzlich verständlich eingestuft. Dem einzelnen Menschen wird also ein gewisses Recht zugestanden, sich gegen die Ordnung der Welt zur Wehr zu setzen.
Auf starke Resonanz beim bürgerlichen Publikum konnte im 15. Jahrhundert die eigentlich lehrhafte Literatur rechnen.
Auch bei ihr ist schon da und dort humanistischer Einfluß spürbar, wie etwa in der reichen Fabeldichtung nach dem Muster des Äsop. Zudem beinhalten ja die Fabeln griffige Lehren, die dem aufs Lebenspraktische ausgerichteten bürgerlichen Denken entgegenkamen. Lehrhaft wie die Fabel und zugleich unterhaltend ist auch das große Versepos »Der Ring« von Heinrich Wittenwiler (um 1400), das in ca. 500 Reimpaaren schwankhaft-satirisch den Lauf der Welt am Beispiel einer großen Bauernhochzeit darstellt. Die Ausmalung des bäuerlichen Lebens erhält dabei oft das Übergewicht gegenüber der moralischen Zielsetzung. Die Hochzeit löst sich in einer ungeheuren Schlägerei auf, die Wittenwiler nicht ohne zustimmende Anteilnahme breit schildert.

Text der Zeit

»Von des jungen Weißen Königs Vorliebe für die Geschichte«
Aus dem »Weißkunig« von Kaiser Maximilian I.

Der junge Weiße König fragte in seiner Jugend oft nach den königlichen Geschlechtern, denn er hätte gern gewußt, wo ein jedes königliches und fürstliches Geschlecht hergekommen war, konnte aber darüber nichts Näheres erkunden. Deshalb verdroß es ihn auch oft, daß die Menschen so wenig auf die Geschichte achteten, und als er dann zu Jahren kam, sparte er keine Kosten, sondern sandte gelehrte Leute aus, die nichts anderes zu tun hatten, als sich in allen Stiften und Klöstern, in Büchern und bei gelehrten Leuten nach der Herkunft der Könige und Fürsten zu erkundigen. Dabei fand er heraus, daß sein eigenes Geschlecht von einem Vater zum anderen zurückreichte bis auf Noah, was sonst ganz in Vergessenheit geraten wäre. Und auch die alten Schriften wären verloren gewesen, hätte man nicht auf sie geachtet.
Auch wo ein König oder Fürst eine Stiftung errichtete, die vergessen worden wäre, so hat er wieder an solchen Stifter erinnert und sein Gedächtnis neu belebt, was sonst nicht geschehen wäre. Da ferner vor langen Zeiten die Ungläubigen, besonders die großen Herren, sich nach ihrer Gewohnheit auf mancherlei Art Denkmäler errichten ließen, die dann schon zu ihren Zeiten durch einen Kriegszug oder durch andere Ereignisse vernichtet wurden, so hat der junge Weiße König überall dort, wo ihm solches angezeigt wurde, befohlen, diese Denkmäler wieder zu erneuern. Auch hat er alle Münzen, die Kaiser, Könige und andere mächtige Herren vor Zeiten schlagen ließen, und die wieder aufgefunden und ihm gebracht wurden, aufbewahrt und in einem Buch abbilden lassen [...].
Einmal war ein mächtiger Herr bei dem jungen Weißen König, der sagte zu ihm, das Geld, das er für das Gedächtnis und die Geschichte verwende, sei verloren. Darauf gab ihm der König folgende Antwort: »Weißt du nicht, daß Gott und der Prophet David im Psalter von der Erinnerung reden und nicht vom Geld; denn wo einer seinen Schatz hat, da ist sein Herz.« Und weiter sprach der König zu dem gleichen Herrn: »Sage mir nur eines: Was bleibt dem Menschen länger, das Gut oder die Erinnerung?« Darauf gab der Herr zur Antwort: »Wenn ein Mensch stirbt, so folgt ihm nichts nach als seine Werke.« Auf solches redet der König: »Du sprichst richtig; denn wer zu Lebzeiten nicht für sein Gedächtnis sorgt, der hat auch keines nach seinem Tode, und auf solche Menschen wird mit dem letzten Ton der Sterbeglocke vergessen. Darum ist auch das Geld, das ich für die Pflege der Erinnerung ausgebe, niemals verloren. Das Geld aber, das dabei gespart wird, das unterdrückt mein künftiges Andenken. Und was ich nicht selbst in meinem Leben zu meinem Andenken vollbringe, das wird nach meinem Tod weder durch dich noch durch andere getan werden.« Darauf schwieg der Herr still und bekannte vor sich selbst, daß er großes Unrecht dahergeredet habe.

Aus: Weißkunig, cap. 24 von Kaiser Maximilian I. (Maximilian entwarf diese Erzählung von der Vermählung seines Vaters und seiner eigenen Jugend seit 1506, niedergeschrieben wurde sie von seinem Geheimsekretär Marx Treitzsaurwein, der seine Arbeit 1514 abschloß.)

Im Leben ist der Tod uns nahe. *Das Spätmittelalter ist die Zeit auch der Totentänze in der bildenden Kunst und der Zwiegespräche mit dem Tod in der Literatur. Illustration »Der Ackermann und der Tod« von Hans Holbein d. J.*

Doch am Ende geht der Held als Einsiedel in den Schwarzwald: nur Gottesfurcht – so die Moral – kann den Menschen retten. Deutlich stoßen hier die Gegensätze aufeinander: Weltverlust gegen Weltverneinung. Das Leben erscheint als Groteske.

Unterhaltungsliteratur: Schwank, Satire und Volksbuch

Eine beliebte Form der didaktischen Literatur war auch die Satire. Hier hatte ein Werk damals geradezu den Rang eines Bestsellers: das

»Narrenschiff« (1494) des Straßburger Juristen Sebastian Brant (†1521). Es begründete, stilbildend für die ganze Gattung, die in der Folgezeit häufige Narrenliteratur. In über 100 Kapiteln gereimter Rede führt Brant dem Leser die Narrheiten der Menschen vor; keine Gruppe bleibt ungeschoren – der Büchernarr ebensowenig wie der Geizkragen, der Weibernarr und der Putzsüchtige. Gegen diese gemeinsame Narrheit hilft nur die Vernunft –, eine Deutung des Menschen, die jedem Leser erlaubt, sich angesprochen, aber nicht betroffen zu fühlen. Vielleicht erklärt das auch den ungeheuren Erfolg des »Narrenschiffs«, in dem Spottlust den moralischen Eifer in den Hintergrund drängt.

Diese Spottlust zeichnet vielleicht noch stärker Thomas Müntzer aus, der schon in die Reformationszeit (siehe Band 6) hineingehört: In seiner beißenden Satire »Von dem großen lutherischen Narren« (1522) geißelt er stilistisch glänzend den Wittenberger Reformator.

Immer lieber wird jetzt auch die rein unterhaltende Literatur gelesen. Mit der Erfindung des Buchdrucks durch Gutenberg (1453) können Bücher zu erschwinglicheren Preisen in größeren Auflagen hergestellt und so Leserschichten gewonnen werden, denen bisher schon aus ökonomischen Gründen der Zugang zur Literatur verwehrt war. Neben den mehr erbaulichen geistlichen Texten (zum Beispiel Heiligenlegenden) finden vor allem Schwänke, Novellen und Anekdoten ihre Leser. Interessanter Stoff und Handlungsreichtum sind dabei am meisten gefragt. Die Schwänke bilden wohl die stärkste Gruppe innerhalb der Unterhaltungsliteratur: auch darin zeigt sich wieder der bürgerliche Zug zum Realistischen. So sind in der 1522 veröffentlichten Schwanksammlung »Schimpf und Ernst« fast 700 Geschichten versammelt. Oft ordnete man auch ganze Schwankketten einem einzelnen Helden zu; die bekannteste derartige Sammlung ist der »Till Eulenspiegel«, um 1500 in Niederdeutschland entstanden. Gleichzeitig erscheint in Mitteldeutschland das Tierepos von »Reineke Fuchs«, jene Sammlung schwankhaft-satirischer Geschichten, die uns durch Goethes Bearbeitung bis heute geläufig ist.

Dem steigenden Bedürfnis nach Unterhaltungsliteratur folgend wurden nun die bekannten epischen Stoffe des Mittelalters (am Hof und für die höfische Gesellschaft produziert) für den Geschmack eines größeren, gemischten Publikums zu Prosaerzählungen aufbereitet. Dabei wurden sie häufig vereinfacht und verkürzt, und so entstanden die »Volksbücher«, die Vorläufer unserer heutigen Novellen und Romane. Die Bandbreite ihrer Themen war groß: von der umgestalteten geschichtlichen Begebenheit (zum Beispiel in »Hug Schapler«) über die märchenhafte Erzählung (»Melusine«) bis hin zum mehr realisti-

schen Roman, wie er uns in der »Geschichte von Fortunatus und seinen Söhnen« ab 1500 in zahlreichen Auflagen entgegentritt. In diesen ersten bürgerlichen Prosaroman ist viel praktische Lebenserfahrung eines weitgereisten Autors eingeflossen: Fortunatus bringt es mit Glück zu Erfolg und Reichtum – aber in der Generation seiner Söhne folgt diesem Aufstieg ein ebenso rasanter Abstieg. Der Vater war »von Fortuna begünstigt«, den Söhnen bleibt dies versagt.
Dieses Volksbuch steht deutlich an einer Zeitenwende: einerseits werden die tatsächlichen Möglichkeiten des Menschen aufgezeigt, andererseits wird auch seine Abhängigkeit vom »Glück« vorgeführt. Einerseits trägt es noch viele Merkmale des ritterlichen Abenteuerromans, andererseits gewährt es tiefen Einblick in das »moderne« Wirtschaftsleben der Zeit. Diese Mischung verschiedenster Elemente in gedanklich schlichter Stoffdarbietung entspricht der Interessenlage der neuen Leserschichten.
Den Volksbüchern gehört auch im 16. Jahrhundert die Vorliebe des Publikums. Sie leisten mehr noch als durch ihre Inhalte durch ihre sprachliche Gestaltung Vorarbeit für die Entwicklung der deutschen Gemeinsprache, der durch Luthers Bibelübersetzung dann endgültig Bahn gebrochen wurde.

Literatur

Burger, Heinz Otto: Renaissance, Humanismus, Reformation. Deutsche Literatur im europäischen Kontext, Bad Homburg/Berlin/Zürich 1969

Die deutsche Literatur des Mittelalters. Verfasserlexikon, Berlin/New York 1977ff

Erzgräber, Willi: Europäisches Spätmittelalter. Neues Handbuch der Literaturwissenschaft, Bd. 8, Wiesbaden 1978

Rupprich, Hans: Die deutsche Literatur vom späten Mittelalter bis zum Barock. Erster Teil: Das ausgehende Mittelalter, Humanismus und Renaissance 1370–1520 (= Helmut de Boor und Richard Newald, Geschichte der deutschen Literatur von den Anfängen bis zur Gegenwart, Band IV, 1. Teil), München 1970

Wentzlaff-Eggebert, Friedrich-Wilhelm und Erika: Deutsche Literatur im späten Mittelalter, 1250–1450, 3 Bände, Reinbek/Hamburg 1971

HORST HÜBEL

Die Entwicklung der Naturwissenschaften

Das »Pariser Dekret« von 1277 als Ausgangspunkt der modernen Naturwissenschaften? – Begründung der naturwissenschaftlichen Methode – Das heliozentrische System wird denkmöglich – Die »kopernikanische Wende«: Durchbruch zur Neuzeit – Bestätigung durch Kepler und Newton.

Als im Jahre 1542 der Frauenburger Domherr Nikolaus Kopernikus (1473–1543) endlich dem Drängen kirchlicher Würdenträger und des Wittenberger Mathematikprofessors Joachim Rheticus nachgab, sein schon seit zehn Jahren abgeschlossenes Manuskript »Sechs Bücher über die Umläufe der Himmelskörper« zum Druck einzureichen, erwarteten die Fachleute, daß damit ein Werk vergleichbar dem Buch des *C. Ptolemäus* (siehe *K* Seite *292)* über die Bewegung der Himmelssphären bekannt werden würde, das bessere Verfahren bereitstellte, um die Positionen der Sterne und die exakte Länge des Jahres berechnen sowie den Kalender reformieren zu können. Allerdings, die Behauptungen von Kopernikus waren recht verwunderlich und forderten selbst den Spott Martin Luthers und Philipp Melanchthons heraus; sollte doch die Erde nach Kopernikus entgegen allem Augenschein um die feststehende Sonne kreisen! Aber wer konnte denn von der Astronomie erwarten, daß ihre Annahmen der Wahrheit entsprächen? Hatte doch schon die bislang anerkannte Lehre des Ptolemäus in krassem Widerspruch zur Lehre des Aristoteles gestanden, der lange Zeit als absolute Autorität gegolten hatte. Nein, verbindliche Wahrheiten lehren konnte nur die Theologie. Die Astronomen stellten nur Rechenmodelle bereit; das glaubte man jedenfalls im Mittelalter.

Kopernikus wirkte wie ein Revolutionär, weil er entgegen dieser Auffassung engagiert behauptete, seine Lehre sei wahr.

Für manche Wissenschaftshistoriker beginnt so die Neuzeit mit dem Jahr 1543, als nämlich Kopernikus auf dem Sterbebett das erste gedruckte Exemplar seines Buches überreicht wurde.

Die Idee einer Kreisbahn der Erde um die Sonne und ihrer Tagesdrehung war nicht neu. Kopernikus selbst hatte sich auf antike Vorläufer berufen, und schon im Mittelalter hatten Nicole d'Oresme (ca. 1320 bis 1382) und Jean Buridan († nach 1358) in Paris und Nikolaus von Kues (1401–1464) aus der Moselgegend die Achsendrehung der Erde diskutiert und die von Aristoteles behauptete Mittelpunktstellung der Erde in Frage gestellt. So brauchte Kopernikus zur Verteidigung seiner Vorstellung von der Erdbewegung nur die Argumente zu wiederholen, die d'Oresme zwei Jahrhunderte zuvor aufgeführt hatte. Dieser Disput widerlegt die alte These vom »finsteren Mittelalter«, in dem angeblich kein Beitrag zur Entwicklung der Naturwissenschaften geleistet worden sei. Dennoch: die psychische Haltung und die neue naturwissenschaftliche Denkweise von Kopernikus führte endgültig weit über das Mittelalter hinaus. Wie wurde dies möglich?

Anfang des 13. Jahrhunderts: Aristoteles hat immer recht

Seitdem das christliche Europa Zugang zur überlegenen arabischen Wissenschaft erhalten hatte, wurden viele antike Autoren ins Lateinische übersetzt und in die christliche Lehre eingearbeitet. So wurde das christliche Abendland mit dem vollständigen Werk des Aristoteles bekannt. Dieser war 384 v. Chr. geboren, ein Schüler Platos, Erzieher Alexanders d. Gr. von Makedonien und später einer der berühmtesten und fruchtbarsten Philosophen Athens. Vor allem durch die Arbeiten von Albertus Magnus (1193/1206 bis 1280) und seinem Schüler Thomas von Aquin (1225–1274) in Köln und Paris (siehe auch Band 3) entstand bis zur Mitte des 13. Jahrhunderts ein halbwegs stimmiges aristotelisch-christliches Weltsystem, das auf der Grundlage der scholastischen Denkweise theologische, philosophische und naturwissenschaftliche Kenntnisse zusammenbrachte und vereinte. Selbstverständlich konnte das nur gelingen, weil man ganz bestimmte Gesichtspunkte des aristotelischen Denksystems, soweit sie ›paßten‹, mit der christlichen Lehre kombinierte.

Naturwissenschaft wurde damals weniger um ihrer selbst willen betrieben. Sie war nur insofern interessant, als sie dem Seelenheil des Menschen dienlich war oder seine Abhängigkeit von Gott klarstellte. So paßte es gut, daß Gott die kristallenen Sphären des Kosmos von außen antreiben sollte, wobei sich die Bewegung der äußersten Schale nach innen übertrug, sich dabei immer mehr abschwächte und schließlich nur in einer verfälschten Form das Geschehen auf der Erde beeinflußte. Wie sonst sollte man sich erklären, daß der gütige Gott Sünde und Leid auf der Erde zulassen konnte? Wie sonst als durch die Ferne Gottes konnte man sich die Unvollkommenheit der Erde und des Menschen vorstellen? Oben war – in Gottes Nähe – der Ort der Vollkommenheit, unten der Ort der Unvollkommenheit. Ein Platztausch von Sonne und Erde hätte diese hierarchische Ordnung umgestürzt. Gott mußte in jedem Augenblick dauernd wirksam sein, weil jede Bewegung nach dem Aufhören ihres Antriebs sofort erliegen sollte. Die sich drehenden Sphären des Kosmos vermittelten diese dauernde Wirkung, die dann von oben nach unten gehen mußte; eine Fernwirkung Gottes war nicht vorstellbar. Paßte dies nicht dazu, daß Jesus Christus erst als Mensch auf die Erde kommen mußte, um die Menschheit er erlösen?

So war das christlich-aristotelische System ein vordergründig halbwegs einheitliches und relativ widerspruchsloses Ganzes, das erst in jahrhundertelangem denkerischen Ringen vollständig aufgebrochen werden konnte. Im Bemühen, seine Richtigkeit zu überprüfen und Unstimmigkeiten auszumerzen, überwanden die Vertreter des christlichen Aristotelismus schließlich selbst ihre Lehre. Dies war einer der Beiträge des späten Mittelalters und der Renaissance zur modernen Naturwissenschaft.

Ganz ›logisch‹ war dieses System ja nicht; insbesondere die Behauptung des Aristoteles von der Ewigkeit der Welt oder seine Einschränkung der göttlichen Willensfreiheit stand im Widerspruch zur christlichen Lehre.

Verbot der Naturlehre des Aristoteles im »Pariser Dekret« von 1277 – Beginn der modernen Physik?

Pierre Etienne, Bischof von Paris, verbot 1277 – drei Jahrzehnte nach der Rückkehr von Albertus Magnus nach Deutschland – die streng deterministische Richtung der Aristoteliker. Insbesondere wurde verboten zu behaupten, daß Gott nicht auch eine andere Welt, z. B. mit geradliniger Bewegung der Himmelskörper oder mit einem Vakuum, hätte erschaffen können. Dies löste einen einmaligen Vorgang aus: Mit Hilfe eines Verbotes wurde eine allzu einengende Lehre überwunden und mehr Gedankenfreiheit innerhalb der Naturphilosophie durchgesetzt!

Damit war einerseits der Spekulation Tür und Tor geöffnet. Mit Fragestellungen der Art »Wäre es mit der Logik vereinbar, wenn Gott eine Welt erschaffen hätte, in der die Sonne stillsteht und die Erde sich dreht, in der ein Vakuum vorkommt, wenn Gott mehrere Welten erschaffen hätte?« wurden viele astronomische und physikalische Vorgänge durchdacht bzw. in Frage gestellt, die nach Aristoteles ausgeschlossen bzw. fest ›definiert‹ waren. Bei der Frage nach der Erddre-

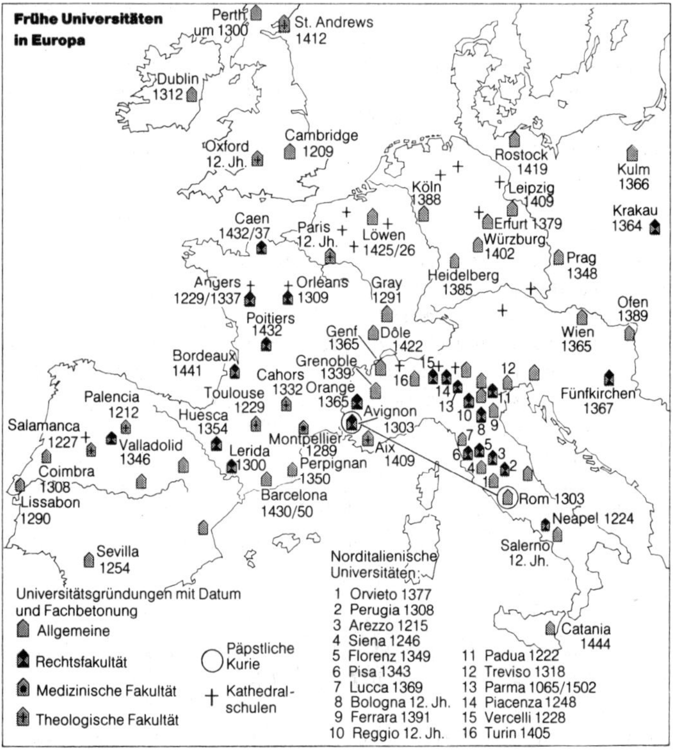

hung kamen die frommen Denker, wie d'Oresme, zum Schluß, daß ihre neue Ansicht von der Physik her mindestens genauso wahrscheinlich sei wie die überlieferte, daß aber der Glaube eindeutig die traditionelle als wahr erkenne.

Andererseits verringerte sich in der Folge die Gewißheit, mit der überhaupt Erkenntnis innerhalb der Naturwissenschaften gewonnen werden könnte. Der Engländer Wilhelm von Ockham (ca. 1280 bis ca. 1349) behauptete, daß alle Kenntnis nur aus der Erfahrung durch »intuitives Erkennen« kommen könne (Intuition, lat.: ahnendes Erfassen, im Gegensatz zur Reflexion = Nachdenken). Ursache-Wirkung-Beziehungen zwischen Vorgängen sollten nicht unmittelbar der Erfahrung zu entnehmen sein, sondern hypothetische Behauptungen bleiben. Mit dem teilweisen Verzicht auf Wahrheitsanspruch blieben die Überlegungen der Naturphilosophen in der Spätscholastik häufig in

Spekulationen stecken. Es wurde versäumt, sie auf die physikalische oder technische Wirklichkeit anzuwenden. Um diese Zeit glaubte niemand mehr an die Naturlehre des Aristoteles, und so verwundert es nicht, daß für Aussagen über die Sternbewegungen das Ptolemäische Weltsystem herangezogen wurde. Aber auch dieses wurde nur als Rechenmodell ohne Wahrheitswert angesehen.
Zentren der wissenschaftlichen Überlegungen waren Oxford und vor allem Paris. Hier waren bis zur Gründung deutscher Universitäten auch Deutsche maßgeblich beteiligt, wie Albert von Sachsen (ca. 1316 bis 1390), der erste Rektor der Universität Wien. Ockham fand auf der Flucht vor der Inquisition in München Unterschlupf und verteidigte seine Lehre von dort aus die letzten zwei Jahrzehnte seines Lebens.

Waren die Theologen des Mittelalters die ersten theoretischen Physiker?

Den Anlaß zu ihren Überlegungen fanden die mittelalterlichen Naturphilosophen häufig in theologischen Fragestellungen. Charakteristisch ist etwa die Entstehung des Impulsbegriffs (physikalische Größe, verwandt mit dem umgangssprachlichen »Schwung«) der Physik, den allerdings erst Isaac Newton (1643–1727) in seiner vollen Tragweite erkennen sollte. Es ging zunächst nur um das theologische Problem, wie Gott in den Sakramenten wirksam wird, ob er beim Spenden der Sakramente unmittelbar eingreift oder ob er seine Wirksamkeit in ihnen bei der Einsetzung hinterlassen hat. Der Franziskanerbruder Franciscus de Marcia studierte diese Frage um 1320 an einem physikalischen Modell, dem Steinwurf. Im Gegensatz zur abenteuerlichen Erklärung des Aristoteles, nach dem der Stein durch Luftwirbel in Bewegung gehalten werde, entschied sich de Marcia für eine im Stein »zurückgelassene Kraft« – entsprechend der »Kraft« der Sakramente –, die den Stein auch nach dem Ablösen von der Hand vorantreibe. Spätere Autoren wie Jean Buridan, Albert von Sachsen oder Wilhelm von Ockham führten diese Lehre vom sogenannten »Impetus« fort und fanden sogar den richtigen mathematischen Zusammenhang mit Masse und Geschwindigkeit. Sie übertrugen den Impetus auch auf die Bewegung der Himmelssphären, die sich jetzt nach dem ersten Anstoß bei der Schöpfung ohne weiteren Antrieb durch Gott weiterbewegen konnten. Der physikalische Begriff der Trägheit deutete sich an! Ähnlich wurden auch viele andere physikalische Denkmodelle wie Masse, Feld, Fernwirkung und Gravitation im Mittelalter vorgeprägt und vorgedacht.

Claudius Ptolemäus (ca. 85–160 n. Chr.)

(griech.: Ptolemaios)

Der gebürtige Ägypter war Astronom, Geograph und Mathematiker. Systematisch eignete er sich die Erkenntnisse seiner Fachkollegen an (Apollinios von Perge, Erathostenes, Poseidonius, Hipparch) und faßte sie zusammen. Ein Ergebnis: die Erde ruht im Mittelpunkt der Welt und wird von sieben Planeten umkreist, also auch von Sonne und Mond. Das Ptolemäische System wurde erst vom System des Kopernikus abgelöst. In einer »Anleitung zur Erdbeschreibung« gibt er die Lage von über 8000 Orten nach Längen- und Breitengraden an und behandelt Elemente der Kartographie. Seine Geographie war Grundlage aller frühneuzeitlichen Erdkunde. Wichtige Werke: »Tetrabiblos«, eine wissenschaftliche Begründung der Astronomie als Physik des Weltalls; »Analemma« und »Planisphairion«, Vorfahren der orthogonalen und stereographischen Projektion; »Optik«, Experimente zur Strahlenbrechung usw.

Das Weltbild des Aristoteles

Im Zentrum der Welt steht die Erde, die von materiellen, aber durchsichtigen Kugelschalen wie von Zwiebelschalen umgeben ist. Auf die Schalen der »vier Elemente« Erde, Wasser, Luft und Feuer folgen die Sphären der Himmelskörper Mond, Merkur, Venus, Sonne, Mars, Jupiter und Saturn, dann die der Fixsterne. Um die komplizierte Vorwärts- und Rückwärtsbewegung von Mars, Jupiter und Saturn zu erklären, werden für die Planeten noch weitere Sphären mit geneigten Drehachsen eingeführt, insgesamt bis zu 55.

Ein »unbewegter Beweger«, der im Mittelalter mit Gott gleichgesetzt wird, treibt die äußerste Schale an, deren Bewegung überträgt sich auf die nächste Schale usw., bis schließlich irdische Körper von der Bewegung erfaßt werden. Alle diese Bewegungen würden sehr schnell bis zum Stillstand abgebremst werden, wenn der »erste Beweger« den Antrieb der äußersten Schale einstellen würde.

Das Ptolemäische Weltsystem

Der Aufbau der Welt aus Sphären und die Mittelpunktstellung der Erde werden beibehalten, doch werden die Schalen exzentrisch, außerhalb der Erde, gelagert, um den ungleichförmigen Jahreslauf der Gestirne zu erklären. Die Planeten bewegen sich nun nicht mit diesen Sphären, sondern auf kleineren Kreisen, den sogenannten Epizyklen, deren Mittelpunkte auf an-

deren Kreisen, den sogenannten Deferenten, in diesen Sphären umlaufen. Aus dem Zusammenwirken dieser Bewegungen entstehen dann entweder Schleifenbahnen, die die Vorwärts- und Rückwärtsbewegung der sonnenfernen Planeten erklären, oder exzentrische Kreisbahnen, die die unterschiedliche Länge der Jahreszeiten bestätigen. Mit bis zu 80 verschiedenen Kreisen ließen sich die Planetenstellungen recht gut vorausberechnen.

Das Planetensystem nach Kopernikus

Im Mittelpunkt steht die Sonne, die von den Planeten umkreist wird. Zu den Planeten zählt erstmals auch die Erde, deren Umlauf die Jahreslänge, Auf- und Untergang der Gestirne und die Planetenstellungen erklärt. Da Kopernikus an der Lehre Platos festhält, die Himmelkörper müßten auf idealen Kreisbahnen umlaufen, nähert er die beobachteten exzentrischen und ›ovalen‹ Bahnen wie schon Ptolemäus durch System von bis zu 34 Kreisen, Epizyklen und Deferenten, an. Die Tageslänge wird durch die Achsendrehung der Erde erklärt. Meßfehler veranlassen Kopernikus, fälschlicherweise eine dritte Bewegung der Erde zu fordern, die das tatsächliche Feststehen der Erdachse erklären soll. Das neue System ist theoretisch einfacher als das ptolemäische, aber auch noch kompliziert und kaum genauer.

Das Planetensystem nach Kepler

Mit den drei »Keplerschen Gesetzen« ist der wahre Aufbau des Planetensystems erfaßt:

1. *Die Planeten bewegen sich auf Ellipsen, in deren Brennpunkt die Sonne steht.*
2. *Die Geschwindigkeit eines Planeten hängt von seinem Abstand von der Sonne ab, und zwar so, daß dieser Abstand in gleichen Zeiten gleiche Flächen überstreicht.*
3. *Die Umlaufsdauer eines Planeten ist durch die große Halbachse seiner Ellipsenbahn bestimmt: Die Quadrate der Umlaufzeiten zweier Planeten verhalten sich zueinander wie die dritten Potenzen der großen Halbachsen ihrer Bahnen.*

Die »Keplerschen Gesetze« ermöglichten es Newton, die Planetenbewegung durch die Gravitationsanziehung zwischen Sonne und Planeten endgültig zu erklären. Seit Newton weiß man auch, daß weder die Erde noch die Sonne stillsteht, sondern daß sich Sonne und Planeten um den gemeinsamen Schwerpunkt bewegen.

Schon früher hatte der deutsche Theologe und Mathematiker Jordanus Saxo, Nemorarius genannt (etwa 1180–1237), Beiträge zum Hebelgesetz, zum Schwerpunkt und zum Energieerhaltungssatz geleistet. Er lehrte in Paris und wurde schließlich General des Dominikanerordens. Er förderte den Gebrauch der indisch-arabischen Zahlen und verstand die gekrümmte Bahn eines geworfenen Steins als Überlagerung zweier Bewegungen. Seine Werke wurden noch im 16. Jahrhundert gedruckt und regten Galileo Galilei und René Descartes an.
Mit verbesserten mathematischen Methoden setzte sich im Spätmittelalter das Bedürfnis durch, physikalische Vorgänge mit exakter Mathematik zu erfassen. Neue Fragestellungen kamen auf, die sich durch Experimente quantitativ beantworten ließen. Es wurden schon »Naturgesetze« mathematisch formuliert, und d'Oresme stellte ebenso wie Albert von Sachsen Bewegungen durch mathematische Funktionen und auch graphisch dar. Allerdings, die richtigen Bewegungsgesetze fand im Mittelalter niemand.

Beobachter und Experimentatoren begründen die naturwissenschaftliche Methode

Als bedeutendstes Erbe der Neuzeit aus dem Mittelalter gilt nach einem Erforscher der Geschichte der Naturwissenschaften, Alistair C. Crombie, die naturwissenschaftliche Methode mit Induktion (lat., »das Hineinführen«, wissenschaftliche Methode, vom Besonderen auf das Allgemeine zu schließen), Experiment und mathematischer Erfassung, die ursprünglich auf die Oxforder Franziskaner Robert Grosseteste (ca. 1175–1253) und Roger Bacon (um 1214–1294) zurückgeht. Auch Albertus Magnus beteiligte sich an der Diskussion. Darüber hinaus machte er selbst viele Beobachtungen in der Geologie, Astronomie, Biologie und Alchimie. Als Provinzial des Dominikanerordens hatte er auf seinen Visitationsreisen durch Deutschland ausgiebig Gelegenheit, Fauna und Flora zu studieren. Er war es, der als erster über den Wert des Düngens mit Mist berichtete, der Ei, Raupe, Puppe und Schmetterling als verschiedene Stadien eines Lebewesens erkannte. Allerdings glaubte er, daß weibliche Lebewesen nur den Nährboden für die Nachkommen darstellten, denen allein durch den männlichen Samen die »Form« aufgeprägt werde. Aus Versteinerungen schloß er auf die Entstehung von Bergen aus Meeresablagerungen. Ähnliche Beobachtungen machte auch Albert von Sachsen.
Witelo (um 1220–1275), ein Schlesier mit deutschem Vater und polnischer Mutter, schrieb ein Standard-Lehrbuch der Optik, das noch im

De Herbis.

tati q est in pectore. 7 mūdificat vias renū 7 vesice. 7 extrahit lapidē ex eis postq̄ fuerit fact⁹.

Capitulum.xxiiij.

Midū vel amilū. 7 est succus frumēti 7 dr̄ amilū ab a qd est sine 7 melos grece. i. mola eo q sine mola fit. Unde amidū sive amilū est medulla frumēti qd infundit 7 tundit donec furfur suū dimittat. deinde cū aqua mittit in sportulā: 7 cū pressura colat. et cū in vno vase velut fex resedent aqua effusa i sole siccat post hoc leuiter stringat. ¶ Cassius felix ca. de amilo. Amidū tempate caliditatis est 7 hu. qd sic fit. Frumentū in aqua frigida ponat p diē 7 noctē 7 de die in diē aqua remoueat quousq frumentū videat putrefieri: deinde aqua remota optime terat. 7 cū eadē aqua optime ɔfectū p pannū exprimat: 7 soli exponat vt exsiccet vsq ad aque ɔsumptionē. 7 frequenter remoueat aqua frigida donec dealbet qd residet desiccat 7 indurat. ¶ Sera. li. aggrega. de ami. Amilū infrigidat 7 desiccat plus q frumentū. Et melius ex eo est illud qd fit in estate. Et modus opatiōis eius est vt accipias de frumēto: 7 ipm bene purges: 7 infundes in aq dulci 7 laues ipm cū ea: 7 post proiice aquā illā cum q ipm lauasti: et funde sup ipm aquā aliā: 7 facies ita qnquies in die 7 si potes i nocte silr. 7 qn mollificat oportet q ēiciās aquā eius cū facilitate sine agitatiōe aliq: ne cū aq egrediat aliquid de lacte. Et postq hoc feceris calca cū pedib 7 proiice ipsam aquā: 7 qd supnatauerit sup aquā ex furfure collige cū caccia pforata. 7 abiice residuū. postq vero purgatū fuerit a furfure 7 colatū pone sup lateres nouos 7 expone soli calido. et si remanserit in eo aliq humiditas pone sup ignē. Et sapor ei est acetosus 7 virtus eius est pauce caliditat. sed est cōpositū ex virtutib ɔtrariis. Nam vna ē frigida ppter acetositatē q ē in eo 7 alia calida a caliditate eius q est a farina: q est in eo a calore putrefaciēte. Est aūt optimū amilū recens 7 cādidū 7 leue sine vllo acore 7 inqnoso odore

Operationes.

¶ Dyasco. Amilū facit ad abstinendū reuma oculoȝ: alta vulnera oculis replet. aspredinē oculoȝ tollit. ¶ Sanguinē reiicientibus bibitum singulare presidiū est. ¶ Aspredines arteriarum dulcit. Iusſello lactis miscet 7 profluuium ventris stringit valde potest autē leuiter stringere ppter quod in collyriis lachrymas stringentibus miscet. valet similiter cōtra apostemata spiritualiū et tussim coctū in aqua ordei cum lacte amigdalarum additis penidiis. ¶ Serapio. Amilū confert humoribus currētibus ad oculos et vlceribus que dicuntur fel seoles. ¶ Et quando bibitur abscindit sanguinem qui venit a pectore. 7 lenit asperitatē gutturis. ¶ Et quando miscetur cum lacte in aliquo cibo hoc idem facit.

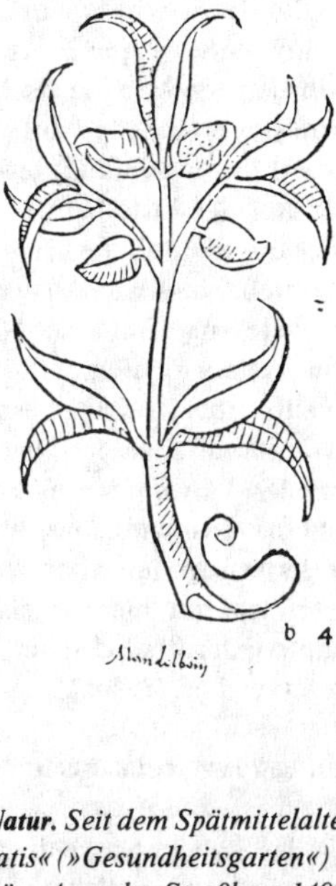

b 4

***Interesse an den Heilkräften der Natur.** Seit dem Spätmittelalter finden Kräuterbücher wie der »Hortus sanitatis« (»Gesundheitsgarten«) Verbreitung. Seite aus der Johannes-Prüss-Ausgabe, Straßburg 1499.*

17. Jahrhundert in Gebrauch war. Er war einer der ersten Experimentalphysiker, der nach den Forderungen von Grosseteste Messungen durchführte. Er zerlegte Licht mit Hilfe eines Kristalls in seine Spektralfarben und untersuchte die Brechung. Neben richtigen Meßergebnissen für den Übergang des Lichts von Luft in Wasser beschrieb er unexakt und falsch auch solche für den umgekehrten Weg. Experimente tatsächlich durchzuführen, war eben zu ungewohnt für das 13. Jahrhundert! Theoderich (Dietrich) von Freiberg (†1311) konnte mit Hilfe sinnreich durchgeführter Experimente an wassergefüllten Glaskugeln den Regenbogen erklären. Ob Descartes wohl davon gehört hatte, der ja üblicherweise als Urheber der Regenbogentheorie gilt?

15. Jahrhundert: Wer glaubt noch an Aristoteles?

So wurde die Physik des Aristoteles teilweise mit dessen eigener Logik nach und nach überwunden. Sie blieb aber die Vergleichsgrundlage, an der alle neuen Ideen gemessen wurden. Ob überhaupt sichere Naturkenntnis möglich war, wurde stark angezweifelt. Daß Sonne und Erde, »oben« und »unten« den Platz würden tauschen können, war vorstellbar geworden; es war inzwischen aber auch nicht mehr notwendig, daß Gott das Geschehen auf der Erde durch Vermittlung der Sphären steuerte. Es war denkbar geworden, daß er den Antrieb für die Bewegungen auf der Erde bei der Schöpfung hinterlassen hatte. Der strenge, aber unverbindliche Gebrauch der Logik führte im Spätmittelalter zu ›intellektuellen‹ Auswüchsen. Man untersuchte beispielsweise, wie viele Engel auf einer Nadelspitze Platz hätten, oder ob sich Engel stoßweise oder gleichmäßig fortbewegen würden. Im Glauben, daß die Welt durch die Zahl beschrieben werden könnte, offenbarte sich das Wiederaufleben des Neuplatonismus, als dessen führender Vertreter im 15. Jahrhundert Nikolaus von Kues (siehe Porträt, Seite 191) gilt. Seine Ansichten über die Erddrehung oder die Unendlichkeit des Weltalls beruhen aber weniger auf naturwissenschaftlichen Argumenten als auf metaphysischen Spekulationen. Im Ausland dachte man wieder über den Bau der Welt aus Atomen nach.

Humanistischer Neubeginn mit geborgtem Kapital?

Die Abkehr von der Spätscholastik ließ nicht auf sich warten. Mit diesen »fruchtlosen Denkern«, die nicht einmal ihr Latein richtig be-

herrschten, wollte man im Zeitalter von Humanismus und Renaissance nichts zu tun haben. Vergessen war aller Zweifel an den Möglichkeiten naturwissenschaftlicher Erkenntnis. Selbstbewußt glaubte der Humanist, daß er sichere Kenntnis erlangen könne; die Schriften der griechischen und römischen Antike sollten ihm dabei helfen. So begannen auch die Mathematiker, antike Manuskripte aufzuspüren und sie aus der Originalsprache zu übersetzen. Insbesondere von der Urfassung der Astronomie des Ptolemäus versprachen sie sich verbesserte Navigationshilfen für die aufblühende Seefahrt und Grundlagen für die Astrologie und die Kalenderreform. Es war verpönt, sich auf die mittelalterlichen Autoren zu berufen. Ihre Ideen lagen aber bereit und wurden sogar häufig gedruckt.
Originelle Köpfe kamen vor allem aus Italien, wie Leonardo da Vinci, aber auch aus dem deutschen Raum. Georg von Peuerbach (1423–1461) lehrte an der Universität Wien Astronomie und – für heutige Verhältnisse eine abenteuerliche Kombination – klassische Philologie. Er und sein Schüler Johannes Müller, Regiomontanus genannt (1436–1476), erwarben ein Vermögen mit ihren beliebten Vorlesungen über Vergil und Cicero. Beide trugen wesentlich zum Wiederaufleben der europäischen Astronomie bei. Sie verbesserten die Methoden der Trigonometrie und führten genaue Messungen mit selbsterfundenen astronomischen Instrumenten durch. Regiomontanus aus Unfinden bei Königsberg in Franken hatte als Wunderkind zwölfjährig sein Studium begonnen, wurde Mitarbeiter Peuerbachs in Wien, Hofastronom in Ungarn und Bischof von Regensburg. Er übersetzte klassische mathematische und astronomische Schriften aus dem Griechischen und ließ eine Übersetzung von Ptolemäus' Astronomie in einer Kurzfassung in Venedig drucken. In Nürnberg betrieb er eine Sternwarte mit angeschlossener Druckerei und gab schließlich die auf Ptolemäus und eigenen Beobachtungen beruhenden Ephemeriden (griech., ›Tagebücher‹) heraus, in denen die tägliche Stellung der Planeten vorausberechnet waren. Kolumbus entdeckte mit ihrer Hilfe Amerika, und Kopernikus legte sie seinen Berechnungen zugrunde. Es ist anzunehmen, daß sich Regiomontanus die Tafeln auch von den Astrologen gut bezahlen ließ. Ob er in Rom von einem Konkurrenten ermordet wurde, ist zweifelhaft. Wahrscheinlich erlag er der Pest.
Bald mußten die Humanisten feststellen, daß Ptolemäus auch in der Urfassung nicht weiterhalf, daß viele Pflanzen und Tiere, die die antiken Biologen beschrieben, in Mitteleuropa gar nicht vorkamen. Eine Flut von »Kräuterbüchern« für die Medizin entstand, mit naturgetreuen Abbildungen der einheimischen Flora. Zentrum der medizinischen Forschung blieb aber immer noch Italien, auch wenn an deut-

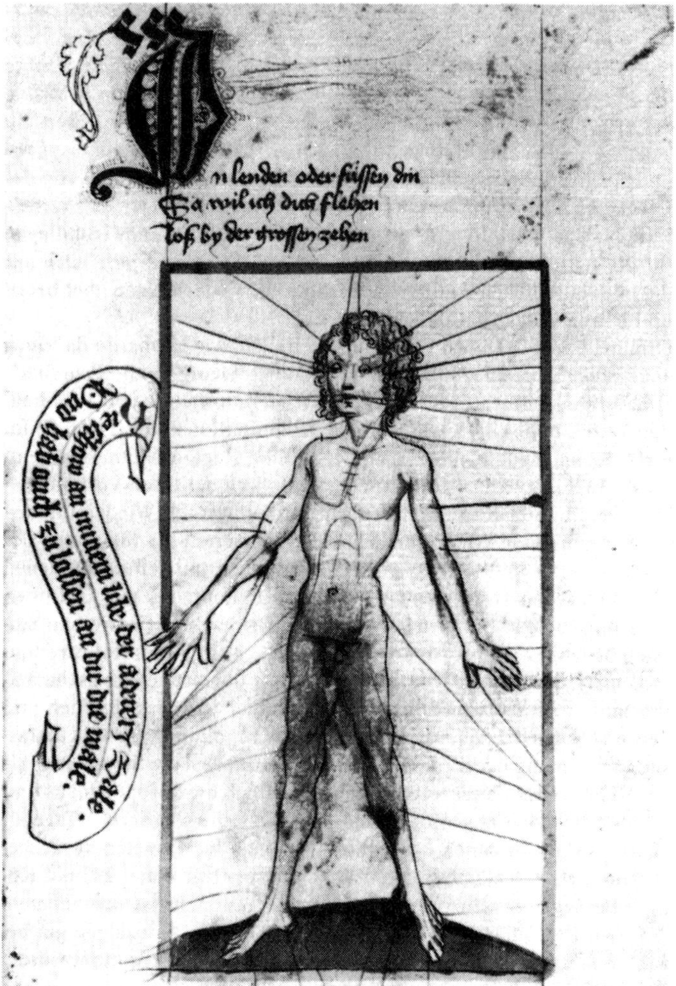

Unterweisung in ›medizinischen‹ Techniken.
Sogenannter »Aderlaßmann« mit Eintragung der exakten Aderlaßstellen.
Illustration aus: Heinrich von Laufenberg, »Regimen Sanitatis«. Elsaß um 1460.

schen Universitäten jetzt ebenfalls Leichen seziert wurden. Im verborgenen entwickelte sich weiterhin die Alchimie.
1492 kam der Reisende Martin Behaim mit einer Sensation auf den Markt, die von den Seefahrern begeistert begrüßt wurde: dem wohl ältesten Erdglobus – denn bisher hatte es nur Himmelsgloben gegeben.

Kopernikus und die Umwälzung überkommener Vorstellungen

In diesem geistigen Klima entwickelte Nikolaus Kopernikus neben seiner Tätigkeit als Arzt, Diplomat und Verwaltungsbeamter sein neues revolutionäres Bild der Welt, angetrieben von dem naiven Glauben, daß die »Ordnung der Gestirnsbewegungen am Himmelsgewölbe« sich auch in ihrer Erklärung widerspiegeln müsse. Die Erde sollte jetzt wie die anderen Planeten um die Sonne laufen, wobei ihre Bahn aus mehreren Kreisen zusammengesetzt war, und sich einmal täglich um ihre Achse drehen. Größte Vollkommenheit sollte jetzt mit dem ruhenden Fixsternhimmel und der Sonne verbunden sein – wäre nicht die Spätscholastik gewesen, ein unvorstellbarer Gedanke! Die Kirche nahm das Werk zunächst sachlich auf.
Obwohl Kopernikus viele Erscheinungen erklären konnte, wie z.B. den abwechselnden Vorwärts- und Rückwärtslauf der Planeten, wurden Fragwürdigkeiten seines Modells bald sichtbar. Er brauchte immerhin noch 34 Kreise für die Bahnen der Himmelskörper, die Rechnungen waren unhandlich, und die »Preußischen Tafeln«, die 1551 von dem Mathematiker Erasmus Reinhold errechnet wurden, differierten immer noch viel zu sehr von den wirklichen Planetenstellungen. Die dritte angebliche Bewegung der Erde stellte sich bald als eine Folge von Meßfehlern heraus. Eine Generation lang wurde es still um das neue Weltsystem. Immerhin lagen der Kalenderreform von 1582 die Monddaten von Kopernikus zugrunde, ohne daß man sein Modell anerkannt hätte. Die Reform wurde durchgeführt, indem man auf den 4. Oktober gleich den 15. Oktober 1582 folgen ließ.
Der protestantische Nürnberger Pfarrer Osiander hatte eigenmächtig dem Werk des Kopernikus ein anderes Vorwort hinzugefügt, in dem er ganz im Widerspruch zur ursprünglichen Einleitung angab, Kopernikus wolle – wie die Astronomen des Mittelalters – nur ein Rechenmodell vorstellen, dessen Wahrheitswert er offenlasse. Hieran und am offensichtlichen Widerspruch zum Widmungsschreiben an Papst Paul III. und zum Werk selbst entzündete sich später die Diskussion, jetzt allerdings im Zeichen der Bedrohung durch Reformation und Gegenreformation. Man weiß, wie es weiterging: Die Indexkongrega-

tion verbot 1616 – 73 Jahre nach dem Tod des Kopernikus – zu behaupten, daß die kopernikanische Lehre wahr sei; niemand hatte etwas dagegen, sie als Rechenmodell zu benutzen. Galilei mußte 1633 der heliozentrischen Lehre abschwören. Die wiederauflebende Scholastik hatte noch einen späten Sieg errungen.
Mit seinen drei Gesetzen, die aus exakten Messungen des Dänen Tycho Brahe hergeleitet waren, bestätigte Kepler 1609 bzw. 1619 den Bahnumlauf der Erde, ersetzte aber die vielen Kreise eines Planeten durch eine Ellipse. Newton gelang es dann um 1687, die Ellipsenbahnen Keplers aus seiner Gravitationstheorie heraus auch physikalisch zu erklären, womit gleichzeitig die Bewegungslehre des Mittelalters ihren Abschluß fand. Vielleicht kann man sagen, die Leistung der Physiker der beginnenden Neuzeit bestand darin, bereitliegende Ideen und Begriffe ohne Zusammenhang präzisiert und mit neuartigen Fragestellungen zu einem neuen physikalischen System kombiniert zu haben.

Literatur

Crombie, Alistair C.: Von Augustinus bis Galilei. Die Emanzipation der Naturwissenschaft, Köln/Berlin 1977

Obermann, Heiko A.: Spätscholastik und Reformation I: Der Herbst der mittelalterlichen Theologie, Zürich 1965

Grant, Edward: Physical Science in the Middle Ages, New York/London/Sydney/Toronto 1971

Schmauch, Hans: Nikolaus Kopernikus, Göttingen 1953

HEINRICH PLETICHA

Das Werk Gutenbergs und die Inkunabelzeit

Klösterliche Schreibstuben – Blockbücher und Holztafeldrucke – Gutenberg und seine Erfindung – Die 42zeilige Bibel – Die ersten Offizinen – Ausbreitung über Europa – Großdruckerei Koberger.

Schreibsklaven hießen im antiken Rom jene Sklaven, die Handschriften und Bücher abschreiben und auf diese Weise vervielfältigen mußten. Nichts anderes und nichts Besseres waren auch die Mönche, die tagaus, tagein in den Schreibstuben der mittelalterlichen Klöster Abschriften von Büchern fertigten. Der Bedarf war groß, das Handwerk mühsam, so saßen sie Tag für Tag, solange das Licht nur ausreichte, an ihren Schreibpulten, über die Pergamentblätter gebeugt, und schrieben und malten Buchstaben um Buchstaben, gleichförmig und doch individuell, und nur am Ende des gelungenen Werkes traten sie manchmal aus ihre Anonymität heraus, wenn sie mit einem Stoßseufzer einen Schreiberspruch unter die letzte Zeile setzten, etwa »Hie hat das Buch ein End, des freuen sich meine Hend« und darunter noch ihren Klosternamen. Manche mögen sich Zeit gelassen haben, andere wiederum arbeiteten rasch, schufen dicke Folianten in wenigen Monaten. Einmal vermerkt ein Schreiber, daß er für die dreihundert Seiten eines Werkes nur achtzehn Tage benötigt habe, jedoch ist das sicher eine Ausnahme.

Zu den emsigen Schreibern gesellten sich die Buchmaler, hervorragende Künstler unter ihnen, die dann die Handschriften mit prächtigen Initialen und Miniaturen, aber auch mit ganzseitigen Bildern ausstatteten. So entstanden in den bedeutenden Klöstern wie in Echternach, Fulda, Regensburg oder auf der Reichenau eigene Schreibschulen. Manches Werk hat die Jahrhunderte überstanden und zeugt noch heute vom großen Kunstsinn seiner Schöpfer. Erst seit dem hohen Mittelalter erhielten diese klösterlichen Schreibstuben Konkurrenz durch weltliche Schreiber, die in ihren kleinen Werkstätten Bücher für zahlungskräftige Kunden meist aus Kreisen der Gelehrten herstellten; denn billig waren solche Werke nicht, und sie blieben dementsprechend auf eine winzige begüterte Schicht beschränkt. Das änderte sich erst mit dem Aufkommen des Papiers. 1390 wurde in Nürnberg die erste Papiermühle eröffnet, und die Schreibstuben verfügten von jetzt an über billigeres Schreibmaterial. Damit änderte sich auch die Ausstattung der Bücher; an die Stelle der kostbaren, oft mit Gold unterlegten Miniaturen traten häufig einfache kolorierte Federzeichnungen. Die Schreibwerkstätten in den Städten steigerten nun ihre Anstrengungen und arbeiteten sogar auf Vorrat, wie um die Mitte des 15. Jahrhunderts das Beispiel des Diebolt Lauber in Hagenau im Elsaß beweist, der zeitweise fünf Zeichner und vier Schreiber gleichzeitig beschäftigte, und von dem wir auch die älteste Firmenwerbung eines Buchhändlers besitzen: »Item welcher hande buecher man gerne hat, groß oder klein, geistlich oder weltlich, huebsch gemolt, die findet man alle bei diebolt louber schriber in der burge zu hagenow.«

Das Käuferinteresse als Motor des technischen Fortschritts

Mit wachsendem geistigen Interesse gerade des Bürgertums und dem Aufblühen der Universitäten wuchs die Nachfrage nach Büchern. Besonders Juristen waren gute Kunden; sogenannte »Rechtssummen« waren regelrechte Bestseller. Deshalb sollten Bücher nun noch rascher, noch billiger hergestellt werden. Einen wesentlichen Schritt vorwärts auf diesem Weg bildeten die xylographischen oder »Blockbücher«, die aus den sogenannten Holztafeldrucken hervorgingen. Ihr Grundprinzip war ebenso klar wie einfach, denn es beruhte auf dem System des Stempels. Holzschneider schnitten einen Text erhaben und spiegelverkehrt aus einer Holzplatte heraus, färbten ihn ein und druckten – oder stempelten – so Seite für Seite ab. Die einzelnen Blätter wurden mit den leeren Rückseiten aneinandergeklebt und dann zu Büchern zusammengefügt. Daß solchem Verfahren doppelte Grenzen gesetzt waren, ist einleuchtend. Einmal ließ das benötigte weiche Holz nur eine begrenzte Anzahl von Drucken zu, zum andern konnte natürlich nicht jedes beliebige Buch auf diese Weise vervielfältigt werden. Am besten eigneten sich Bücher mit Holzschnitt-Bildern und wenig Text, wie etwa die »Armenbibeln«, die sich mit ihren Bildern an ein des Lesens wenig oder gar nicht kundiges Publikum wandten.

Dann aber kam um die Mitte des 15. Jahrhunderts die revolutionierende Wende durch die Erfindung der Buchdruckerkunst mit beweglichen Lettern. Die Idee des Mainzer Patriziers Johannes Gutenberg (siehe Porträt, Seite 370) war ebenso genial wie einfach und doch mit den damaligen technischen Hilfsmitteln nicht leicht zu verwirklichen.

***Geschnitztes Initial.** Biblische Szene (Adam und Eva pflücken den Apfel vom Baum der Erkenntnis) im Initial I aus der Zainer-Bibel von 1477. Günther Zainer war Erstdrucker und Holzschneider Augsburgs im 15. Jahrhundert.*

Gutenberg mußte sein ganzes Vermögen in die Entwicklung seiner Erfindung stecken und scheiterte finanziell noch vor der Vollendung des Werkes. Sein Grundprinzip bestand darin, daß er nun nicht mehr *einen* Block von nur ein paar Zeilen oder einer ganzen Seite herstellte, sondern mit einzelnen beweglichen und mehrfach benutzbaren Metall-Lettern arbeitete. Zu diesem Zweck schnitt er in den Kegel eines harten Metallblöckchens spiegelverkehrt einen Buchstaben, den er als Stempel verwenden konnte. Dieser wurde dann in ein Kupferblöckchen eingeschlagen, so daß eine Matritze entstand, die man mit Gießmetall ausgießen konnte. Dazu diente ihm eine leicht schmelzbare Legierung aus Blei, Antimon und Zinn, und auf diese Weise konnte er Buchstaben um Buchstaben herstellen, die dann ihrerseits wieder zu Zeilen zusammengefügt wurden. Aus den Zeilen ließen sich sogenannte Kolumnen zusammensetzen, von denen zwei eine Seite bildeten. Sie wurden fest mit einem Bindfaden umwunden, in eine Presse gelegt und entsprechend verkeilt, damit sie sich nicht verschoben. Dann färbte der Drucker diesen Satz mit einer »Tinte« ein, die aus

Kienspan, Galläpfeln und Ruß hergestellt worden war, danach legte er ein leicht angefeuchtetes Blatt Papier darauf, schob das Ganze unter die Presse und erhielt so einen tadellosen Abzug. Dieser Vorgang ließ sich im Gegensatz zum xylographischen Druck mehrhundertfach wiederholen.

Was sich hier ganz einfach anhört, war allerdings das Ergebnis langwieriger Überlegungen und Versuche. Auch verwendete Gutenberg die damals fünfundzwanzig Buchstaben des Alphabets nicht nur zweimal, also in großen und kleinen Zeichen, sondern schuf insgesamt zweihundertneunzig verschiedene Zeichen; denn ihm schwebte nicht ein ideal gleichmäßiger Druck vor, wie wir ihn heute schätzen, sondern sein Vorbild war vielmehr zuerst einmal die geschriebene Buchseite, so wie sie die besten Schreibkünstler gefertigt haben würden. Deshalb gab es eben beispielsweise gleich zehn verschiedene kleine e, es gab Endungsbuchstaben oder Abkürzungen für mehrere Buchstaben oder für Silben, wie sie etwa die Schreiber zur Vereinfachung ihrer Abschreibetätigkeit verwendeten.

Das Ergebnis übertraf alle Erwartungen. Als erstes Werk druckte Gutenberg, wie nicht anders zu erwarten, die Bibel, und dieses erste mit beweglichen Lettern gedruckte Buch gehört auch heute noch zu den schönsten Werken der Druckkunst überhaupt. Dank der vielen verwendeten Buchstaben wirkt sie individuell wie handgeschrieben, und doch spürt man aus jeder Seite die Harmonie des geschlossenen Druckbildes. Der prachtvolle Gesamteindruck wird noch erhöht durch die Initialen, die großen Anfangsbuchstaben, die Gutenberg nach wie vor von eigenen Illustratoren ausmalen ließ, und durch das ebenfalls handgemalte Rankenwerk an den Seitenrändern.

Der Buchdruck, eine Luxusgüterproduktion

Für den Druck dieser 42zeiligen Bibel, wie sie von Fachleuten in Unterscheidung zu anderen Bibelausgaben genannt wird, benötigte Gutenberg mindestens zwei Jahre. Sie umfaßte 1282 Seiten mit je zwei Kolumnen. Wahrscheinlich wurden rund 150 Exemplare auf Papier und weitere dreißig auf Pergament gedruckt. Allein dafür mußten die Häute von hundertsiebzig Kälbern beschafft werden. Trotz der verständlicherweise noch sehr hohen Herstellungskosten konnten die gedruckten Bibeln doch bis zu sechzig Prozent preiswerter als handgeschriebene Exemplare verkauft werden. Der vermutliche Preis von etwa fünfzig Gulden entsprach immerhin noch dem Kaufpreis eines halben Hauses!

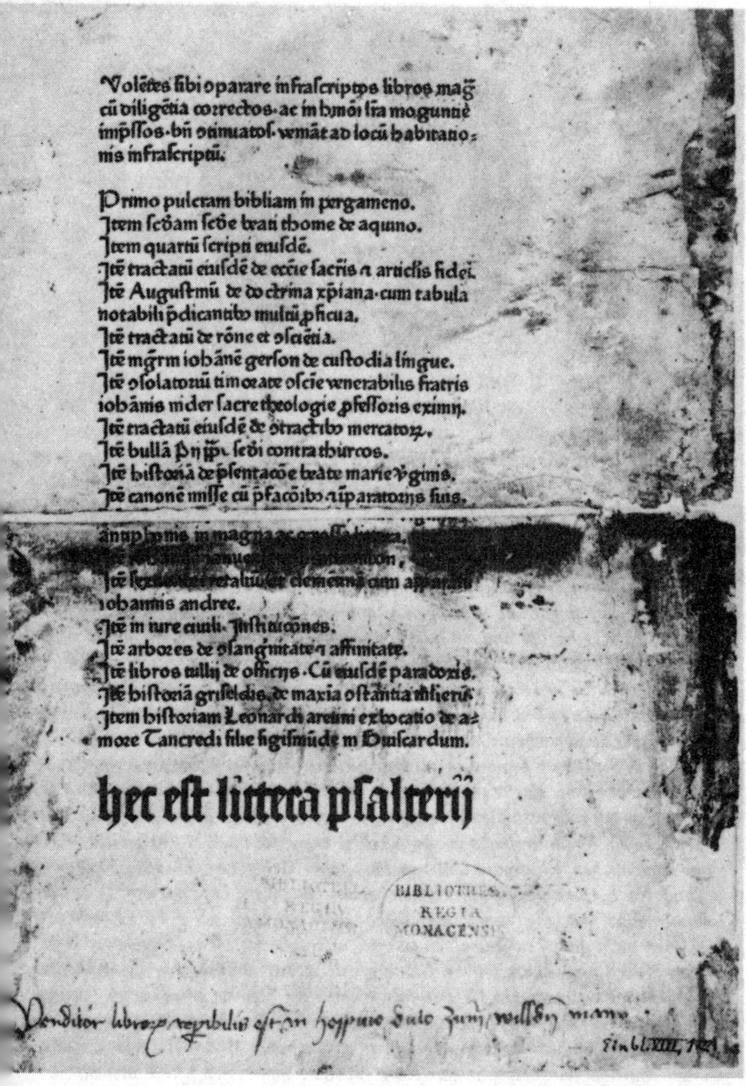
Volētes sibi ɔparare infrascriptos libros magnā cū diligētia correctos ac in hmōi lra moguntie impssos bn̄ ɔtinuatos venāt ad locū habitaconis infrascriptū.

Primo pulcram bibliam in pergameno.
Item scđam scđe beati thome de aquino.
Item quartū scripti eiusdē.
Itē tractatū eiusdē de ecclie sacris et articlis fidei.
Itē Augustinū de doctrina xpiana cum tabula notabili pdicantibꝫ multū pficua.
Itē tractatū de rōne et ɔsciētia.
Itē mgrm iohānē gerson de custodia lingue.
Itē ɔsolatoriū timorate ɔscie venerabilis fratris iohānis nider sacre theologie pfessoris eximij.
Itē tractatū eiusdē de ɔtractibꝫ mercatorꝫ.
Itē bullā Pij pp̄e scđi contra thurcos.
Itē historiā de psentacōe beate marie virginis.
Itē canonē misse cū pfacōibꝫ et pparatorijs suis.
[illegible]
[illegible]
Itē [illegible] clemētinā cum apparatu iohannis andree.
Itē in iure ciuili Institucōnes.
Itē arbores de ɔsanguinitate et affinitate.
Itē libros tullij de officijs. Cū eiusdē paradoxis.
Itē historiā griseldis de maxia ɔstantia mulierū.
Item historiam Leonardi aretini ex bocatio de amore Tancredi filie sigismūde in Guiscardum.

hec est littera psalterij

Venditor librorum reperibilis est in hospitio dicto zum willden mann

Werbung für den neuen Buchdruck. *Buchhändleranzeige von Peter Schöffer, Mainz. Schöffer (*1503) war Geselle von Gutenberg und brachte G.'s Erfindungen und Kenntnisse ins Geschäft J. Fusts ein, dessen Schwiegersohn er wurde.*

JOHANNES GUTENBERG

Das älteste bekannte Porträt Gutenbergs stammt aus dem Jahre 1584, es zeigt einen stattlichen Mann mit langem, modisch geteiltem Bart. Ob es der Wirklichkeit ähnelt, wissen wir nicht. Überhaupt ist unser Wissen über die äußeren Lebensumstände dieses Mannes sehr gering. Geboren wurde er um 1397 als Sohn der Patrizierfamilie Gensfleisch in Mainz, doch nannte er sich selbst später nach dem elterlichen Hof Gutenberg. Ein Streit zwischen Patriziern und Zünften in Mainz zwang ihn schon als jungen Mann, nach Straßburg zu gehen. Er scheint technisch sehr begabt und ein ausgesprochener Praktiker gewesen zu sein; denn er betätigte sich in verschiedenen damals wenig bekannten technischen Künsten, mit deren Hilfe er seinen Lebensunterhalt verdiente. Die wenigen Nachrichten, die wir über ihn haben, stammen ausschließlich aus Gerichtsakten und lassen auf einen sehr cholerischen Charakter schließen.

Schon in Straßburg begann er mit kostspieligen Versuchen zum Guß von Druckbuchstaben. Zwar dürfte er diese schon um 1440 abgeschlossen haben, doch kosteten sie ihn sein gesamtes Vermögen, und er mußte noch in Straßburg einen ersten großen Kredit aufnehmen. 1448 kehrte er wieder nach Mainz zurück, wo er in dem reichen Kaufmann Johann Fust einen Geldgeber für seine Erfindung fand. Nach Abschluß der Vorarbeiten begann Gutenberg 1452 mit dem Druck der ersten Bibel (42zeilig), den er drei Jahre später abschloß. Als er Fust Kredit und Zinsen nicht gleich zurückzahlen konnte, verklagte ihn dieser, Gutenberg verlor den Prozeß und mußte seinem Gläubiger die ganze Druckereiwerkstatt in dem Augenblick abtreten, da sie erstmals erheblichen Gewinn abzuwerfen begann. Während Fust mit Gutenbergs Gesellen Schöffer die Druckerei erfolgreich weiterführte, war der Erfinder selbst ein armer, gebrochener Mann. Wir hören, daß er vom Mainzer Kurfürsten in das Hofgefolge aufgenommen wurde und eine bescheidene Leibrente erhielt. Am 3. Februar 1468 starb er, etwa siebzigjährig, völlig vergessen. *(H. P.)*

Gutenberg konnte den finanziellen Erfolg seiner Erfindung nicht genießen, wohl aber sein Geldgeber Fust, der zusammen mit dem anscheinend ebenso tüchtigen wie skrupellosen Gehilfen des Erfinders 1457 die Offizin (Druckerei) »Fust und Schöffer« gründete. Diese ihrerseits wurde zum Vorbild einer ganzen Reihe weiterer Druckereien, die in den folgenden Jahrzehnten in neunundvierzig deutschen Städten und zehn auf dem übrigen Reichsgebiet (Schweiz, Elsaß, Österreich) entstanden. Die erstaunlich hohe Zahl beweist nur das allgemein große Interesse an der neuen Erfindung, das durch die Nachfrage noch verstärkt wurde. Wir bezeichnen heute die vor 1500 erschienenen Druckwerke als Inkunabeln oder Wiegendrucke. Wenn unter diesen auch in den ersten Jahren die Bibel-Drucke dominierten und das Geschäft prägten, erschienen doch sehr rasch auch weitere religiöse Werke. Die Offizin Fust und Schöffer druckte zwei Psalter (Sammlung von Psalmen) und setzte ihre Arbeit fort mit dem Werk des Dominikaners Durandus und einem Messekanon (Canon Missae). Dieses Werk, der in allen Diözesen gleichbleibende Teil des Meßbuches, wurde sehr bald nach ganz Europa verkauft und erlebte bis 1500 elf Auflagen.

Wenn hier bei Fust und Schöffer von guten Geschäften die Rede ist, so darf das doch nicht über die Tatsache hinwegtäuschen, daß die Konkurrenz der handgeschriebenen Bibeln nach wie vor groß, die Preisberechnung schwierig und das Geschäft hart war, so daß manche der frühen Druckereien bald wieder zugrunde gingen. Doch waren unter den rund sechzig frühen Druckereien auf Reichsboden auch einige, die sich durchaus mit Fust und Schöffer messen konnten. Zu ihnen gehörte der Bamberger Pfister, aus dessen Druckerei der »Edelstein« kam, das erste mit Holzschnitten illustrierte und zugleich in deutscher Sprache gedruckte Buch. Dann war da vor allem Anton Koberger aus Nürnberg, der den größten Druckereibetrieb des 15. Jahrhunderts aufbaute. Bei ihm waren angeblich hundert Setzer und Drucker an vierundzwanzig Pressen tätig. Zu den 220 Werken, die bis kurz nach der Jahrhundertwende bei ihm gedruckt wurden, gehörte auch die berühmte »Weltchronik« des Arztes Hartmut Schedel, die gleichzeitig in je tausend deutschen und tausend lateinischen Exemplaren gedruckt wurde. Jeder dieser mächtigen Folianten enthielt 1809 Holzschnitte, darunter herrliche Städteansichten, die von den beiden berühmten Nürnberger Meistern Michael Wolgemuth und Wilhelm Pleydenwurff geschaffen wurden.

So wie sich hier der Drucker zwei der berühmtesten Holzschneider als Mitarbeiter gesichert hatte, so arbeiteten er und seine Kollegen in den anderen Offizinen auch eng mit angesehenen Gelehrten zusammen,

Handwerk, das die Welt veränderte. *Rekonstruktion der Gutenberg-Werkstatt mit Druckerpresse im Gutenberg-Museum, Mainz. Der Druck mit beweglichen Lettern wurde zum Ausgangspunkt von Massenbildung und -information.*

die solche geschäftlichen Verbindungen keineswegs verachteten, sondern gegen entsprechendes Honorar die Werke sorgfältig vorbereiteten und korrigierten, so daß wir unter den Wiegendrucken künstlerisch und editorisch optimale Werke vorfinden.

1517: Das Buch wird zur Massenware

Deutsche Drucker gingen sehr bald auch in das Ausland, wo sie in den Hauptstädten und an den Universitäten Offizinen einrichteten, an denen dann einheimische Drucker die Schwarze Kunst erlernten. Wenn man mit dem Jahr 1500 die Zeit der Wiegendrucke begrenzt, so ist dieses Datum recht willkürlich gewählt; denn auch in den ersten Jahren des neuen 16. Jahrhunderts änderte sich in den Druckereien nur wenig. Sinnvoller wäre die Abgrenzung wohl nach 1517; denn die Reformation löste geradezu eine Explosion im Druckgewerbe aus. Flugschriften waren ein beliebtes Medium bei der Diskussion der aktuellen

Glaubensfragen und überschwemmten rasch das Reichsgebiet. Auch gedruckte Bücher blieben nun nicht mehr auf eine kleine geistig und sozial privilegierte Schicht beschränkt, sondern fanden Eingang in breitere Volkskreise. Das wiederum war nur möglich, weil dank der größeren Verbreitung die Druckerzeugnisse wesentlich billiger hergestellt werden konnten als zuvor. Das allerdings wirkte sich häufig auf die Qualität der Drucke aus. Die Zeiten der schönen Wiegendrucke waren vorüber. Der Drucker war nicht mehr der mit dem Schreiber konkurrierende Künstler, sondern wurde zum Handwerker, und nicht nur die Drucktechnik änderte sich dabei, sondern auch das Verständnis vom Buch. Das schöne Druckbild trat zurück hinter der Bedeutung des Inhalts und wurde mehr und mehr von den Erfordernissen rationalen Druckens abhängig. Der rasche Fortschritt der Reformation wäre ohne die Druckereien nicht denkbar, das Buch und die Flugschrift, aus der die Zeitung hervorging, wurden in diesen Jahren zur geistigen und politischen Macht.

Literatur

Geldner, Ferdinand: Die deutschen Inkunabeldrucker I–II, Stuttgart 1968–1970

Geldner, Ferdinand: Inkunabelkunde. Eine Einführung in die Welt der frühesten Buchdrucker, Wiesbaden 1978

Lange, Wilhelm H.: Das Buch im Wandel der Zeiten, Frankfurt 1951

Pleticha, Heinrich: Lettern, Bücher, Leser, Würzburg 1970

Presser, Helmut: Das Buch vom Buch, Bremen 1962

Vervliet, Hendrik D. L. (Hrsg.): Liber Librorum, Genf 1973

Allgemeine Literaturhinweise

Nachdem die Spezialliteratur jeweils bei den Einzelkapiteln angegeben wurde, beschränkt sich diese Übersicht auf einige wesentliche Standardwerke zur Geschichte des ausgehenden Mittelalters.

Andreas, Willy: Deutschland vor der Reformation, Stuttgart 1959

Aubin, Ernst/Zorn, Wolfgang (Hrsg.): Handbuch der deutschen Wirtschafts- und Sozialgeschichte, Band 1, Stuttgart 1971

Baethgen, Friedrich: Europa im Spätmittelalter. Grundzüge seiner politischen Entwicklung, Berlin 1951

Diwald, Hellmut: Anspruch auf Mündigkeit. Um 1400–1555. In: Propyläen Weltgeschichte 12, Frankfurt 1967

Foerster, Hellmut: Das Leben in der Gotik, München 1969

Grundmann, Herbert (Hrsg.): Handbuch der deutschen Geschichte, Band 1 und 2, Stuttgart 1970

Hassinger, Erich: Das Werden des neuzeitlichen Europa. 1300–1600, Braunschweig 1966

Huizinga, Jan: Herbst des Mittelalters, Stuttgart 1969. – Wichtig für die Kulturgeschichte Burgunds und die historische Theoriebildung.

Kern, Fritz: Recht und Verfassung im Mittelalter, Darmstadt 1958

Kroeschell, Karl: Deutsche Rechtsgeschichte, 2 Bde., Hamburg 1972

Leuschner, Joachim: Deutschland im späten Mittelalter, Göttingen 1975

Leuschner, Joachim: Schisma und Konzilien, Europa im 15. Jahrhundert. In: Studienbuch Geschichte, hrsg. von Elze, Reinhard/Repgen, Konrad, Stuttgart 1974

Meuthen, Erich: Das 15. Jahrhundert, München 1980

Moeller, Bernd: Deutschland im Zeitalter der Reformation, Göttingen 1977

Peukert, Will Erich: Die große Wende. Das apokalyptische Saeculum und Luther, Hamburg 1948

Romano, Ruggiero/Tenenti, Alberto: Die Grundlagen der modernen Welt. Spätmittelalter, Renaissance, Reformation, Frankfurt 1967

Seidlmayer, Michael: Weltbild und Kultur Deutschlands im Mittelalter, Darmstadt 1953

Stadelmann, Rudolf: Vom Geist des ausgehenden Mittelalters. Studien zur Geschichte der Weltanschauung von Nikolaus Cusanus bis Sebastian Franck, Stuttgart 1966 (Neudruck)

Thiele, Heinz: Leben in der Gotik, München 1948

Weber, Hermann (Hrsg.): Politische Ordnungen und soziale Kräfte im Alten Reich, Wiesbaden 1980

Zimmermann, Harald: Das Mittelalter, Band 2: Von den Kreuzzügen bis zum Ende der Entdeckungsfahrten, Braunschweig 1979

Sach- und Namensregister

Kursiv gesetzte Ziffern verweisen auf Abbildungen

ABBILDUNGSNACHWEIS

Archiv für Kunst und Geschichte, Berlin (2); Bayer. Nationalmuseum, München (2); Bildarchiv Preußischer Kulturbesitz, Berlin (11); Burgerbibliothek, Bern (2); Deutsche Fotothek Dresden (1); Deutsches Museum, München (1); Germanisches Nationalmuseum, Nürnberg (1); Photo Gundermann, Würzburg (1); Gutenberg-Museum, Mainz (1); Bildarchiv Jürgens, Köln (1); Kunsthistorisches Museum, Wien (3); Kunstsammlungen Veste Coburg, Coburg (1); Kupferstichkabinett des Kunstmuseums Basel (1); Landesmuseum für Kunst und Kulturgeschichte, Münster (1); LEXIKOTHEK Verlag GmbH, Gütersloh (36); Bildarchiv Foto Marburg, Marburg (4); Mittelalterliches Kriminalmuseum, Rothenburg o. d. T. (2); Nieders. Staats- und Universitätsbibliothek, Göttingen (3); Österreichische Nationalbibliothek, Wien (9); roebild, Frankfurt – Busch (1); Toni Schneiders, Lindau (2); Dr. A. Schultze-Naumburg, Marquartstein (1); Schweizerische Landesbibliothek, Bern (1); Stadtbibliothek Nürnberg – Schmidt (1); Stadt Braunschweig – Rothe (1); Tiroler Landesmuseum, Innsbruck – Demanega (1); Universitätsbibliothek, Erlangen (1); Paul Wolff & Tritschler, Offenburg (1); Württembergisches Landesmuseum, Stuttgart (1).